非遗文化说义乌

徐家骏 著

中国书籍出版社
China Book Press

图书在版编目（CIP）数据

非遗文化说义乌 / 徐家骏著 . —— 北京：中国书籍出版社，2020.12
ISBN 978-7-5068-8208-8

Ⅰ．①非… Ⅱ．①徐… Ⅲ．①散文集－中国－当代 Ⅳ．① I267

中国版本图书馆 CIP 数据核字 (2020) 第 246474 号

非遗文化说义乌

徐家骏　著

图书策划	成晓春　崔付建
责任编辑	武　斌
责任印制	孙马飞　马　芝
出版发行	中国书籍出版社
地　　址	北京市丰台区三路居路 97 号（邮编：100073）
电　　话	（010）52257143（总编室）（010）52257140（发行部）
电子邮箱	eo@chinabp.com.cn
经　　销	全国新华书店
印　　刷	三河市华东印刷有限公司
开　　本	650 毫米 ×940 毫米　1/16
字　　数	210 千字
印　　张	19
版　　次	2021 年 3 月第 1 版　2021 年 3 月第 1 次印刷
书　　号	ISBN 978-7-5068-8208-8
定　　价	58.00 元

版权所有　翻印必究

序

钱国丹

浙江的地名颇有文化深意。从地、市级数到县、区级，诸如宁波、温州、湖州、嘉兴、丽水、舟山、仙居、玉环、天台、乐清、瑞安、泰顺、龙游、龙泉、云和、兰溪、西湖、柳市、虹桥、越秀、雁荡等，细细品味，都充满着诗情画意。唯有这"义乌"两字，容易让不了解情况的人产生误解。曾有位外省朋友对我说：什么县名不好起，用了个"乌"字！乌鸦、乌黑、乌有……都不是什么好词儿！

那他是孤陋寡闻了。义乌原名乌伤。义乌县志记载：秦颜孝子氏，事亲丧，葬亲躬畚锸。群乌衔土助之，喙为之伤。后旌其邑曰乌伤、曰义乌，皆以孝子故。

说的是秦始皇二十五年（公元前222年），这地方出了位姓颜的寒门孝子。为葬父亲，他亲自挖泥运土，因悲痛、劳累过度就昏死过去了。一群乌鸦感其孝，怜其苦，就奋力来回衔土，帮他垒坟。乌鸦们把喙都弄破了，鲜血直流。为表彰这群有情有义、伤己助人的乌鸦，遂把此县定名为"乌伤"，也就是后来的义乌。

旧时乌伤县幅员辽阔，北接诸暨，南邻龙游，范围包括现在的金华、义乌、永康、兰溪、武义全部，东阳、浦江大部，仙居、缙云部分，所以素有"浙中母县、八婺肇基"之誉。

现今的义乌没从前那么大。她位于金衢盆地东缘，东、南、北三面有群山环抱，气候温润，四季分明。这个狭长形的盆地，山清水秀，风景旖旎。松瀑山、德胜岩、福田湿地，引人入胜；更有佛堂古镇、湖秀公园、稠州公园等人文景观，文化底蕴深厚。

义乌历史悠久，早在新石器时代，就有人类居住了。2016年3月28日，义乌一旧村改造，村民从一座古墓中挖出了双耳细颈陶器，上面还镂着美丽的花纹，那次一共出土七件陶器，可惜大部分已成碎片。经文物保护部门专家勘查，初步判定是西汉晚期的陪葬品。

义乌人杰地灵，大人物有南朝之禅宗始祖傅大士，有"初唐四杰"之一骆宾王，有南宋抗金爱国名将宗泽，有"金元四大医家"之一朱丹溪，有现代教育家、修辞学家陈望道，还有著名诗人、理论家冯雪峰，和历史学家、剧作家吴晗。他们造诣颇深，在各自的领域里都是佼佼者，在全国都很有影响，这些义乌人，为提高家乡的知名度、美誉度，起了相当积极的作用。

1988年，义乌撤县设市。现今的义乌和杭州、宁波、温州，并列为浙江四大中心城市。

从前的义乌可是个贫困县，义乌的地形是七山二水一分田，人均耕地面积只有几分，大多还是种不了粮食的红土壤。所以一直以来，义乌的农民都处于半饥半饱的状态，生活艰难可想而知。

穷则思变。头脑灵活的义乌人，一有空暇，就挑起了糖担，摇着拨浪鼓，走街串巷，一路吆喝着"鸡毛换糖!"他们用不知疲惫的双腿和自己熬制的饴糖，奔走于四面八方，以换取温饱。后来，他们又在糖担里添了些火柴、肥皂、发卡、头绳等小东西，开始了小商品交易。但在非市场经济的年代，这种交易成了"走资本主义道路"，换糖帮也成了"投机倒把分子"。

改革开放的春风吹进这个三面环山的穷县，要比外头稍晚些。1982年，有位叫谢高华的县委书记赴任义乌，他勇敢而响亮地喊出："贫穷不是社会主义，义乌人光靠种地没有活路!"但当时还没有相应的政策，按照人们的惯性思维，搞这种小商品交易就是"走资本主义道路"。但义乌人勇敢啊，义乌人头脑灵活啊，明的不让干，他们就偷偷摸摸地干；这边在打击，那边就摆出地摊来。好在以后的市场环境越来越宽松，义乌的小商品摊子就像雨后春笋般地茁壮生长，蔚然成林。

义乌的拨浪鼓摇出了生机和丰足，摇出了一片崭新的好天地。敢为人先的义乌人成了全国人民学习的榜样，义乌的小商品摊子变成大市场，吸引了天南地北的国人，也招来五湖四海的外国客商，义乌的市场空前繁荣，绽放出美丽和芬芳。

义乌富了，义乌强了。浙江是个富省，而义乌市人均可支配收入，自2008年至今稳居全省第一；2018、2019两年中，义乌的人均可支配收入跃居全国第一，这个成绩实在是太优秀、太骄人了。义乌现今是中国首个，也是唯一一个县级市国家级综合改革试点，义乌先后被授予国家卫生城市、国家环保模范城市、中国优秀旅游城市、国家园林城市、国家森林城市和浙江省文明示范市等荣誉称号。

　　载誉满满的义乌人，并没有忘记生养他们的这块土地，也没忘记这块土地上曾经出产的物产和艺术。部分义乌人，用可贵的沉稳和专注，孜孜不倦地继承、发扬着义乌的非遗文化。他们坚守着工匠精神，精益求精地把每件产品做到极致，如红糖、美酒、红曲、梨膏糖，这些古老而美妙的饮食除了给人们带来舌尖上的享受，还带给人们健康和长寿；一些义乌人在坚守着文化曲艺，小锣书、唱道情、打花鼓、演婺剧，还有罗汉班，这些开心欢乐的节目曾经是义乌人的精神盛典，还起着相当有力的道德教化作用；还有些义乌人在坚守手工艺术，如盔帽制作、剪纸艺术、风筝赛事、陶艺制作、木雕文化、木活字印刷术、针刺无骨百子灯等，这些作品进一步展现了义乌人的聪明才智，也给人们的生活增添更多美的享受和心灵的慰藉。

　　本书作者徐家骏就像一位勤奋的老农，他荷着锄头，在田野上，在山林里，在废墟中，刨啊掏啊，挖掘着义乌的非遗文化和古老的历史；又像一个贪婪的拾宝客，在寺庙中、祠堂里、古民居的堂前檐下，从老艺人的口中，寻寻觅觅那些遥远的记忆和生动的故事。然后经过两年的笔耕和半年的打磨，才成就了《非遗文化说义乌》一书。但愿他的辛勤付出，能给已经光芒四射的义乌再添一抹亮色。

目 录

香香甜甜话红糖　　001

义乌丹溪红曲酒　　032

神奇的红曲　　048

小锣书和梨膏糖　　062

仙歌道曲唱道情　　081

义乌花鼓　　105

神勇义乌罗汉班　　118

金华婺剧义乌腔　　132

婺剧的盔帽艺术　　163

镂空艺术说剪纸	178
追逐风筝的人	200
有个村子叫缸窑	215
绚丽多姿赏木雕	235
木活字印刷术	256
流光溢彩百子灯	273
后　记	291

香香甜甜话红糖

义乌糖公贾惟承

红糖，是个充满了香甜和美妙的名词。

我国的南方盛产蔗糖。蔗糖，顾名思义，就是从甘蔗、糖蔗里面榨汁，然后经细工慢火熬制而成的糖。

说起浙江义乌的制糖业，乡亲们都会怀着深深的敬意，感恩他们的先祖贾惟承。正是他，把糖蔗的种植业和制糖术引进了义乌。

贾惟承生于明万历三十二年（1604年），卒于清康熙九年（1670年），字君益，号明山。

义乌佛堂镇北面有座石牛山，临江的小山坡上林木葱茏，鸟语花香，几处白墙黛瓦掩映其中。远远看去，极像一个建筑在石牛山"屋檐"下的燕窝，因此这个小村得名"燕里村"。秀丽的燕里村就是贾惟承出生的地方。

贾惟承少年时就聪明勤奋，他喜欢木匠手艺，对农事也颇有研究。他更是个远近闻名的孝子，他父亲身体不好，经常生病，需要喝药。侍病的贾惟承每每端起药碗，都要吹吹凉，尝一口。那药苦啊，苦得他直皱眉头。渐渐地，他萌发了要找到一种甜的东西来缓解苦口的念头。可那时候燕里村很穷，没有什么甜食可吃。

有一天，他在义乌江边走着走着，发现了一蓬蓬"小茅竿"，折了根嚼嚼，竟然有甜汁。他很高兴，就折了一把，带回家给父亲尝尝。从此，父亲喝药后就嚼这东西，嘴里就不觉苦了。于是贾惟承经常去弄"小茅竿"给父亲吃，自己也带些在身边解渴解馋。

有一次，年轻的贾惟承到洋滩集市上去帮人修水车。因为他手艺精湛，动作麻利，引得很多人围观，并啧啧称赞。休息时，他拿出了随身带的几根"茅竿"嚼了起来。

一名外地客商见了，觉得好奇，便向他要了一节尝尝，没嚼几下就吐掉了，还连连摇头。贾惟承一头雾水，心想，这东西蛮好吃的啊，这外地人居然还吐掉，就忙问他是什么原因。

因为语言不通，两人指手画脚地比画了大半天，贾惟承才弄明白，这客商是闽南人，到义乌来是做花生、芝麻生意的。那客商说，你这野糖梗实在没什么味道，我们家乡的糖蔗要比它甜上几百倍！

这话让贾惟承惊奇不已。闽南客商还告诉他，闽南的糖蔗还能制成一种食糖，这种食糖可以长期储存而不变质。这更让贾惟承心动了，他暗下决心，要把这种神奇的闽南糖蔗引进到自己家乡，并把它变成一种可以经久存放的食糖。

在一个阴雨绵绵的清晨，年轻的贾惟承不顾家人的反对，毅然背起了雨伞包袱和木匠工具，义无反顾地直奔闽南。谁都没想到，他这一离家，竟是整整 15 个春秋。

在人生地不熟的闽南地区，人们对贾惟承这个异乡人十分提防。闽南人的青皮蔗种，是他们的祖上舍命跨海，千辛万苦从台湾引进来的，是他们生存立命之根基。他们的家族立有族规：种蔗、制糖术传男不传女，更不许被陌生的外地人偷偷学走。

为了学艺，贾惟承也是拼了。他勤勤恳恳地给当地人打零工，起五更落半夜，锄地，挑水，起牛粪，背糖蔗，累活脏活抢着干。年复一年，终于有人看上了这个朴实勤劳的年轻人，热心地为他做媒，让他去闽南一户人家做倒插门女婿。贾惟承家道不错，相貌堂堂，能力又是一等一的，做倒插门女婿实在是太委屈他了，可是为了学得制糖术，他咬了咬牙，应承了。

15 年的离乡背井，15 年的风雨蹉跎，贾惟承不但学会了种蔗本事，还掌握了制糖技艺。最终，他苦行僧般的作为感动了闽南人，同意让他拿几节青皮蔗种，回到他久违的故乡。

有了蔗种，没有榨糖车也不行啊。无论他的能耐有多大，他也没有财力买一台糖车带回家啊。冥思苦想了几天，他找了根大萝卜，靠着一双巧手，雕刻出一台微型糖车模型，小心翼翼地放在他的行囊里，披星戴月回到了久别的家乡。

回到燕里村的第一天，贾惟承就照着他的萝卜模型，琢磨起糖车来。开春了，贾惟承将蔗种按照闽南的种植方法精心地进行培植。雁归雁去，冬去春来，苍天不负有心人，他种的青皮糖梗成功了。

第一年收获的糖蔗，他一根都舍不得吃，全部留做第二年的蔗种。第二年冬天，他的糖蔗获得了大丰收。

同时，凭着他的聪明才智和高超的动手能力，他打造成功了一架木制的榨糖车。

就这样，他一边带领乡亲们栽种糖蔗，一边手把手地教人掌握制糖技术。经过几年的努力，贾惟承以青皮糖蔗为原料，用牛力拉动榨糖车，绞糖蔗榨取糖水，再用铁锅煎熬红糖。从此，这种制糖技艺，在义乌生根发芽，迅猛发展。从此，义乌便有了"摆在桌上会爬，放入口中会烊（化），含到嘴里喷香，存放三年不烂"的优质红糖。从此，义乌红糖名声大噪，成了当时市场上的抢手热货。

贾惟承穷其一生，致力于种蔗；他殚精竭虑，将毕生的精力全都贡献给了家乡的制糖事业；可以说，他这个人，就是为糖而生，为糖而活的。随着义乌的红糖事业越来越兴旺，贾惟承也被晚辈尊称为"糖公"。他逝世后，燕里村人为了缅怀他，给他建了庙，塑了像。世世代代，糖公庙的香火一直十分旺盛，贾惟承也永远活在义乌人的心中。

义乌糖蔗的种植方法

种糖蔗首先是选种。义乌人种植的糖蔗，就是竹子模样的青皮糖梗。这种糖蔗很硬，如果吃它，一不小心就夹破你口唇，满嘴鲜血，但是它含糖量很高。普通甘蔗的含糖度不到19，而在义乌义亭地区种的糖蔗含糖度可以达到22以上，用来熬制红糖最合适不过了。

蔗种必须窖藏过冬。优良的蔗种都生长在光照充足的脊地上，它们健壮、粗大、节密、无虫眼、无损伤。于霜冻前将它们收割，在田头或地边挖槽建窖，铺垫蔗叶，然后放上蔗种，掩盖好泥土，进行保暖防冻。期间还要注意保温保湿，防鼠害咬啃，防积水流入引起腐烂。

第二是种植。糖蔗种植很讲究季节和自然规律，要按农时节气操作。以前，一般在雨水后、惊蛰前开窖育苗。育苗的操作是用刀将糖蔗切成节，然后卧放在地里。长出苗后，于春分至清明之间开始移植。为了节省成本，都采用单株育苗移栽法，然后进行适当的锄草施肥管理。当糖蔗长到 1～1.5 米左右，再对其进行培土、追肥、灌溉，直至初冬成熟。

中国糖史

在中国，用甜蔗制作红糖有着悠久的历史。

最早有关甘蔗的记录出自屈原的《楚辞·招魂》："胹鳖炮羔，有柘浆些。"这里的"柘"就是甘蔗，柘浆就是甘蔗汁。而"胹鳖炮羔，有柘浆些"就是指人们煮烤一些肉食，配以甘蔗汁——现在想来，这也是很不错的美味哦。由此可见，战国时期的人就能对甘蔗进行原始的榨汁加工了。

西汉初年刘歆的《西京杂记》里，有"闽越王献高帝石蜜五斛"的记载。高帝是指汉高祖刘邦，石蜜就是甘蔗做的固体糖。这是最早关于甘蔗加工制成固体糖（石蜜）的文字记载。石蜜能作为贡品，让闽越国君恭献给汉朝的开国皇帝，说明蔗糖在当时是一种贵重的稀罕物。

"石蜜"是西汉初年的叫法，直到东汉中叶，张衡的《七辩》

中，还出现了"沙饴石蜜"这四个字。"糖"的叫法出现在东汉晚期，这个时期的蔗糖是将甘蔗汁——饴饧在阳光下曝晒，变成黏稠的半固体状的东西，只能算是糖的雏形而已。

从东汉开始，我国的制糖业逐步发展，红糖也就从高大上的贡品进入了寻常百姓家，各种文体对制糖工艺的介绍也越来越多。晋代竹林七贤嵇康的孙子嵇含在其所著的《南方草木状》中记载："诸蔗，一曰甘蔗，交趾所生者。围数寸，长丈余，颇似竹。断而食之甚甘，笮取其汁，曝数日成饴，入口消释。"《南方草木状》共三卷，详尽介绍了岭南地区的植物，分草、木、果、竹四类，计八十余种。内容丰富，文字简洁，向称"博学典雅之作"。

无独有偶，同时期的《南中八郡志》也做了类似的记录，说明当时的甘蔗种植甚广，两广、云贵等南方各地都有。当时蔗糖的制作方法采用曝晒法，这种方法据说是受沿海盐民晒盐的启发。

真正意义上的手工红糖出现在唐代。大唐盛世下，蔗类的种植面积在不断扩大，糖的消费量也在明显增加。原来的曝晒法制糖因为效率低下已经不能满足需求。《新唐书》记载：贞观二十一年，唐太宗遣使"摩揭它"（现印度比哈尔邦南部），学习用铁锅加热熬煎的制糖技术。这样一来，大大地提高了制糖效率。此种手工制糖法一直沿用至今。这种糖是块状的，呈紫红色。《本草纲目》说："凝结如石、破之如沙，此紫砂糖也。"20多年前，笔者父亲从福建带回一大包碎石板状的红糖，当地人称之为"板糖"，正是"凝结如石、破之如沙"的紫砂模样。

唐高宗上元元年（674年），制糖师傅已经掌握了蔗糖的提纯、脱色工艺，制出了白糖，当时叫霜糖，也叫糖霜。同时，四川遂宁还出现了用甘蔗制作的冰糖。

唐代的制糖技术，延续1000多年而经久不衰。

唐时，甘蔗种植和制糖技术传到了日本。与此同时，阿拉伯人把印度的甘蔗种植及制糖技术传到西班牙、意大利等欧洲国家，随着大航海时代来临，这些国家又把这种技术传遍了南北美洲。

中国第一部甘蔗制糖专著，是宋人王灼于1130年撰写的，书名为《糖霜谱》，全书分七篇，分别对中国制糖发展历史、甘蔗种植方法、制糖设备、工艺流程、糖的性味及用途、制糖行业状况等作了系统的陈述。明崇祯十年（1637）年，宋应星在《天工开物》卷六《甘嗜》中对糖进行了更系统、更详尽的论述。有内容如下：

"宋子曰：气至于芳，色至于艳，味至于甘，人之大欲存焉。"意思是糖有芳香馥郁的气味，红艳美丽的颜色，甜美可口的滋味，人们对这些东西都有着强烈的欲望。接着又这么写道："芳而烈，艳而艳，甘而甜，则造物有尤异之思矣。"

蔗的种类和制糖

提起糖，必然要先说蔗。蔗有二种，粗大而松脆的，为果蔗，截断就嚼，满口生津，人们拿来当水果吃。但如果用它来制糖，出糖率却不太高；而茎细似荻的叫荻蔗（也叫竹蔗、青皮糖梗、硬皮糖梗），皮硬且韧，笔者小时候嘴馋，有次抓住硬皮糖梗就啃，舌头被夹伤得不轻，血流如注。这种糖梗一般人是不敢吃的，但含糖量却很高。红的砂糖、白的糖霜，还有冰糖，都是用荻蔗榨汁熬制而成的。

传说，中国的造糖业是从西域传入的。唐大历间，西域来了一位高僧，人称"邹和尚"，他云游蜀中遂宁，带来了荻蔗的种株，并教当地农民种植方法，而后又教会了当地人制糖要领。

蔗类都是要冬藏的。一般选初冬霜降时分，将蔗斫收，斩掉根，去掉梢，埋进干燥的土中。这土地千万不能积水成洼，否则这些蔗都会霉烂了。

来年春天，先将向阳的空地挖成畦畦沟垄，中间留着长槽待用。然后选个晴好天气，把冬藏的糖蔗挖出，剥去外壳，斫成五六寸长（一般都留两个节两个芽），把它们首尾相接，排在槽内，再用薄土掩埋。蔗节上的两个芽务必须尽量朝上，不得一上一下，否则向下的那个芽就难以生发。待芽长到一两寸，频以清粪水浇之，长到六七寸长时，就可以挖出来分栽了。

栽蔗必用夹沙泥土，以河滨洲的土壤为上好。检验泥土的好坏，要掘坑一尺五寸深，撮这深度的沙土少许，入口尝尝，味苦者就不可栽蔗。如若是深山的土地，亦不可种蔗。因为山气凝寒，种出来的蔗、榨出来的糖味道焦苦，非常难吃。

上面说过栽蔗须先挖畦，畦的行阔是四尺，犁出的沟深四寸。蔗栽沟内，约七尺排列三丛，掩土寸许。土太厚，则发芽困难稀少。芽发出三四个或六七个时，渐渐往上加土。加土渐厚，蔗根也渐深，蔗身长高也不会倒伏。长至二三尺时，要用牛进行沟耕，犁断了傍根，再掩土培根，根土厚实，就可以防秋冬霜雪了。

荻蔗造糖，有凝冰、白霜、红砂三品。糖品之分，在于蔗浆的老嫩。糖蔗至秋渐成红色，冬至以后由红转褐，以成至白。五岭以南无霜冻，糖蔗可以不伐以取糖霜。韶、雄以北十月霜侵，蔗质遇霜即杀，其身不能久待以成白色，故必须速伐以取红糖。凡取红糖，穷十日之力而为之。十日以前其浆尚未丰盈，十日以后恐霜气逼侵，前功尽弃。故种蔗十亩之家，必得备一架制糖车和几口熬糖大锅以供急用。

制糖车，是用长五尺、阔二尺、厚五寸的二片横板组成，两头凿眼安柱，上榫高出少许，下榫出板二三尺，埋进土内，使其安稳不能摇晃。上板中凿二眼，并列硬木巨轴两根，轴木大七尺围。两轴一长三尺，一长四尺五寸，其长者出榫安犁担。担用屈木，长一丈五尺，以便驾牛转圈而走。轴上凿齿分配雌雄，其合缝处须直而圆，圆而缝合。夹蔗于中，一轧而过，与棉花车轧棉颇为相似。

"蔗过浆流，再拾其滓，向轴上鸭嘴扱入，再轧，又三轧之，其汁尽矣，其滓为薪。其下板承轴，凿眼，只深一寸五分，使轴脚不穿透，以便板上受汁也。其轴脚嵌安铁锭于中，以便捩转。

"凡汁浆流板有槽枧，汁入于缸内。每汁一石下石灰五合于中。取汁煎糖，并列三锅如'品'字，先将稠汁聚入一锅，然后逐加稀汁两锅之内。若火力少束薪，其糖即成顽糖，起沫不中用。"

我国形成完整的制糖工业体系是在1949年以后。高效、低成本的机械制糖几乎完全取代了手工制糖。目前，全国除了在极少数糖蔗产区还保留着手工红糖的生产外，其他地区的制糖业，几乎全被工业化取代了。

糖的种类和药用价值

糖的种类有白糖、冰糖和饴饧。

在浙闽、广南等地方，经冬老蔗，用制糖车榨汁入缸，看水花为火色。其花煎至细嫩，如煮羹沸，以指捻试，粘手则差不多了。此时的糖尚呈黄黑色，将桶盛贮，凝成黑沙。然后以瓦溜（陶家烧造）置缸上。这瓦溜上宽下尖，底有一小孔，拿草塞住。倾桶中黑沙于内，待黑沙凝结，然后去孔中塞草，用黄泥水淋下。其中黑滓入缸内，溜内尽成白霜。最上一层厚五寸许，洁白异常，名曰"洋糖"（西洋糖绝白美，故名）。下者稍黄褐。

那如何制造冰糖呢？就是将洋糖煎化，撇去浮滓，候视火色。然后将新砍的青竹破成篾片，斩成一寸寸地撒入其中。经过一宵冷凝，即成天然冰糖块。这冰糖有五品，石山为上，团枝次之，瓮鉴次之，小颗又次，沙脚为下。

饴饧即饴糖。明人宋应星于《天工开物》里曰：凡饴饧，稻、麦、黍、粟皆可为之。其法是将米、麦、黍、粟类谷物浸湿，让它们生芽、爆干，然后煎炼调化而成。色以白者为上，赤色者名曰胶饴，形如琥珀。这种饴饧，入口即化。

宋应星对蔗和糖作了极为详尽的描述，他介绍说，好的蔗种出自两广和闽南一带，指出了果蔗和糖蔗的区别，并对糖蔗的栽种方法作了说明，特别对糖车的制作和安装、使用方法进行了仔细的讲解，是一本彻头彻尾的"糖书"，对如何种植糖蔗、如何制糖，提供了大量宝贵的资料，让子孙后代受益匪浅，可谓功不可没。

18世纪末、19世纪初，德、法两国的化学家发明了甜菜制糖技术，工业化制糖开始面世。20世纪初，工业制糖传到中国，而手工制糖逐渐衰落。

红糖是可以当药的。元代大医学家朱丹溪在他自己的医学著作《格致余论》之五《治病必求其本论》中记述道,他的叔祖夏末开始患泻痢,至深秋,怎么都治不好。朱丹溪问诊之后辨证道:叔祖病虽久而神不悴,小便涩少而不红,两手脉俱涩而颇弦,自言胸膈微闷,食亦减,此必多年沉积,便询问他平日喜食何物。叔祖说喜食鲤鱼,三年来无一日不吃。朱丹溪说,积痰在肺,肺为大肠之脏,宜大肠之本不固也,当应澄其源而流自清。遂以茱萸、陈皮、青葱、藘苴根、生姜,煎浓汤和以砂糖,饮一碗许。少顷,其叔祖自以指探喉中促呕,吐痰半升许,黏稠如胶。次日早晨又饮一碗,又吐半升痰,而痢止……

朱丹溪此处方中已有砂糖。砂糖即红糖的一种。明戚祚国等四兄弟著的《戚少保年谱》卷之五载:嘉靖三十七年正月,义乌兵围攻仙游,有7000多名倭寇逃往长泰,因乡野无食物,晚至溪北,肚饿难耐,就抢红糖吃,这些红糖其实已被义乌兵放了毒,因此毒死不少倭寇。可见义乌兵那时已经把红糖当作武器来使用。义乌兵在福建东南抗倭剿山寇五年,经常接触甘蔗与红糖。明兵部右侍郎王世贞著《弇山堂别集》中也有关于"白糖"与"黑糖"的记载。

《天工开物》一书,已载有木糖车的榨糖技术,此书是明崇祯十年初刊,书中介绍,木糖车技术是由印度传入四川,再传云南,再传至福建。如此看来,义乌人贾惟承把木糖车和榨糖术从福建引进义乌并非杜撰,是有根有据的。朱丹溪药方中所用砂糖是土制的,明末的糖则是用先进的木糖车榨制的了。

据考证,清康熙《义乌县志》、雍正《义乌县志》均有"蔗糖；墨者近始习熬"的记载；清雍正《浙江通志》一百零六卷"物产之六"载有："蔗，向无此种。顺治年间，从闽得种，乃竞栽种之，利颇微，其制为糖，不晓作伪，得法者真足，称砂糖耳。"说的就是清顺治年间，义乌佛堂燕里村贾惟承首先从福建引进种蔗制糖的生产工艺的历史，这个记载，更加佐证了义乌的木糖车榨糖术是从福建传入的说法。清光绪年间的文学家徐珂在《清稗类钞》的"工艺类·制糖轩"类目下记述："出义乌城向西，至佛堂镇，迤逦三十里，弥望皆糖梗也。"反映了当时的义乌糖蔗已广泛种植，制糖工艺已趋成熟。

义乌红糖制作

义乌制糖有两个关键步骤：一、用牛拉绞蔗车榨取糖汁；二、用梅花灶煎熬红糖。

"有糖无糖，立冬绞糖。"糖蔗一般从立冬开始收割，然后便用牛拉木糖车绞糖，绞糖的时间控制在两个月左右。再长了不行，因为糖蔗会霉变了。

义乌糖农的绞糖车，就是由糖公贾惟承从闽南带回的萝卜模型仿制而成的，动力就是牛。牛拉着木糖车转动绞扎糖蔗榨汁，这种方法一直延续到20世纪70年代。

木糖车由两个硬木滚筒组成，滚筒的直径为60~70厘米，长约120厘米，俗称"糖车子"，上部凿成齿轮状的雌雄捔子，俗称"糖车捔"。糖车捔竖装，下由厚实的木底盘承载，上覆木板盖（俗称"糖车板"）和底盘相夹，互相契合。其中一个上端留一芯为轴，穿过上片糖车板，在轴上横一根弓形的大弯木，称

"糖车犁穹"，犁穹驾在牛肩上，糖蔗插入两个滚筒之间，随着牛走捱转，糖蔗即被压扁出汁。此时榨出的糖汁叫"头糖"。糖水顺底盘，源源不断地流入糖缸。

被轧过的糖壳从糖车的后面出来。待一捆糖蔗轧完，有人马上把刚轧过的糖壳抱到前面。饲糖蔗的人得先把一个中间有方孔的楔形木头（就是饲糖斗，《天工开物》一书中称之为"鸭嘴"）挂在雌雄捱之间，然后把轧过头遍的糖壳插入木斗中的方孔里，开始第二遍倾轧。这时的牛已经比较吃力了。轧了两遍的糖壳已经成了一片片的渣子，但还有糖汁，还要轧第三遍。这时的饲糖人必须全神贯注，糖壳不能饲得太少，也不能太多。太少了夹不紧，轧不出蔗汁；太多了糖壳会卡住，糖车会发出嘎嘎的危险信号。这时必须赶紧让牛停止前进，使它倒退，否则就会拉倒糖车。有时卡得太紧，糖车无法倒转，就得用斧头将卡住的糖壳劈掉，还要在车捱上抹上一层猪油，使其润滑，才能继续饲糖壳轧汁。轧到第三遍时，牛最吃力了，赶牛人往往会用自己的肩膀顶推糖穹，助牛一臂之力。所以轧满一缸蔗水必须要换一头牛，否则牛就会活活累死。

从这一点上看，牛拉木糖车的制糖方法既是一项技术活，也是劳动强度很大的力气活，义乌人把这种绞糖方法称为"牛力绞糖"。但此法既费时又费力，这可能就是后来被机械轧榨法取代的原因。

接下来就是熬糖了。绞出来的糖水，倒入锅中经过认真的煎熬，才能变成红糖。煎糖时需搭建一座糖车铺，这车铺的面积为80～100平方米，离牛拉糖车的距离约10米。铺内砌一个"梅花灶"，五口铁锅次第排开，直径由大到小。灶面离地20～30

厘米，便于师傅进行"候糖"操作。锅与锅之间用铁板或木板隔开，不用锅盖。灶边放一个长2米、宽1米左右的木制"糖槽"，还有制糖用的铁铲、木把、木椎子等工具。绞出来的糖水，首先放入第一口最大的锅中烧煮。烧开之后，放点小苏打，糖水里的杂质就会浮起，形成一层厚厚的糖沫，这层浮起的沫，必须用抓篱捞起，放到灶边的箩里，这是一道必不可少的去污去渣过程。这样反复捞几遍，待糖水清爽为止。然后将糖水转入并排的另两口铁锅中依次轮换糖水，使糖水的成分均匀。等熬到水分较少的时候，再把糖水转到灶尾的第四口锅中，几个工人用长柄铁勺不停地搅动，防止稠糖焦在锅底。最后，将浓稠的糖浆起到第五口锅中，这时糖师傅就开始"把场"了。糖水熬到泛起了栗大的泡，已十分黏稠，把糖师傅凭着眼睛的观察，通过手捏的感觉，还有舌尝的味觉，待老嫩适当时及时起糖，这时的火候掌控很重要，多一分则嫌老，少一分则显嫩。

　　师傅将滚烫的糖浆，舀到一个长方形的木制槽床上，并开始手脚麻利地用锅铲不停地搅拌。待最后的水蒸气挥发殆尽，温度慢慢降下来之后，再用木椎子把红糖推擦做细，就成了蓬松如沙、香甜可口的红糖。制作这样的一匣红糖需要一个多小时，出糖三四十斤。

传统制糖和机械化制糖的区别

　　义乌红糖用青皮糖梗榨熬而成，因色泽嫩黄又略带青色，因此又名"义乌青"。20世纪20年代，义亭镇来了个上海人，他尝试用压榨机榨糖，效率倍增。村民尝到了体力消耗少、工效高的甜头，纷纷效仿起来。接着佛堂镇又有人开始用其他改良办法熬制赤砂糖。到了民国二十二年（1933年），当时的省政府拨款10.4万元，由县实业科长肖家点负责，在江湾村开办机制糖厂，用机械压榨糖汁，用离心机制取白糖和冰糖，周围的农民纷纷赶来观摩。但这个厂不仅规模很小，更由于蔗水榨不干净，浪费大，导致经济效益很差，于民国二十六年（1937年）因为亏损而倒闭了。

1949年后，党和政府为了提高义乌糖的质量，解放农民的繁重体力劳动，曾作过很多努力。1956年，社会主义合作化高潮兴起，义亭的雅文楼、王宅乡的东山、合作乡的晓联，都办起了半机械化糖厂，用动力压榨，用改进了的土法熬糖，熬制的仍然是红糖。直到1965年12月，一座日榨鲜蔗500吨的完全机械化的糖厂，终于在佛堂镇西北的杨宅村附近拔地而起，到了1982年，已扩大为日处理糖蔗1000吨。

到了20世纪70年代，广大农村也逐步采用了机械压榨，几百年来的牛拉土榨办法全部被淘汰。过去每年两个多月的榨糖期，现在只要20天就可以加工完毕，糖农再不用担心糖蔗变质而遭受经济损失了。

义乌人虽然用机械压榨取代了牛拉糖车绞榨，其生产的红糖仍被称作传统红糖，按照国家产业目录是属于同一产品，但在外观上、功效上存在着明显的差异。纯粹的物理方法让甘蔗中的糖分进行自然结晶，其中的有益元素，包括果糖、葡萄糖、糖蜜以及维生素和矿物质微量元素等，都得到了完美的保留；而机制红糖的生产是采用化学和物理相结合的方法，先把一些还原糖等进行反应转化为蔗糖，然后把蔗糖分离提纯出来。这种方法虽然提高了蔗糖的单位产量和纯度，但也将甘蔗内的有益元素都丢掉了。而且，通过这种方法制作出的红糖，不可避免地存在着部分化学残留。

从外观来看，机制红糖一般呈粉末状或晶体状。根据《本草纲目》的记载，传统红糖的外观"凝结如石，破之如沙"，切开一侧，可以看到断面有非常明显的沙纹，这就是古人称之为"砂糖"的由来。而机制红糖是小颗粒状，有点发亮，质地坚硬，如细沙，而不是真正红糖该有的软粉末状。

其次，两者的口感和功效也大不相同。传统红糖的蔗香浓郁，口感细滑，甜度为机制红糖的1.5倍。同时，传统红糖由于保留了甘蔗的大量有益元素，具有良好的温补功效。中医认为，红糖性温、味甘、入脾，具有益气补血、健脾暖胃、缓中止痛、活血化瘀的作用。"温而补之，温而通之，温而散之"，也就是我们俗称的"温补"。而机制红糖在糖浆的浓缩过程中采用真空浓缩或常压浓缩技术，因糖膏温度太低，糖膏中的还原糖没有得到进一步的焦化，所以糖的口感并不太好。另外，因为机制红糖存在一个固液分离过程，导致蔗糖中大部分的还原糖、酚类物质及其他微量元素都被带走，所以在功效上也无法与传统红糖相提并论。

义乌红糖的近代史

近代历史上，义乌红糖的生产规模一直很小，生产工具和工艺技术都十分落后，产糖少，是自产自食的自给性生产。逢好年景，多余的也挑往集市出售，没什么规模。

出义乌城往西南30里的佛堂镇，由于水上运输方便，是历史上商业较发达的集镇，也是红糖的主要集散地。每当红糖上市旺季，来自外地的客商主要有兰溪朱正大行，年运销量少则十几万斤，多则几十万斤。本地经营红糖业务的主要是南货栈业，只搞零售。个别资本雄厚的也兼外销，如原佛堂镇瑞祥泰店主、原工商业者王宗海和糖行老板裘仲豪的合资经营，他们借助上海糖行的势力，把红糖运销到江苏、安徽、江西等地。这种联合经营的组织和方式一经出现，"生意经"也就比较讲究了，如把红糖划分等级，按级定价，既搞零售，也搞批发。由于红糖质量的严格区分和经营范围的扩大，义乌红糖在外地市场的竞争中，逐步显示了威力，名气也不断提高。

日寇侵入浙江以后，交通闭塞，市场萧条，红糖生产和销售也受到了极大的冲击。市场上红糖奇缺，价格暴涨，曾出现"一担红糖十担谷"的比价。于是一些不法商人不择手段以次充好，"义乌青"的声誉一度受到影响。

抗战胜利以后，外省的食糖流入浙江市场，义乌本地红糖滞销，卖糖难成了糖农的一大心病，也压抑了糖农的生产积极性，红糖生产一年不如一年。到了1949年，全县红糖产量仅七万担左右。

后来，在新政府的领导下，红糖生产迅速发展。到1954年，全县红糖生产量已达18多万担。生产发展了，市场又活跃了，购销业务十分兴旺。据统计，当年义乌县、乡两级供销社共有25个红糖收购点；为了更好地服务于糖农，有关部门还组织人马下乡巡回收购。旺季每日能收红糖1500多担。县工商联在政府有关部门的支持和组织下，协助各地收购点快收快调，做到了今天收，明天调，将红糖远销到杭州、嘉兴、宁波、舟山、金华等地。从那时起，义乌红糖声誉大振，产、销量占全省总量的三分之一有余。到了1982年，全县食糖生产量达到29万担，比1949年增长了4.2倍。

糖蔗的综合利用和衍生产品

由于红糖的味道好，营养价值高，又有药用功效，就衍生出多种红糖食品。义乌的红糖在制作传统食品——"年糖"中发挥了大用场。义乌有个风俗，到了每年腊月，家家户户都会用米、粟、花生、豆、芝麻等烘炒、炮烙，拌上调煮的红糖，制成冻米糖、粟米糖、芝麻糖、花生糖等多种"年糖"。年年如此，代代相传。人们说这是迎新年除旧岁的一种标志，也是对庄稼人一年辛勤劳动的一种慰藉。因此，切糖、杀猪、酿酒，素来被称为"义乌三乐"。

义乌有三宝，除了红糖，还有蜜枣、火腿，一切以糖为先。义乌在传承红糖加工的传统工艺基础上，以科学配方，用现代技术制作出了姜糖、姜汤、姜片、姜茶等100多个系列休闲保健食品。

1954年，义乌县制糖人尝试用糖沫烧煮白酒。糖沫，就是红糖在煎熬过程中浮上来的一层层渣滓。以往，捞出来的糖沫都是当作废品扔掉的。这下子解放了思想，群策群力，利用糖沫烧煮白酒。不曾想，出酒率还相当可观，仅义乌糖厂一家，糖沫烧制出的白酒就近万担。糖沫白酒香甜可口，韵味悠长，颇受广大群众欢迎。制酒后的蔗渣，还能再一次利用，就是从里面提取蔗蜡。1983年，他们提出蔗蜡56吨，价值30多万元。1983年的

30多万元，效益可观！

至于用蔗渣造纸、养菇等综合利用，也早已到处可见。可以预期，随着科学技术的提高，生产力的进一步发展，糖蔗的综合利用将出现更加广阔的前景。

义乌的红糖文化

义乌燕里村位于佛堂镇廿四都相邻的廿三都，于是"廿三都"便也成了燕里村的代名词。有两首脍炙人口的民谣为证：

廿三都的西瓜，廿三都的糖，
三粒头的花生荚儿长；
廿三都的芝麻，廿三都的人，
廿三都的江水能变油。

从这首民谣中，可以看出被称为"廿三都"的燕里村，具有丰富的"土特产文化"。

还有一首四季歌：

廿三都的燕里村，尽产义乌青；
燕里的红糖虽香甜，蔗农四季忙不歇；
天寒地冻披（摘除）糖叶，划破脸面和手脚；
男女老少无人闲，一日三餐吃冷饭；
铺里铺外虽热闹，不分日夜熬通宵；
牛拉糖车绕圈走，绞出的糖水冰上流；

饲糖接汁的冻得瑟瑟抖；

烧糖做糖的热得大汗流……

这首土得掉渣的四季歌，就是燕里糖农勤劳辛苦的写照。

"义乌青"糖蔗这个优良的蔗种，是如何千里迢迢来到燕里村并"安家落户"的呢？本文开头说到的糖公贾惟承的故事，并不是空穴来风。据1993年重修的《洋川贾氏燕里村谱》二卷13页载："惟承于顺治年间，客游闽越，摹仿糖车之式，教人栽植糖蔗，制为红糖。邑人享其美利，至今庙祖祀。"贾惟承从闽南引进蔗种和制糖技术，迄今已300多年的历史了。

贾惟承确是个人物。他引入糖蔗，推广制糖，使义乌成为浙江省的主要产糖区。他去世后，佛堂周边的老百姓尊他为"糖公"，并为他建庙。义乌人每次开机榨糖之前，必定先到糖公庙里焚香燃烛，三叩三拜，以示对糖公的感恩和崇敬之情，同时祈求他保佑大家榨糖平安、红糖丰收。

世世代代的燕里人是听着糖公的故事长大的，故事里融合着孝心、智慧和坚韧不拔的开拓精神，给孩子们幼小的心灵打上了深深的烙印，成为孩子启蒙学习的楷模和榜样；而"义乌红糖出燕里"，在他们的心目中，何尝不是一种甜蜜的骄傲？

到了第13代传人、清末秀才贾祯淑（1898～1980）手里，他比较注重收集和整理糖蔗种植和红糖制作的技巧，借此弘扬"乡土文化"，为提升燕里红糖的社会价值和知名度做出了不朽的贡献。远近百姓把燕里村誉为义乌"甜蜜事业"的发源地，实至名归。

义乌红糖的保健美容功能

义乌红糖由闽南引进的"青皮糖梗"所制,这蔗种含有多种人体必需的氨基酸和微量元素,如天门冬氨酸、苏氨酸、丝氨酸、谷氨酸、丙氨酸、组氨酸、赖氨酸、柠檬酸等,都是合成人体蛋白质、支援新陈代谢不可缺少的基础物质。义乌红糖还富含钾、铁、钙、钠、锰、镁、锌、硒等多种微量元素,对防止高血压、降低心率过速、改善人体造血功能、提高人体免疫力、抗肿瘤都有绝佳的药用效果。中医营养学认为,红糖性温,可以通过"温而补之,温而通之,温而散之"来发挥补血作用。

相对而言,白糖虽味甘,但其色白,性平,故补血的效果远不及红糖。根据专家的分析结果,由于白糖过于纯净,几乎不含微量元素,其营养成分自然与红糖不能相提并论。即使在科技发达的日本,许多食品还特地标明"纯正红糖"字样。

红糖还具有益气补血、健脾暖胃、缓中止痛、清痰止咳、活血化瘀的作用。红糖不仅含有提供热能的碳水化合物,还含有人体生长发育不可缺少的苹果酸、胡萝卜素、核黄素和烟酸等。据分析,每500克红糖中,含钙190毫克,为白糖的9倍;含磷300毫克、铁38.5毫克,均为白糖的4倍;葡萄糖含量为白糖的19倍,所以红糖又被称为"东方巧克力"。人们一般认为,红糖适合月经不调的妇女和刚生了孩子的产妇。其实红糖更适合老人,特别是适合年老体弱、大病初愈的人。患急性肝炎的病人,适当服食红糖,能减少体内蛋白质消耗,促使肝细胞再生。

在中国,红糖排毒滋养的作用妇孺皆知。至于为何能起到祛斑、美白的功效?专家认为,这是来源于它的天然成分——"糖蜜"。另外，红糖中蕴含的胡萝卜素、核黄素、烟酸、氨基酸、葡萄糖等成分，对细胞具有强效抗氧化及修护作用。

因为传统的红糖取法天然，食用红糖甚至比流行的激光祛斑、果酸换肤等方法更加有效，疗效也更彻底，安全性更强。

义乌红糖文化节

除了在社会经济、日常生活、医学方面有着积极影响外，红糖对义乌当地风俗文化的形成也产生了深远的影响，人们对糖的认识已经远远超出了单纯食品的概念。糖与大众的文化心理相结合，与人们虔诚的宗教祭祀相结合，与传统节日和婚庆礼仪相结合，与人类的生育繁衍相结合，与人们心目中最甜蜜的梦想和祈盼相结合，形成了以喜庆、吉祥、甜蜜为主题的糖文化内涵。

从2005年开始，义乌市政府为了弘扬糖文化，在义亭镇隆重举办了第一届红糖节。节日盛况空前，从全国各地赶来的游人、商家和各级领导们，大家互相传递着有关信息，介绍着各种经验，取得了良好的效应。从此，一年一度的红糖节，成了义乌人企盼的欢乐吉庆的好日子。

红糖节的主会场设在西楼村，义亭镇先田村、西田村、王阡三村、鲍宅村、早溪塘村、王山顶村等都设有分会场。越来越多的义乌人都行动起来。大家不遗余力地宣传义乌红糖品牌和特点，使义乌红糖的影响面越来越大，美誉度越来越高。

特别是2007年举办的第三届红糖文化节，义乌市政府匠心独运，把红糖文化和本地的艺术文化结合在一起，极大地丰富了文化节的内容，比如义乌的戏剧、说唱、剪纸、风筝等地方文化，都在红糖文化节上大放异彩，让红糖文化带动了其他文化和产业，给广大糖农和其他产业的艺人带来了实实在在的利益。所以说，这次红糖文化节具有非凡的历史性意义。

通过这次文化节，义乌人学会了把红糖文化与新农村建设有机地结合在一起，加强政策引导，通过租赁、承包、联合等方式优化结构，发展规模经营，逐步形成优势产业，增强市场竞争力，形成良性循环。同时扩大糖蔗基地建设，大力推行标准化生产，加快制糖工艺改造，走产销一体化之路，构建起一条义乌糖农可持续发展的产业链。

红糖文化展示了勤耕好学、锲而不舍的义乌精神。义乌自然资源匮乏，人均耕地面积很少，而且多红壤，如果种粮食作物，肯定养不活义乌人。在这种自然条件下，种植经济作物成为义乌人民最明智的选择。义乌人不辞辛苦，开动脑筋，生产出特色的红糖，是义乌人勤耕好学、发奋图强的一大佐证。这种精神，对于后学者，具有很好的教育意义。

红糖文化是义乌商业文化的龙头，它带动着各行各业蓬勃发展。如今的义乌已经成为闻名世界的小商品海洋，购物者的天堂。写到这里，"鸡毛换糖"四个字忽然闪现出来，掷地有声。"鸡毛换糖"是义乌东北地界的一种小生意，这类生意人俗称"敲糖帮"。在物资匮乏的年代里，廿三里一带有商业意识的农民把红糖熬成圆饼状的皮糖（饴糖），放在货郎担上。担子下面是收放废品的箩筐。他们带上可以击打的小刀小锤，挑着担子，在省内省外的农村小镇走街串巷，喊着"鸡毛换糖！"赚取微薄的利润。渐渐地，弃农经商的敲糖帮越来越旺，挑着担子用废品换糖成了一道独特风景。改革开放以来，"鸡毛换糖"成为义乌引以为傲的商业行为，报纸电台频频报道，"鸡毛换糖"几乎成了义乌商业的一个响亮的代名词。

可以说，义乌人在"糖文化"的影响下，比较容易接纳和吸收异地文化，人们对迁移和流动习以为常，对血缘和地缘关系的观念相对淡泊。这种文化特征使义乌充满了智慧、诚信、包容和魅力。

在滚滚前进的洪流中，红糖文化要保持持久的生命力，必须拥有强大的流传力，必须有更多的载体。只有当这个产业做大做强，发展成为知名企业之后，产业与文化才能产生互动，互相推动发展。因此，加强产业化建设，培育品牌，成立义乌红糖专业合作社，加强科技创新，增加附加值等措施是壮大红糖产业的重要举措。义乌市政府部门大力扶持农业龙头发展、无公害农产品基地建设，形成了高效生态农业模式的义乌特色。

红糖文化与生态旅游

生态旅游是对田园生态景观、农事活动、农俗文化的深层次开发，具有观光、休闲、娱乐、科普、环保等多种功能的旅游形式。

目前，义乌正深入开发红糖旅游业，推出了以参观红糖历史陈列馆、了解红糖制造工艺、介绍红糖产业发展趋势和品尝红糖美食为主题的红糖旅游项目。同时开展了义乌红糖节主题摄影比赛和征文比赛活动，为继承和发扬义乌红糖的历史文化发挥了积极作用。

有许多与糖相关的农谚，都含有丰富的农耕科普知识。比如四季农时谚语和一些民谣：

【春季】

惊蛰未到打天雷，糖梗要抽蓬里剑。

惊蛰回暖打天雷，糖梗开蓬育苗栽。

谷雨断霜，好买好卖糖梗秧。

谷雨过后麦抽头，套栽糖秧麦地头。

……………

【夏季】

芒种夏至麦收净，糖梗地里忙出垦。（出垦，即除草施肥）

入霉糖苗发剑（芽）秧，杂草与糖梗比快长。

不除杂草剑不粗，下地除草怕肥刺……（"肥刺"即钩虫）

小暑大暑太阳狠，坨糖梗忙得汗淋淋，糖叶划破满脸痕，汗水一腌红庭庭，又痒又痛实难忍。

坨糖地里高气温，容易将人痧气闷，一病三天不还魂，糖农辛苦谁知情。

糖梗地像口大粪缸，坨糖用料多不嫌。（坨糖，意思是给糖梗施肥）

糖梗吃白豆，红糖节节流。

垦里用一把，垦外要一担。

（糖梗用肥不嫌多，义乌鸡毛换糖得来的鸡毛，大部分是沤在糖梗地里，鸡毛和人粪尿拌起来肥效特别好。炒熟的白豆撒在糖梗根部，据说糖梗的含糖量会特别高。）

【秋季】

糖梗入秋不要料，只要泥湿有水满。

过了七月半，糖梗甜了二节半。

八月毛雨赛，糖梗日长夜大来。

秋旱糖梗水如油，要想糖梗别怕大汗流。

秋后高温天晴燥，脚踏江车注水忙。（江车即脚踏水车）

脚板踏肿步难行，为的是有个好收成。

寒露前后留糖种，霜降留种要冻红。

【冬季】

有糖无糖，立冬绞糖。

糖梗立冬开始收，糖农起冻落雪瑟瑟抖。

赤膊糖梗冻最怕，冻过的糖梗红糖斧头剖。

斧头剖，咬上口，粘掉牙。

细砂糖，堆在桌上它会爬，

吃在口中香又甜，不用牙齿也会烊。

种糖如种宝，有吃又有烧。

还有综合类的谚语和民谣，最有代表性的要数《绞糖歌》：

一拜天，二拜地，三拜那土地；

四拜有个红阳赤日好天气；

五拜糖车转得快；

六拜灶孔灵，省柴又省力；

七拜出糖高；

八拜砂糖好比金沙泥；

九拜砂糖价钿卖得好；

十拜万事称心又如意！

白露来，糖梗甜，喝口糖水笑开颜；

立冬到，红糖香，吃块红糖入梦乡。

义乌红糖四百年，而今越来越新鲜；

政府支持第一条，和谐社会添香甜。

男人不可三日不读书，女人不可一日无红糖。

落花生配红糖，赛过头婚郎。

落花生配砂糖，胜过大小娘嫁新郎。（大小娘，即未婚女子。）

新糖配花生，糖油切年糖。

千村牛车转，十里糖香飘。

七月半，糖梗二节半。八月中秋，糖梗上口。

十月糖梗甜到心，城乡处处红糖香。

货郎当年四海闯，糖换鸡毛本镇创；

贵客如今五洲来，义乌红糖今更香。

燕子春归寻旧主，燕里子孙世代忆糖公。

冬季乡村红糖香，"甜蜜经济"富农家。

弘扬红糖文化，振兴红糖产业……

燕里村的义乌红糖第 13 代传人、清末秀才贾祯淑收集了许多关于种蔗制糖的谚语，写成了春季怎样育苗，夏、秋季怎样管理，入冬怎样制糖的著名的《种蔗制糖四季歌》，例如：

> 燕里西瓜甜如蜜，皮薄肉厚如沙粒。
> 如果用过豆籇饼，瓜汁如胶粘板砧。
> 踏江车，注油麻；
> 油麻粒，特别大。
> 落花生，产量高，选品种，最重要。
> 红衣三粒头，只我燕里有。

这些农谚和民谣内涵丰富，无不记述着义乌人坚强的农业文明精神，和自信、自豪的感情色彩。

义乌红糖的申遗和国家地理标志

义乌红糖有着悠久的历史，并且一直享有盛名。1929 年，义乌生产的"黄培记号"红糖就在西湖博览会上荣膺了特等奖。这么多年来，义乌制糖技艺依托于传承人而存在，以技艺为表现手段，并以口口相传、言传身教为文化链而得以延续，是一种"活"着的文化，弥足珍贵，迫切需要保护和传承。这些因素都符合申遗的要求，有条件参与国家级非物质文化遗产评审。

2007 年，义乌红糖传统制作技艺被列入浙江省第二批非物质文化遗产目录。

2014 年 12 月，传统制糖技艺（义乌红糖制作技艺）入选第四批国家级非物质文化遗产代表性项目名录。这也是义乌市首个以"义乌"冠名的国家级"非遗"项目。（此前入选的国家级非遗项目"义乌道情"是以"金华道情"名称列入的。）

现在，义乌红糖因其特殊的价值，在金华和义乌两级政府的重视下，在广大义乌糖农的坚持努力下，更呈勃勃生机，走在欣欣向荣的发展道路上。义乌的天时地利是义乌红糖可持续性发展的有利条件，我们要充分利用它，这样才能对得起为红糖生产献出毕生精力的老祖宗们，对得起关心扶持过红糖产业发展的各级领导。

对义乌红糖来说，2012年11月20日是一个具有特殊意义的日子。这天上午，在义乌市义亭镇西楼村，第八届义乌红糖节隆重开幕。开幕式上的一项重要议程，就是庆祝义乌红糖在2012年的8月3号，正式获得农业部颁发的农产品地理标志登记证书。这意味着义乌红糖有了一张鲜亮的"身份证"！

有了这张身份证，义乌红糖的品牌得到了保护，那些假冒义乌品牌的不法厂家纷纷作鸟兽散，一些问题也就迎刃而解了。

义乌红糖农产品地理标志使用承诺：严格按义乌红糖质量控制技术规范使用生产，确保红糖产品的品质和信誉；建立健全义乌红糖质量控制追溯体系；建立义乌红糖农产品地理标志使用档案记录，如实记载标志使用情况，标志使用档案保存五年；自觉接受义乌市红糖产业协会和上级有关部门对产品品质的抽样检测和标志使用的监督检查；严格按规范使用义乌红糖农产品地理标志；确保红糖产品的包装符合现行有效的国家标准要求；不在除红糖原糖以外的其他产品上使用义乌红糖农产品地理标志，不能擅自转让、买卖和加贴标志。

义乌红糖传统制作技艺的传承

义乌市义亭镇西楼村就是义乌的红糖基地,有"中国红糖第一村"之美誉,传统老技艺成了国家级非物质文化遗产。一直以来,义亭红糖都是纯手工制作,以师传方式传承技艺。

在义亭镇,从事手工制糖的师傅不下百人,而楼光铨就是他们中杰出的代表之一。

楼光铨,1948年5月出生,祖居西楼村,是西楼村手工榨糖第四代传人。从十五六岁起,楼光铨就跟着大人在制糖场里劳作了。1965年开始,他正式拜师学习榨糖。在年复一年的耳濡目染中,他掌握了娴熟的制糖技艺,成了响当当的"糖槽"大佬。糖场一开,他就日夜连轴转,像个陀螺一样停不下来,吃睡全在场里。制糖的整个过程,是很繁杂的体力活,又是难度很高的技术活。楼光铨对整套红糖传统制作技艺都非常娴熟,在各个环节都能独当一面。2005年,义乌恢复红糖传统制作方法时,楼光铨重新打制了木制的牛力绞糖车,使古法制作技艺的核心工艺得以恢复。2009年,时任西楼村村支书的他被确定为浙江省第三批非物质文化遗产项目义乌红糖制作技艺代表性传承人。

在楼光铨眼里,义乌红糖制作技艺不仅是一门手工技艺,更是一种民俗,一种文化。年过七旬的楼光铨做了50多年的炒糖师傅,技术掌握得炉火纯青。那天,他一边炒糖一边对我们说:以前熬糖是五口锅,现在增加到九口,义乌红糖是越做越精细了。你们看我用铲勺在锅里来回搅拌很简单,但火候全凭经验把握,嫩了或老了,这红糖就成次品了。

如今，义乌市对传统制糖技艺实施了多项保护措施，包括举办每年一度的义乌红糖节，成立红糖文化陈列室，制订红糖制作技艺标准等，使得该项目得到更好的传承与发展。

义乌丹溪红曲酒

如果要问义乌人对什么酒印象最深,那回答一定是丹溪红曲酒。这是一种流淌在义乌人血液里的美酒,镌刻在很多义乌人的记忆中。哪怕他们浪迹在天涯海角,或滞留在异国他乡,但故乡谷物发酵时散发出的那种独特的香味,冬日里家人围坐等一壶红曲酒烫好的期待,以及一碗加蛋醪糟或拌着红糖和核桃碎粒的美酒,那种香甜和美妙,时时刻刻伴随着他们,萦系着浪子对故乡和亲人的眷恋,幸福而绵长。红曲酒用不同的形态和醇香渗透在义乌人的生活里,俘获了无数义乌人的舌尖和心。越是弥久,越是醇厚香甜。

多年前,有个日本人在东方红曲国际学术研讨会上尝了一口当时正在参展的义乌丹溪红曲酒,便对此酒赞不绝口。第二天,他坚持要到酒厂参观。参观之后,他发出了这样的一声惊叹:"在这里,我终于找到日本酒的起源!"

因一次机缘巧合,丹溪红曲酒临时参加了一场在杭州举行的酒会。当时丹溪酒厂不知道酒会上还有评酒这一环节,更不知晓这是一场国际级别的专家评酒会。最后，义乌丹溪红曲酒以"五年陈"和众多名牌的"二十年陈"展开了竞选，竟然获得了全场第二名的名次。专家们当然一尝就知道酒的年份，如果丹溪红酒是十年陈，二十年陈，那味道又该提升到何种境界？于是引发了专家们的兴趣和研究欲望：什么是义乌丹溪红曲酒？

义乌红曲酒的历史

我国是世界上最早酿酒的国家之一，我们古老的甲骨文、金文里都早已有"酒"这个字。我国的酿酒历史源远流长，据史料记载，最早出现在夏禹时代，《世本》有记："夷狄始作酒醪，变五味；少康作秫酒。"《战国策》也说："昔者，帝女令仪狄作酒而美，进之禹，禹饮而甘之。"估计在4000多年前，夏禹"饮而甘之"的可能就是中国历史上的第一杯黄酒。今天，黄酒、啤酒和葡萄酒被称为世界三大酿造酒，黄酒是中国的独有品种，在世界酿造酒界有着举足轻重的地位。

义乌最早关于酒的记载，可以追溯到春秋时代。公元前482年，卧薪尝胆十年之后的越王勾践，终于等到与吴王夫差决战的时刻。出征前，有越人献酒一坛，壮师饯行。勾践没有独自享受，而是把酒倒入河中，令三军将士共饮河水，喝了"河水酒"的官兵士气大振，一路披靡杀入吴国都城姑苏，留下了"三千越甲可吞吴"的千古传奇。

义乌红曲酒，出于黄酒而胜于黄酒，在工艺、外观、口感和风味上，都和黄酒有着明显的区别。唐代诗人李贺对红曲酒有这样的描述:"琉璃钟,琥珀浓,小槽酒滴真珠红。"红曲酒在口感上要比黄酒更加鲜灵淡爽,而且香气也更加柔和醇雅。因为红曲中含有天然色素——红曲红,这又使红曲酒带着一股与生俱来的高贵和神秘。

据考证,红曲酒早在魏晋时代就已出现,东汉时"建安七子"之一的王粲在《七释》中说:"瓜州红曲,参糅相半,软滑膏润,入口流散。"这是历史上关于红曲酒的最早记录。唐代诗人褚载曾有诗云:"有兴欲沽红曲酒,无人同上翠旌楼。"五代时期,吴越王钱镠年年向中原王朝进贡,以求偏安江南。那时,义乌红曲酒就已经被列入了贡品名录。到宋代,红曲酿酒已经相当普及。胡仔的《苕溪渔隐丛话》中说:"江南人家造红酒,色味两绝。"这里的"红酒"指的就是红曲酿的红曲酒。

南宋时期,由于酒政的大力推行,酒税成为南宋朝廷的重要财政收入。民间酿酒之风盛行。红曲酒的酿造技艺也逐渐走入寻常百姓家,家家户户都会酿一些红曲酒,一是满足口腹之需,二是祝福日后的生活更加丰足。聪明的义乌人看出了酿造红曲酒蕴含的商机,逐步形成了产销一条龙的红曲酒产业链。据史料记载,宋朝时期,已有义乌商人将红曲酒通过运河运到开封去售卖。

义乌红曲酒曾享有盛誉。元代宋伯仁所著的《酒小史》共收录了14种名酒,"金华府金华酒"排在第六位。(金华酒指的就是义乌红曲酒。)关于义乌红曲酒的文献记载还有不少,冯时化的《酒史》诸酒名附项中也有关于金华酒的记载:浙江金华府造,近时京师嘉尚,语云"晋字金华酒,围棋左传文"。清章穆在《调疾饮食辨》中说:"金华酒滤极甘美。"

据《义乌风俗志》记载，在义乌民间，凡祀神、祭祖、过节、建宅、寿宴、丧葬等需要举办筵席，必用红曲酒。农民常以自产糯米、粟米作家酿，在坊间出售。凡交谊亲近者，必送成担红酒作庆吊。直到今天，红曲酒酿造技艺还在义乌乡间传承，而丹溪红曲酒是义乌目前知名度最高的红曲酒。

丹溪红曲酒不但继承了传统医学的精粹，并且在传承中发展，与现代科技相结合创新，其保健功能与营养价值自然更胜一筹。据日本科技研究人员的研究成果表明，丹溪红曲酒中含有活跃的羰基，极易与氨基起作用，这不但是优良的防癌物质，还可以治疗胺血症。

据义乌朱氏宗谱记载，西晋永兴元年（304年），义乌人朱讯时任东阳郡守。秩满北归时，正值"永嘉之乱"，北归无望，遂定居于乌伤蒲墟里（即今义乌赤岸）。自朱讯定居赤岸至唐朝末年，世代沿丹溪繁衍。朱氏每年立冬后取丹溪水，用红曲酿造米酒饮用，这便是最早的丹溪红曲酒。据《义乌县志》载，宋朝淳熙年间，赤岸一带民间酿造丹溪红曲酒的酒坊有20余家。当时，江南一带酒务赋税颇重，百姓不堪重负。乡人陈亮以一篇《义乌县减酒额记》为民请命，惊动了朝廷为之减税。丹溪红曲酒的酿造业为此得益，一度呈现繁荣景象。至元代，赤岸出了一代名医朱丹溪，他将红曲和用红曲酿造的丹溪酒应用于医学中，并将其药用功效和酿造方法写进了《本草衍义补遗》中。由此，丹溪红曲酒的食用和医用价值得到了技术性进展。清乾隆二十八年，朱氏后人沿袭家传遗训，以祖传工艺酿造丹溪红曲酒销往各地，使红曲酒再次享誉。1929年，杭州召开西湖博览会，朱家人从自家酒坊选送丹溪红曲酒参展，荣获了特别奖。

20世纪50年代初，义乌赤岸镇家家做曲，户户酿酒，全镇数得上号的红曲酒作坊有20多家。1955年，全国实行公私合营，由于种种原因，不少酒厂陆续倒闭，而朱家后人依然顽强地传承着先祖的传统技艺。1979年，为了让传统红曲酒酿造技艺得到延续和传世，赤岸人组织创办了"赤岸公社酒厂"，1984年，更名为义乌市丹溪酒厂，并向国家工商局申请注册了"丹溪牌"商标。到20世纪90年代，义乌红曲酒曾有过一段很辉煌的历史，那时红曲酒的销量非常大，仅一家酒厂每天的销售量就达到三四十吨，经常出现供不应求、排队购买的现象，有时还需要走后门才能买到酒。

可是辉煌没持续几年，当啤酒、葡萄酒进入国内市场之后，红曲酒就慢慢没落了，甚至沦为"烧菜酒"的地步。只有部分本地老人偶尔还会在自家酿一点红曲酒，自酌自饮。红曲酒产业每况愈下，原材料、人工费都在往上涨，红曲酒的价格却一直在低处徘徊，而且销量也越来越小。

1998年，由于外来酒种的空前兴盛和市场的挤压，丹溪酒厂因经营不善举行公开拍卖。眼见传统酿酒文化即将没落，朱丹溪第21世孙朱兰琴与丈夫陈豪锋顶着空前的压力，毅然决然地举债百万买下了义乌丹溪酒厂的产权和经营权，并将酒厂更名为"义乌丹溪酒业有限公司"。朱兰琴出任董事长，陈豪锋出任总经理。他们秉承着祖上的技艺传承，"春榨酒，夏做红曲，秋做麦曲，冬酿红曲酒"，年复一年，坚持纯手工酿造红曲酒。

2018年初，浙江省文化厅公布了第五批浙江省非物质文化遗产代表性项目代表性传承人名单，朱兰琴被评为丹溪红曲酒的代表性传承人，她的丈夫陈豪锋则成了义乌红曲传统酒制造技艺代表性传承人，此是后话。

义乌红曲酒的功效

古人认为酒乃百药之长，是古代中医药中一种很重要的药引子。而红曲酒因为红曲的突出功效，在医疗保健方面成为集大成者。一些古籍就记载了红曲的医药作用：

《日用本草》——红曲酿酒，破血行药势。

《饮膳正要》——红曲，健脾、益气、温中。

《本草衍义补遗》——红曲，活血消食，健脾利胃，治赤白痢，下水谷，陈久者良。

《本草备要》——红曲入营而破，利胃消食，活血和血。治赤白下痢、跌打损伤。

《本草纲目》——红曲酿酒，破血行药势，杀山岚瘴气，治打扑伤损。治女人血气痛，及产后恶血不尽，擂酒饮之，良。

根据中医学的理论，红曲味甘性温，具有双向调节血脂浓度的功效。台湾民间还有红曲治小孩和老人夜尿及轻微气喘的奇效。红曲的菌种红曲霉，是一种耐高温、糖化能力强，又有酒精发酵力的霉菌。红曲应用于制曲酿酒，是古人的一个重大发明。近几年，现代药学研究也证明，红曲酿造成红曲酒后，其中富含生物活性物质，具有降胆固醇、降血糖、降血压、抑制癌细胞，并有强化肝脏和增进免疫力等功效。

红曲酒不仅好喝，也可以用作烹饪的厨酒。红曲酒烧菜别有一番风味，不管是鸡鸭鱼肉还是山珍海味，烹制过程中或用红曲酒浸泡，或用红曲酒调味去腥，烧出来的菜肴总会菜色鲜亮、香气扑鼻。北京的小吃灌肠，江苏名菜樱桃肉、无锡排骨和广东的叉烧，这些名满大江南北的美食里面，都有红曲酒的影子。另外，腌制腊肉、香肠、鱼干等食品时，加点红曲酒，还能使食材色泽鲜润，历久而不腐。《天工开物》中记载："世间鱼肉最易朽腐，而此物薄施涂抹，能固其质于炎暑之中，经历旬月蛆蝇不敢近，色味不离初。"而民间产妇坐月子时，更是样样离不了红曲酒。产妇常喝红曲酒，或日常饭菜中加点红曲酒，不仅有助于产妇身体复原，也可以帮助催奶。

浙江省非物质文化遗产代表性传承人朱兰琴说：朱丹溪在他的医学著作《格致余论》"醇酒宜冷饮论"中，曾有关于红曲酒"三益"的论述——若是醇者，理宜冷饮，过于肺，入于胃，然后渐温。肺先得温中之寒，可以补气。一益也；次得寒中之温，可以养胃。二益也；冷酒行迟，传化以渐，不可恣饮。三益也。从现代医学的角度看，目前全世界公认的红曲酒的功效可以归纳为"一清、三降、四抗"：一清，即清除体内多余的自由基；三降，即降血压、降血脂、降血糖；四抗，即抗肿瘤、抗疲劳、抗病毒、抗衰老。红曲酒的功效让全世界惊奇，这也是祖先留给义乌人最大的财富。

义乌红曲酒酿造技艺

丹溪红曲酒酿造技艺有着明显的地方特色，是我国传统酒文化中非常浓重的一笔，也是我国古代早期米酒配制技艺的典型代表和完整遗存形态。丹溪红曲酒酿造技艺独特，其过程和技艺主要有制曲技艺、前期酿造技艺、贮藏熟化技艺。丹溪红曲酒根据酒的酿制工艺和原材料的不同，分为白字号、顶陈、新陈、时酒四种。白字号酒性醇、液厚、味甘、香浓，酒力缓而大，为酒中上品。次为顶陈。新陈又次之。时酒即新酒，酒力易发作，一般为厨用酒。

红曲酒的酿造时间有着严格的要求，大部分义乌人酿红曲酒都会选择在立冬至立春这段时间。其制作流程分浸米、蒸饭、冷却、拌药、入料、开耙、发酵、翻酒醅、取酒等十余道。整个酿制过程全是手工操作，所以对原料的要求、季节气温的选择、开耙的功力、发酵的把握等众多环节有着近乎苛刻的要求，必须由经验丰富的酿酒工匠操控。

朱兰琴，1961年2月出生，大专学历，义乌市丹溪酒业有限公司董事长，"义乌传统酒技艺"浙江省非物质文化遗产代表性传承人。曾获得金华市巾帼建功标兵、义乌市三八红旗手、义乌市科技拔尖人才等荣誉称号。在接受采访时，朱兰琴详细介绍了丹溪红曲酒的酿造技艺：

第一步是浸米、炊饭。精选上好糯米，浸泡在清水中，24小时后沥干，蒸成熟饭。第二步是浸曲，将准备好的红曲，用水冲泡1小时后备用。然后将刚炊熟的热饭摊凉到30℃至40℃，再将准备好的红曲与清水，按照大约100斤糯米、9斤红曲、120斤清水的比例，入缸搅拌，调和成粥状。入缸搅拌时，粥状物的温度要控制在28℃至30℃之间。第三步，粥状物入缸后，立即开始发酵、糖化。这时酒缸不能加盖，还要保持酒缸周围空气流通，以利于酿酒物发酵后的空气向上蒸发。一两天后，酒香盈室。酒缸内的粥状物发酵成一个巨大的"馒头"，中间高高地向上隆起。侧耳贴近酒缸，还可以听到里面传来窸窸窣窣的发酵声音。

当"大馒头"开始出现裂缝时，就要开始第四步了，就是用"酒耙"或者长木棍，把发酵的酿酒物翻一遍。这一道工序的专业术语叫"打耙"。接下来，每过几天要打耙一次，同样不要给酒缸加盖。第五步，等到发现酒缸里的酿酒物出现沉淀，也就是俗称的"甜转酗"之后，酒缸就需要加盖密封了。第六步，密封60至70天后，可以榨取酒液。接着还要蒸酒、装坛，放入阴凉、干燥、清静的地方储藏。这样制出的新酒略带红色，存放一年后，由红转黄。

朱兰琴说，红曲酒酿制的整个过程中，温度和水的比例都十分重要，会直接影响酒的品级。酿酒用的米和水比重1∶1.2时，酒质优厚；1∶1.5次之，但仍可以越夏，不易变质；比重超过1∶2，酒液稀薄，越夏即坏。同时，要想酿好酒，容器也很重要，最好使用陶土制作的酒缸，用这种材质的酒缸酿造和储存的红曲酒，可以避光、透气，时间越久越醇香。如果在发酵和储存时使用玻璃或其他容器，会影响酒的品质和口感，同时还会使酒的颜色变成偏褐色。别外，所使用的容器和工具都必须保证无油脂和生水，否则就极容易导致发酵失败。另外，酒坛里的酒量不要超过坛子的2/3，要留出来一些发酵的空间，封坛的泥也要透气。

丹溪酒业总经理陈豪锋是义乌红曲传统制作技艺传承人，负责酒厂的酿造技术和质量把控。他认为，酿酒过程和天地自然是可以呼应的，打雷的时候，窖藏的原酒会随雷声发出呜呜的声音。他还说，做好红曲酒，不仅在于技艺，更在于工匠精神和经验的传承。

历经五年的时间，红曲原酒在酒坛内会进行二次发酵，酒体不断醇熟，微量元素不断聚集，这才是一坛好酒的开始。他说，现在我们义乌人做红曲酒，依旧保存着传统酿酒古法，保持义乌红曲酒的原汁原味。对一些关键技术，我们并不保密，反倒希望有更多的人掌握，让老祖宗的技艺得到更好的弘扬和发展。

笔者了解到，有经验的酿酒师可以轻松地辨别红曲米的好坏：外表棕红色，质脆，断面粉红色，微有酸气，味淡，以红透质酥、陈久为佳。如果红曲米表面光滑发亮，甚至隐隐透光，那肯定就是染色的伪劣产品。

义乌红曲酒的现状

红曲酒色泽如琥珀，闻之香气醇厚，尝之味感绵甜。

在大多数义乌人的心里，红曲酒是其他酒难以替代的故乡佳酿。如今，义乌红曲酒的酿造业依然比较兴盛，其中以义乌丹溪酒业最具代表性。

在义乌市赤岸镇，打听丹溪酒业是很方便的，随便一个当地的居民都能为你指出丹溪酒业的位置。这家有着1000多年历史渊源的"中华老字号"酒厂位于赤岸镇的丹溪路，奔流不息的丹溪水从公司门前流过，就像一条历史的长河，源远流长。

1998年，朱兰琴和陈豪锋夫妇举债104万元，买下了摇摇欲坠的义乌市丹溪酒厂。时隔20多年，朱兰琴说起当时的果敢之举，依旧心绪难平。她对"丹溪"这个品牌和老祖宗传下来的酿酒事业是很有感情的。当年，有关部门宣布拍卖丹溪酒厂，作为丹溪后裔，她无论如何不能袖手旁观。当时朱兰琴夫妇并没有多少积蓄，100多万元资金几乎全部是从亲戚朋友那里借来的。1998年的100多万元对义乌农村里的人来说并不是小数目，买下酒厂，需要破釜沉舟的勇气。

从那时开始，他们吃在厂里，住在厂里，全心全意扑在酒厂上，一切都在有序地发展，慢慢出现了欣欣向荣的气象。1999年，公司先后获得发明专利5个、外观专利6个，注册国内商标27件、国外商标4件，并在马德里协定成员国全部注册。2001年，公司通过了ISO9001质量认证和2000国际质量管理体系论证，还成立"丹溪红曲酿造技术研究中心"和"丹溪药用生物开发研究所"，投入科研和产品开发经费100余万元。

2003年，"丹溪牌"商标被评为浙江省著名商标，还被国家商务部评定为"中华老字号"。丹溪牌红曲酒通过了国家农业部的无公害农产品认证和有机产品认证，成为全国黄酒类唯一通过有机食品认证的企业。2015年，丹溪红曲酒经获准成为浙江省"非物质文化遗产"。丹溪酒业成为义乌市唯一一家中华老字号企业，同时也是金华酒国家非遗项目生产性保护基地、国家高新技术企业、浙江省农业科技型企业、义乌市农业龙头企业。

2016年，经政府招商引资，北京中酒泰富公司对丹溪酒业进行战略注资，完成丹溪酒业的重整。如今的丹溪酒业，以高端红曲酒为主导，引入新的营销模式，促使"丹溪红曲酒"的品牌得到飞速提升和崛起。如今的丹溪酒业已经是一家总投资上亿元的省级农业科技型企业，具备年产5000多吨纯手工酿造的红曲酒生产企业。丹溪酒业在杭州、上海、北京等大中城市设有专卖店，公司红曲系列产品市场年增销量50%以上，部分产品已经出口日本，中国台湾，俄罗斯等地。

据了解，丹溪酒业目前最宝贵的资产是他们众多的员工，他们都是朱丹溪先生的后人，血管里流淌着的是先人敬业的血。他们孜孜不倦地，一点一滴地继承、积累古老的酿造技术，并结合现代生物技术，一步一步将"丹溪"打造成为一个致力于健康饮食文化的品牌。

陈豪锋介绍说，公司两万平方米的新大楼已拔地而起，占地面积500亩的"国家非物质文化遗产生产性保护基地"也建得差不多了，朱丹溪陵园就建在该基地内，与后人相依相伴。

笔者走进红曲酒的酿造厂房，一眼看见的是上千口大酒缸，每口酒缸的直径都有一米多，缸里红红的曲米正咕噜咕噜地冒着泡，散发出醉人的芬芳。陈豪锋说，这是红曲米在发酵，真正高端的红曲酒都是立冬之后才能酿造的。现在义乌红曲酒正被越来越多的人所接受，这是发扬传统酒文化难得的机遇。所以，丹溪酒业坚持手工酿造，坚持不做反季节酒，一定要把义乌红曲酒的品质把控好，用品质铸造品牌。

为了进一步完善造酒工艺、提升品质，他们与中科院微生物研究所、浙江大学等科研院所的有关专家进行技术交流，专门成立丹溪红曲酿造技术研究中心。在专家和技术人员的帮助下，他们从530个红曲霉菌种筛选分离出三种具有代表性的红曲菌种，命名为"丹溪1号""丹溪2号""丹溪3号"，分别主功能、颜色和口感，并将这些技术分别申请了国家发明专利保护。

今天，红曲的神奇功效已经在世界各地得到了专家们的科学验证，相信义乌红曲酒能在传承人的守护下，在时光的发酵中，越发芬芳醇香。

义乌红曲酒的保护与发展

　　目前在义乌市尤其是赤岸镇，仍然有少数农家会自酿红曲酒。但20世纪90年代红曲酒市场一度低迷，义乌红曲酒的从业人数大幅剧减。就以如今义乌最具影响力的丹溪酒业，从投身红曲酒开始至今，没人能说清楚朱兰琴、陈豪锋夫妇在这20多年里吃了多少苦，投入了多少精力和心血。在陈豪锋的办公室，他把近些年收藏的红曲研究资料一摞摞地拿出来。"多年来，我一直在收藏有关红曲和红贡酒的历史典籍和现代研究论文。书里面那些相关的章句我闭着眼睛都背出来。"陈豪锋说。他每次逛书店，只要看到这方面书籍，一定全部买下来。因为文化是品牌的根与魂。我们红曲酒从业者要形成共识，用品质、用良心维护义乌红曲酒的良好声誉。

　　据了解，丹溪酒业生产的红曲酒系列产品很受市场青睐，常常是这边未投产，那边订单就已经排满了。不少经销商对陈豪锋说，如今市场上配制酒很多，成本低又好销，丹溪这么好的品牌，如果也学他们做配制酒，就可以更赚钱。陈豪锋断然拒绝了他们的建议。他认为，酿酒要遵循自然规律，就像孕妇生出个孩子要经过怀胎十月一样。酿造一坛高品质的红曲酒，一年四季二十四节气要做不同的事。早籼米要农历七月十五后才能收割，红曲要在出梅到立秋这段时间才能发酵，立冬才能开始酿酒……一切都要中规中矩。

　　陈豪锋说，"配制酒"三个字，对我们来说是不能容忍的，是违背初心的。对于产品质量和品牌，朱丹溪的后人心里始终有一个准绳——要对得起祖宗，要对得起丹溪这个名称。而从企业发展的角度，更需要对这个行业、对这个市场、对所有的消费者保持一份敬畏之心。投机取巧、只看眼前利益，只会促使行业快速走向灭亡。

因此，丹溪红曲酒不仅要一道一道严格把关，在酿酒原料方面也是颇为挑剔。酿酒用水一律采用丹溪源头水——国家一级饮用水的柏峰水库水源。为保证酿造质量，公司在十多年前就选用有机大米作为丹溪红曲酒的原料，并在东北等地相继建立了优质有机稻米基地。传承几百年的丹溪红曲酒，务必要保持纯手工酿造。从天然大缸发酵、木榨过滤到自然澄清；从制酒时的分层起槽、续槽、蒸酒到封坛，全部都是人工操作。虽然我们都知道，中国的人口红利已经没有了，人工操作势必带来成本的大幅上涨，但丹溪人认为这是好酒酿造的必然条件。陈豪锋说："工业化生产的配制酒有很多手段能逃避相关部门的监管，直接流入市场和饭店等终端消费场所，对消费者无益，给真正用良心做酒的酿酒企业带来强大的市场冲击和不公平的竞争环境。这些我都看得清清楚楚，但中国有句老话叫作'明知不可，而为之'，如果连我们这些祖宗传统文化的守艺人都守不住了，那我们失守的就不仅仅是传统技艺，而是失掉了为人子孙后代的孝和道了。"

笔者通过大量的了解和走访，当前义乌红曲酒的保护与发展面临以下几个问题：

1. 传统手工酿酒的高品质和高成本难以两全。人们都知道手工的好，却不知道手工的难。目前，义乌红曲酒和全国各地的其他同类黄酒品牌相比，在价格上并不占优势，高中低端酒都遇到价格问题。8年陈的高端青瓷瓶装的红曲酒是299元/瓶，虫草红曲酒的价格是1500元/瓶，15度的1327系列红曲酒更是高达

2199元/瓶。相比之下，12年陈的绍兴花雕酒冬酿，才208元/瓶；就连在低端市场竞争的厨用酒，丹溪的厨用红曲酒的价格3元一小包，也比市场上1元到1.5元一包的料酒贵出了一倍。朱兰琴说，酒是喝到肚子里的，不管是高档酒还是厨用酒，酒的品质和包装的材质都不是小事。朱兰琴和陈豪锋心里明白，如果自己不以高标准做酒，缩短产品生产周期或者降低原材料和包装档次，企业可以创造更大利润，但在品质和利润的权衡中，他们选择了品质。

2. 大多数义乌红曲酒的生产特征是"低、小、散"，点多面广规模小，地产地销，以满足普通百姓日常消费为主。自从20世纪80年代金华酒频频得奖后，义乌的红曲酒也趁势重整旗鼓，出现了大量的酒作坊、酒厂，形成几乎家家做曲、户户酿酒的现象。但是由于企业之间、从业者之间的无序竞争，造成义乌红曲酒品质参差不齐，让义乌红曲酒给人们留下了低档料酒的形象。近几年，随着"老字号""著名商标"的审定，和"非物质文化遗产"传承工作的展开，义乌红曲酒的形象和行业地位才得以改善。但是冰冻三尺非一日之寒，义乌红曲酒的形象和地位需要所有义乌酿酒业全体从业者的共同努力，从品质上和形象宣传上加以维护和重塑。同时也需要政府进一步强化产业指导和管理。

3. 红曲酒的传统酿酒技艺传承的纯粹性，难以得到有效的保障。红曲酒制作技艺是比较烦琐和困难的，从经济效益角度来说，传统酿酒工作是劳心劳力的活，酿酒有好几个环节要在最热的天进行，车间温度高达30多度，且不能通风。工匠们一个月下来，人都要瘦一圈。所以，现在的年轻人都不看好这门手艺。从长期来看，红曲酒将面临人才型匠师青黄不接的问题。其次是由于企业生存的需要，真正能够全部按照传统技艺和工序酿制义乌红曲酒的酒厂已经不多了，传统技艺可能在长期的"方便技巧"的替代下，被时间遗忘。另外，义乌红曲酒传统制作过程中必需的一些原材料，比如辣蓼草等，由于环境的改变正在慢慢减少。

4. 大部分义乌红曲酒企业营销力量过于薄弱，甚至没有营销意识，市场主要以自然销售为主。在当前的酒类市场竞争日趋激烈的时代里，"酒香不怕巷子深"的理论已经不符合客观实际了。再好的酒，如果不重视宣传、不重视营销，就很难生存发展。目前义乌酒的销售，基本上是沾小商品市场的光。从世界各地来的客人，喝到了义乌红曲酒后才知道这个酒好，才慢慢把义乌酒和名声带出去。

义乌物产丰富、人杰地灵，出现了像金华火腿、义乌红糖这些享誉国内外的优秀品牌产品。义乌红曲酒是一种非常有特色的酒种，只要义乌所有红曲酒从业者和企业主，用心关注红曲酒的品牌、品质、科技和文化，用虔诚、敬畏之心去做酒，树立责任意识和行业自律，为消费者提供安全、健康、有特色的美酒，才能让酒业兴旺发达。相信在企业和政府共同努力之下，义乌红曲酒必定在不久的将来，走出一条更有特色、更加喜人的传承和发展之路。

神奇的红曲

1979年，日本科学家远藤章教授从李时珍的《本草纲目》得到启发，他从红曲菌发酵液中分离出一种极其优良的体内胆固醇，合成抑制物，将它命名为莫纳可林K（Monacolin K）。

无独有偶。1980年，美国科学家Alberts也从红曲霉菌培养液中发现了化学结构与Monacolin K结构相似的物质，命名为Mevinolin，中文名为：洛伐它汀。

因为从红曲中得到这些不寻常的宝贝，远藤章教授获得日本国际奖和美国的拉斯克医学奖（在医学界仅次于诺贝尔奖）。而美国科学家因发现洛伐它汀的药理而获得诺贝尔奖。从此，红曲的研究引起了全世界的广泛关注。人们孜孜不倦，前赴后继，对红曲的研究不断深入推进，尤其是在中国和日本，科学家们对红曲的研究，可真是硕果累累。红曲的神奇妙用，越来越多地面世。请看下面的数据：

1986年　日本学者发现红曲能调节血脂和胆固醇，降低血压。

1997年　日本学者发现红曲中含有降血压成分GABA和胆碱。

2000年　中国学者发现红曲具有抗氧化作用。

2002年　日本学者在红曲中发现抗氧化物质Dimerumic acid。

2004年　中国学者发现红曲中含有预防改善骨质疏松的麦角固醇。

2004年　中国台湾学者发现红曲有抗疲劳功效。

2005年　中国台湾学者发现红曲可以预防阿尔茨海默症。

2006年　中国学者发现红曲在治疗类风湿关节炎、脊柱关节病、骨关节炎等具有慢性关节炎症的疾病方面，具有良好的功效。

2007年　美国学者发现红曲具有抗癌作用。在抑制结肠癌增生方面有良好效果。

直到今天，针对红曲的研究还在更深入更广泛地进行，其成果在医学领域被运用最广泛的，是红曲中的它汀成分，因为它有良好的抑制胆固醇的功效。

现今世界所用的洛伐它汀，大都由化学合成。它被公认为治疗高脂血症、冠心病、动脉硬化和脑血管病的首选药物，对这种药物，我国的患者也都耳熟能详，它是许多家庭的必备之药。但是，非常遗憾的是，化学合成的它汀药物因其对人体肝肾功能有着不可忽视的影响，严重者可引起急性肾衰竭，所以不宜长期服用。

而中国的传统红曲，是迄今为止发现的唯一一种富含天然它汀的、安全无副作用的、可以药食两用的品种！

那么，什么是红曲？

红曲是曲霉科真菌红曲霉的菌丝体，在我国已经有1000多年的应用历史了。在中国传统文化里，红曲是一种神奇的东西，它是一味中药，又是一种天然染色剂。在古代，我国河北、江西、浙江、台湾、福建、广东等地的先民们，在制作大米发酵产品中发现，在特定条件下，发酵的大米上会寄生一种红色的菌丝，这种红色的菌丝，既可以染色，又可以入药，故将寄生有红曲菌的米称之为红曲，也叫红曲米。

传统意义上的红曲，指的是将红曲菌接种在以大米为主要基质的培养基上，进行发酵、干燥后而得到的产品。红曲霉菌属腐生菌，嗜酸，耐高温，耐乙酸。它们多出现在乳酸自然发酵的基物中，比如淀粉堆、酒醪液、青贮饲料、腌制泡菜等，都是它们合适繁殖的场所。红曲霉生长环境最适宜温度为32℃～35℃，最适宜pH值为3.5～5.0。它们会利用多种碳源、氮源，神奇般地自行合成生物素、泛酸、核黄素等，所以能在无维生素的合成培养基中生长。

我国历史上对红曲的研究记载多见于社会文化类史料和中医古籍。早在五代十国时期，陶谷在《清异录》中就有"有赐绯羊，其法以红曲煮肉"的记载，这说明当时的民间，已经熟练掌握红曲制造技艺，并已熟练运用了。元代医家吴瑞在《日用本草》中记载："红曲酿酒，破血行药势"，这就是红曲的药用价值了。同时代的元朝皇宫太医忽思慧在《饮膳正要》中则说："红曲健脾、益气、温中。"后来的医书如朱丹溪的《本草衍义补遗》、汪昂的《本草备要》及汪绂的《医林纂要》等著作中，都不乏关于红曲药效的记载。明代宋应星的科学著作《天工开物》，更是详细记载了红曲的制作和用法："凡丹曲（即红曲）一种，法出近代。其义臭腐神奇，其法气精变化。世间鱼肉最朽腐物，而此物薄施涂抹，能固其质于炎暑之中，经历旬日蛆蝇不敢近，色味不离初，盖奇药也。"

如此看来，红曲还是一种上好的保鲜防腐之物，只要在鱼肉上涂上薄薄的一层，不管天气如何炎热，放置十天半月，鱼不腐，肉不烂，连苍蝇都不敢靠近，更别说在上面下蛆了。

下面就来说说红曲的制造方法："用籼稻米，不拘早晚。"这八个字的意思是，制作红曲应该用籼稻米，早籼稻晚籼稻都行。

"舂杵极其精细，水浸七日，其气臭恶不可闻，则取入长流河水漂净（必用山河流水，大江者不可用。）漂后恶臭犹不可解，入甑蒸成饭则转成香气，其香芬甚。凡蒸此米成饭，初一蒸半生即止，不及其熟。出离釜中，以冷水一沃，气冷再蒸，则令极熟矣。熟后，数石共积一堆拌信。

"凡曲信必用绝佳红酒糟为料，每糟一斗入马蓼自然汁三升，明矾水和化。每曲饭一石入信二斤，乘饭热时，数人捷手拌匀，初热拌至冷。候视曲信入饭，久复微温，则信至矣。凡饭拌信后，倾入箩内，过矾水一次，然后分散入篾盘，登架乘风。后此风力为政，水火无功。

"凡曲饭入盘，每盘约载五升。其屋室宜高大，防瓦上暑气侵逼。室面宜向南，防西晒。一个时中翻拌约三次。候视者七日之中，即坐卧盘架之下。制曲工人眠不敢安，中宵数起。其初时雪白色，经一二日成至黑色。黑转褐，褐转赭，赭转红，红极复转微黄。目击风中变幻，名曰生黄曲，则其价与入物之力皆倍于凡曲也。凡黑色转褐，褐转红，皆过水一度。红则不复入水。凡造此物，曲工盥手与洗净盘箪，皆令极洁。一毫滓秽，则败乃事也。"

到了明、清两代，医家学者关于红曲的研究如雨后春笋，李时珍的《本草纲目》、吴仪洛的《本草从新》、缪希雍的《本草经疏》、张璐的《本经逢源》等，都对红曲作了较全面的记载。李时珍在《本草纲目》评价红曲说："此乃人窥造化之巧者也""奇药也"。《本草纲目》还记载有"古方用红曲与香附、乳香等分为末，酒服，治腹痛"的医事。虽未说明何种腹痛，从方中三味药和用酒服的方式中可看出，红曲入药治的是气血阻滞所致的疾病。因为红曲有活血和营、消食除滞的功效。直到现今，笔者在农村见有人腹痛或腹泻，也有用此方治病的。

红曲作为一种药食兼备的佳品，备受老百姓的珍爱和赏识。我们现行的《中华人民共和国药典》和各地的地方中药材标准及炮制规范中记载的红曲资料，其内容与古籍文献中几乎一致。基于古人的经验，现代对红曲的功能总结为：具有降低血脂、降低血压、降低血糖以及防止骨质疏松、抑制肿瘤生长的作用，同时对更年期综合征也有显著疗效。它是一种无副作用且极具保健功能的天然发酵产品。在民间，我国东南诸省及台湾的一些地方，至今仍保留和沿用着红曲的传统制作工艺。

传统红曲制作工艺的现状

　　红曲是我们国家宝贵的科学遗产及文化遗产，广泛用于食品着色、食品发酵及中医科学。从用途来说，红曲分为红曲色素和功能性红曲，广泛应用于酿酒、酿醋、食品着色、肉类的保存、制作腐乳和医药学领域。其中，功能性红曲就是指洛伐它汀含量超过 0.4% 的红曲。近年来，由于欧美国家对功能性红曲消耗量的剧增，国内许多红曲生产企业都陆续从生产红曲色素转为生产功能性红曲。但多数企业没有大批量生产功能性红曲的技术。目前，国内能够生产功能性红曲用于医药方面的企业少之又少，仅有为数不多的几家传统手工制造企业，依靠传统手工艺技术在膳食营养补充剂、保健品等领域进行生产。由于规模小、成本高，他们在激烈的市场竞争中，一直难以有飞跃式发展。

　　传统红曲制作工艺的核心是红曲霉菌，但关于红曲霉菌的命名，国际上至今没有统一标准，对某些独立的品种，各界仍有异议。我国把红曲霉归属于曲霉科，日本专家将其归属于半子囊菌科。近年来，西方国家依据产生色素和酶的特性，又分成了 M.pilosus、M.purpureus、M.ruber 和 M.floridanus 四类。我国传统红曲的制作工艺在各地也不尽相同，民间关于传统红曲的制作，也众说纷纭，或者含糊不清。很多地方的传统红曲制作工艺传承人只会做，却不会述说，有的地方随着老一辈手艺人的离世，已经出现了传承的断层。

　　与此同时，随着胆固醇类疾病发病率的不断增高和合成色素安全问题的不断显现，全世界对红曲这个极具东方色彩的传统产品的兴趣却越来越大，对其研究和应用更是方兴未艾。1998 年，法国在图卢兹大学举办"红曲的培养与应用专题研讨会",来自全世界各地的 30 多位研究者参加了会议;2000 年初,泰国、西班牙也开始了对红曲的遗传学进行研究;在日本,红曲产业正在蓬勃发展,红曲产业从原来的一个新潟县,扩展到冈山县、东京都、兵库县、爱知县、广岛县等十几个地方,生产红曲企业数量已经达到上百家。目前,国际公认的红曲产品行业标准,是日本人的标准。这让在 1000 多年前就最早发现红曲,并一直沿用至今的国人,感到难以接受。

名医朱丹溪和义乌红曲传统制作技艺

红曲制作要以大米为原料,其中以籼米和糯米为上。所以,我国的传统红曲制作技艺和红曲的产地多在大米种植较集中的浙江、福建、台湾等地,其中浙江、福建两地出产的红曲闻名天下,浙江义乌便是其中之一。

义乌周边县市大米种植集中,这是制造红曲的先天条件。义乌还是金元四大医家朱丹溪的故里。据史料记载:朱丹溪,名震亨,字彦修,婺州义乌(今义乌赤岸镇)人。由于医术精湛,往往治病以一帖见效,被誉为"朱一帖""朱半仙"。又因其家乡有溪名为丹溪,人们又尊其为"丹溪先生"或"丹溪翁"。朱丹溪在他的医学著作中多次提到红曲,他将红曲和用红曲酿造的红曲酒应用于医学中,并将其药用功效和酿造方法写进了《本草衍义补遗》一书中:"红曲,活血消食,健脾暖胃,治赤白痢、下水谷,陈久者良。酿酒,破血行药势,杀山岚瘴气,治打扑伤损……"

红曲和红曲酒有这么多神奇功效，所以，在义乌赤岸镇，家家户户都会制作红曲，直到今天，义乌还有一个村以专门从事红曲制作而闻名。正是因为义乌拥有这些得天独厚的人文背景，义乌红曲得以在全国闻名，成为浙江省非物质文化遗产。

义乌红曲传统制作技艺代表性传承人陈豪锋，从1975年开始跟随父亲从事义乌红曲传统制作，妻子朱兰琴是义乌红曲酒传统酿造技艺的传承人，朱兰琴就是"金元四大医家"之一朱丹溪的第21代孙。

陈豪锋熟读医书，阅历颇丰，对红曲有很多的研究心得。他说，红曲可以说是中国继四大发明之后的第五大发明。可惜近现代以来，今人对红曲的研究工作没有古人做得好。红曲的药用历史如此悠久，功效如此明显，但是近些年来，发现红曲的药理作用和活性成分的，却都是国外研究者的成果。

1977年，国外科学工作者首次发现M.Purpureus培养物有抗菌活性，还发现了红曲色素对绿脓杆菌、大肠杆菌、甲型链球菌、白色葡萄球菌、金黄色葡萄球菌和鸡霍乱弧菌等有杀灭或抑制作用。其实我们的先人在1300多年前就已经指出了红曲的抗菌防腐功效。日本人远藤章从红曲中发现了胆固醇合成抑制物，获得拉斯克奖；美国科学家也在红曲中发现了治疗高胆固醇的洛伐它汀，获得诺贝尔奖。从西医的理论说，高胆固醇就是指由于脂肪代谢或转运异常，导致血浆中一种或几种脂质高于正常值的病症，可是从中医辩证的角度来看，那就是痰浊阻遏或脾肾阳虚引起的血症。那么，他们在红曲中发现的胆固醇抑制物、洛伐它汀，不正是朱丹溪在《本草衍义补遗》中写的"红曲，活血消食，健脾暖胃"的原理吗？我们的古圣先贤为后世指明了方向，而后世在此基础上，走得更远的却是外国人。这不能不让我们警醒而奋进啊！

陈豪锋介绍，义乌红曲传统制作技艺是朱丹溪在赤岸一带行医生活时传下来的制曲古法。以前，在义乌人的眼中，红曲既是家用必备之物，又是制曲手艺人养家糊口的技术。所以制作红曲的手艺属于秘传，只传男不传女。师傅在做曲的关键时刻，嘴巴闭得会很严实。随着时间的推移，越来越多的村民开始摸索做曲技艺，到20世纪70年代初期，义乌尤其是赤岸镇，已经是家家户户都会做红曲，从大姑娘到小媳妇，个个都是做曲能手。每当空气中飘来浓郁的阵阵芳香时，义乌人一闻这熟悉的香味，就知道肯定是谁家在做红曲了。

改革开放后，商品经济大发展，社会分工越来越细。由于传统手工制作的红曲工序烦琐，再加上产量小、成本高，竞争力弱，大多数义乌人在商品经济大发展的浪潮中投身于其他领域，红曲的传统制作技艺就渐渐被人们遗忘，甚至很多制曲手艺都失传了。一直到现在，坚守着红曲传统制作技艺的手艺人已经寥寥无几。

义乌红曲传统制作的流程大致可分为选米、淘洗、浸米、蒸饭、摊凉、拌曲、落缸、调配、均质和灭菌、冷却、检验等十几个步骤，其特点是精选细作。以朱豪锋为代表的古法做曲方式，首先是精选———一要选最好的制作时间，二要选最好的优质大米为原材料，三要选最好的水，淘洗和浸米的水选用的是双尖山的一级饮用水；然后进行一系列精密细致的制作流程，大致介绍如下：

先将经过仔细挑选的糯米，剔去沙石、米糠、谷皮、稗草等杂质，直到纯度达到100%，再用山泉水冲洗，于流水中浸泡一天以上，要求米粒浸透没有硬心，用手指能掐捏成粉状。浸泡糯米时，水要高过米几厘米，让米能充分地吸收水分。米浸泡完成后，上笼蒸煮，这时的火力要猛，压笼要紧，装笼米层厚度要讲究，不能太厚也不能太薄，蒸煮的时间不能太长也不能太短。第一次蒸煮后，倒出成堆。然后再进行第二次复蒸，使米蒸至透心时取出。出笼后要用冷开水浇淋降温、摊凉。接着要将培养好的红曲霉菌和干酵母按比例拌混均匀，然后再拌进摊凉的饭中，充分拌匀。然后要尽快落缸打窝，送入发酵室发酵。这时要特别注意湿度和温度的控制，湿度、温度不够，就发酵不了，太过又会烧曲，造成菌种烧死。经过几次发酵、通风后，再把它们集中堆成山形，覆盖密封，堆温至一定的温度。然后又铺散于泥土和沙质土混合浇成的地面，再开窗通风，并翻动一次，使其均匀。过12小时翻动一次，再每隔8小时翻动一次，使其上、下、底、面皆十分均匀。

红曲从大米至发酵结束，全流程需半个月的时间。发酵好的红曲要及时置于烈日下曝晒。若红曲出房时间正逢阴雨天，则须把红曲摊铺于通风地板上晾干。

《本草纲目》中对红曲制作技术的记载为："用白粳米一石五斗，水淘浸一宿作饭，分作十五处，入曲母三斤，搓揉令匀。并作一处，以帛密覆，热即去帛摊开，觉温急堆起，又密覆，次日日中，又作三堆，过一时，分作五堆，再一时，合作一堆，又过一时，分作十五堆，稍温又作一堆，如此数次，第三日用大桶盛新汲水，以竹箩盛曲，作五、六分蘸湿完，又作一堆，如前法作一次，第四日如前，又蘸，若曲半沉半浮，再依前法作一次，又蘸，若尽浮则成矣，取出，日干收之。"综观义乌红曲传统制作的流程和《本草纲目》所载内容，两者同出于名医之手，工序和原理大致相同。

陈豪锋说，传统红曲的制作流程看似简单，但到实际操作的时候，经验重过理论，悟性大于知识，有经验的师傅和徒弟差别很大。而且，制作过程受天气、环境场地的影响，做出来的红曲质量就会相差甚远。高品质的红曲，光滑发透、体轻色红，以红透质酥为上乘。

红曲品质的好差，除了制作流程的把控之外，还在一定程度上取决于红曲霉菌的品质。义乌传统红曲所用的红曲霉菌，是义乌数十代人经过上千年的传承菌种，是人们在长期的生产实践中，通过人工选育和驯养，筛选出了现代的优良菌种。这些红曲菌种带着古代基因，但是制作之路，不是复古、学古就可以了，还要在古人的基础上有所钻研、有所创新。如今，陈豪锋的丹溪红曲就是在祖祖辈辈的千年传承中，不断研究、探索，不停发现和创新的成果。

作为义乌传统红曲的"守艺人"，陈豪锋在红曲研究方面可以说是博古通今。在采访陈豪锋的时候，我们在他的工厂里发现了大量的中医书籍，如《本草纲目》《本草衍义补遗》《丹溪心法》等。除此之外，还有英国人李约瑟编写的《中国科学技术》之类的国内外学者的科研资料，这些书籍大多和红曲研究相关。

在谈起红曲的历史文献和现代研究资料的时候，陈豪锋引经据典，倒背如流，他坐在那儿，自信满满，如数家珍。

2000年，沉浸在红曲研究中的陈豪锋，在浙江工业大学发起了首届"东方红曲国际学术研讨会"，并举行专题讲座。他发表了学术论文五篇，阐述了义乌传统红曲的特点以及与其他红曲类的区别，一举奠定了义乌传统红曲在国内外专业领域的行业坐标。此后，他又多次参加各种国际文博会、中华老字号精品博览会、非物质文化遗产博览会、澳大利亚食品展、日本国际食品展、马来西亚食品展等，不遗余力地学习先进科技，同时也大力宣传义乌红曲传统的制作技艺。

陈豪锋不但自己钻研，还同中科院微生物研究所等多家著名科学研究机构合作，先后投入5000多万元，用于科研项目的开发，共进行义乌市级科研项目六个，省级科研项目四个，科技部成果转化项目两个。其中浙江省重大科技专项项目"酿酒功能红曲的开发与生产应用"、国家科技部农业科技成果转化资金项目"降脂红曲醋加工关键技术"，都已经先后通过专家组的验收。同时，陈豪锋他们还获得了"红曲霉菌株丹溪-1号""红曲霉菌株丹溪-2号""红曲霉菌株丹溪-3号"等十几项发明专利。陈豪锋本人也被义乌市人民政府评为"有突出贡献的农业技术人员""专业技术拔尖人才"。

2018年初，陈豪锋被评为"义乌红曲传统制作技艺代表性传承人"之后，为更好地实施义乌红曲传统制作技艺的非遗传承，陈豪锋在赤岸镇雅治街、东朱等地建立了1270亩无公害稻米生产基地，他们与农户签订长期合同，通过统一标准、统一供种、统一育秧、统一管理、统一收购的管理模式，指导农户种植符合红曲制作的优质大米。

在陈豪锋的不断努力下，如今的义乌传统红曲已经在国内外红曲市场享有盛名。陈豪锋还和西藏自治区农牧科学院、浙江大学三方联合，成功研发了青稞红曲酒，创造了在海拔3600多米高原成功酿造高品质青稞红曲酒的全国首例。西藏自治区农牧科学院院长尼玛扎西对义乌红曲给予了高度评价，并将当地知名企业介绍给陈豪锋，对联合开发青稞红曲酒等系列产品表达了合作的意向。

另外，陈豪锋用义乌红曲酿制的功能性红曲醋，也已经研发成功，大踏步进入市场。

义乌红曲传统制作技艺的未来前景和思考

红曲作为一种天然食用色素和药食同源的功能性天然食品添加剂，不仅具有多种保健功能，最可贵的是安全性极高，没在任何副作用。因而，越来越受到全世界人们的青睐。近年来，随着红曲发酵产物洛伐它汀的提取及其药理价值的被发掘，国内外专家学者对红曲进行了更深入的研究，取得了令人瞩目的成果。

目前，红曲的产品主要有两类：红曲米和红曲红，何谓"红曲红"？就是红曲米磨碎以后的粉末，因为有较高的色价，所以被广泛用于酿造红曲酒、红曲醋、发酵食品和食品色素中。红曲可提高这些产品的保健功能和科技含量。中国台湾人用红曲做出了爽朗味香，而且长时间贮藏不易变质的台湾红露酒；日本人用红曲酿造了红曲清酒，提升了清酒营养保健功能。近年来，还有人利用红曲米的天然色泽和水解酶活性，酿制出了色泽红艳、泡沫细腻、口味纯正的红曲啤酒。除此之外，还有人用红曲制作面包、饼干等，香味醇厚，不易变质。

日韩和欧美国家在红曲应用方面做得比较成功，相比之下，中国作为红曲的生产大国却有点不温不火。因此，我国红曲制作者在努力开发中国特色的红曲产品的同时，也应多与国外技术专家进行交流，促进红曲产业在中国的更大发展。

我国传统红曲事业主要面临以下几方面困难：

一、红曲的功效盛名在外，而国内大多数民众对红曲产品的了解甚少。这需要生产厂商及社会各界对红曲进行正确的宣传，提升人们的保健意识，以拓宽红曲产品的发展渠道。

二、虽然红曲已经过毒理性测试实验，并且已证明它的安全性极高，但是，红曲发酵过程稍有不慎，就会出现桔霉素，这也引起各国对红曲产品应用的质疑。德国要求从中国进口的红曲必须有安全生产菌种及不含桔霉素的证明，日本也对我国红曲产品进行了严格检验，要求不含桔霉素的红曲才可生产和出口。目前，我国已经有检测红曲产品中是否含有桔霉素的能力，但我国红曲米及红曲红国家标准中尚未完善检测方法及控制指标。因此，尽快制订相关的控制指标，建立中国红曲的国际形象和地位，是当前红曲走向中国市场、冲出国门的关键。

三、红曲制作需要的专业性较强，每个步骤都依赖操作者的经验。尤其是发酵环节，对温度、湿度反应特别敏感，非经验丰富者无法驾驭。而且红曲制作过程劳动强度大、环节多，相对的产出效益较低，付出和收获不成正比，导致大多数红曲技艺传承人转行，放弃或离开红曲制作行业。红曲制作专业人才的稀缺，也是制约红曲行业发展的又一大因素。

我们期待着，义乌红曲的生产和销路，能进一步走上科学发展的康庄大道。

小锣书和梨膏糖

小锣书的起源

一枝冰雪吊梨膏,
二则要用桂圆熬。
山楂麦芽能消食,
四君子能把小虫消。
上用五香花露飘,
下有六味味道好。
七星灶里生炭火,
八卦炉中等梨膏。
九枝陈皮能开胃,
十味中药共煎熬。
煎是煎,熬是熬,
煎煎熬熬成此膏。

咳嗽伤风疗效好,

男女同胞快来买梨膏!

  这段《卖梨膏糖》是义乌小锣书开场的唱段。小锣书以唱为主,以说为辅,表演形式灵活简便,不受场地限制。道具是长凳一条、扇子一把、竹板三块、小锣一面。表演时,艺人立于凳上,先敲小锣招徕观众,然后扇子摇摇,竹板敲敲,随着节奏先说一段新闻,接着唱小调,插科打诨,引人开怀。等到观众聚集成群时,就打开箱子,开始兜售梨膏糖了。

  这种小锣书的艺术形式,是从杭州的"小热昏"传承过来的。"小热昏"是近代流行于江、浙、沪一带的汉族传统曲艺形式。它的音乐包含江、浙、沪一带的地方小调、小曲和戏剧,有沪剧、滩簧,也有浙江的宁波调、绍兴调,还有江苏的苏州调、无锡调等,有时候还要插进扬州调什么的。小热昏艺人一开口就是戏谑诙谐,就是满嘴荒唐言,好像一个人因发高烧热昏了头而胡言乱语,引得众人一波波地捧腹大笑。"小热昏"的名字也由此而来。

  因为唱了"小热昏"就要卖梨膏糖,有人也把这种艺人称为"卖梨膏糖的"。说唱小热昏时,最清脆招人的是那面小锣,所以又有人把这种吴越民间说唱艺术叫成"小锣书"。

  关于"小热昏"的起源有两种说法:一说,宋元时期宁波地区已有"说诨话"的了,这样算来应有四五百年历史了;二说,小热昏源于清光绪年间的"醒世谈笑",流行于江苏、上海、杭州、嘉兴的平湖和嘉善等地,也是在卖梨膏糖的过程中演唱的。

  民国时期,江浙一带的艺人们以"说朝报"的形式,说唱时事新闻和笑话故事,"朝报"是当时杭州的地方小报,卖报人为了招徕顾客,就一边敲着小锣,一边念出报上的主要新闻,这个举动被称为"说朝报"。过了一段时间,艺人们把"说朝报"改为"说新闻、唱朝报",形式滑稽幽默,内容多是讽喻时弊和社会黑暗。

1905年,在上海城隍庙卖梨膏糖的杜宝林,一改过去那种靠唱支小曲或说点小笑话来吸引人气的方式,他把朝报上的新闻和生活趣事,变为有人物性格、有故事情节和矛盾冲突的小戏曲,颇受大众欢迎。因为内容大都是揭露社会阴暗面,引起官方不满,所以艺人们经常招致官差驱赶。为逃避追究,故将这种"满嘴荒唐话"的说唱艺术取名为"热昏",意思是演员发昏说的胡话,当不得真,也不必追究。

后来杜宝林在"热昏"的前面加了个小字,给自己取艺名为"小热昏"。所以,在特定语境里,"热昏"指的是一种说唱艺术,而"小热昏"则是专指艺人杜宝林。上海滑稽戏代表作《七十二家房客》中卖梨膏糖艺人杜福林这个角色,原型就是杜宝林。

"热昏"其实是吴语方言中的一个普通词汇,《中国戏曲曲艺词曲》中谓:"热昏"本是贬义词,但有时也把故作胡言乱语的笑谈和匪夷所思的笑料称作"热昏"。这就是先叫"醒世谈笑",后称"小热昏"的缘由,目的是为了减轻因讽刺当局而招致的麻烦。过了一段时间,杭州"盖世界"游乐场成立,杜宝林应邀前往演出。为了增强艺术效果,他把杭州"隔壁戏"中的《萧山人拜门神》等节目移植过来,还吸收了"隔壁戏"中"学乡谈"(学说各地方言)和"吟叫"(模仿天地间的声响、学百禽鸣叫），又把自己的说唱形式称为"醒世谈笑"——可能是当局放宽了对这种民间戏曲的监管。但杭州、上海等地民众仍称其为"小热昏"。小热昏内容风趣，唱词通俗易懂，唱腔又是百姓熟悉的民歌和小调，故深得人们喜爱。

"小热昏"不但自身深得观众喜爱，而且影响了姊妹艺术的形成与发展。1927年，杜宝林的学生江笑笑、鲍乐乐也进入上海，演出《水果笑话》等小热昏节目，受到观众的追捧。此后，许多小热昏中的"卖口"节目逐渐被移植或改编成独脚戏节目，如《清和桥》等。其后在上海"滑稽"即独脚戏基础上发展起来的滑稽戏也移植改编了《火烧豆腐店》等小热昏节目。

小锣书（小热昏）与梨膏糖的关系

"小热昏"是一种用铜锣伴奏、以说唱新闻推销梨膏糖的艺术形式。卖梨膏糖素有"三分卖糖，七分卖唱"的说法，所以，说唱部分非常重要。清末民初，江浙地区的卖梨膏糖行业分成了几大帮，有"文卖""武卖"和"风包"三种方式。在固定地点摆起糖摊，熬制梨膏糖唱卖的叫"文卖"；背着糖箱流动说唱卖糖的，叫"武卖"；艺人拉手风琴唱"小热昏"的，叫"风包"。

嘉善卖梨膏糖名声最大者当推"顺气堂"的符家。符家属"文卖"，也叫"蹉磨泥子"——这个叫法有点怪。符家专制专售梨膏糖，已经是第四代了。"顺气堂"的梨膏糖品种丰富，有药用梨膏糖，有花色梨膏糖。药用梨膏糖又分为止咳梨膏糖（由川贝、橘红等中草药制作而成）、百草梨膏糖（据说由108种草药制作而成）、开胃梨膏糖等。文卖大多是夫妻档，主要特点是现做现卖，当场铡药、当场配伍、当场制作，无数双眼睛盯着的，绝无虚假。

他们每到一地，找个合适的地方支起布篷，挂上"顺气堂"的牌子。然后在棚里摆好凳子，铺上三米长的作台板，作台板上放 20 只盒子，每只盒子里面盛一种中草药。台子后面也放几只盒子，做好了的梨膏糖就放在后面的盒子里。

桌台板后面的地上摆一只炉子，供熬梨膏糖用。摆好场子后，夫妻两人就边铡药草边演唱。演唱时，男的手拿摇铃一摇，示意大家安静，然后几句念白，接下来女的就用嘹亮的嗓子开始清唱。

符家的梨膏糖，数大姐符德宝做得最为出色。符德宝曾在西塘镇旅游风景区开设过"德宝"牌梨膏糖商店，卖的梨膏糖质量好，口感佳，深得游客青睐，常常供不应求。

"武卖"艺人也自成一帮，他们盛行于江苏常州。

梨膏糖为什么那么受人们的喜爱呢？因为梨膏糖里面的几十种中草药如冰糖、橘红粉、香檬粉、川贝、橘红等，对咳嗽多痰和气管炎、哮喘症有明显的疗效。制作流程包括选材、煎液、浓缩、划切、包装，每一个步骤都认真把关，做到一丝不苟，因此赢得了很好的口碑。

"小热昏"卖梨膏糖艺人一般跟着乡村中的一些集会转，1949 年前，江浙一带的民俗节日、庙会和"春台戏"等活动较多，他们就和其他小商小贩等各行业的人一起去"赶场子"，搭台卖自己的梨膏糖。

二十世纪二三十年代，"小热昏"卖梨膏糖在江浙沪一带盛极一时,卖梨膏糖可以养活妻儿,所以学这一行的人很多。

浙江的"小热昏"源于杭州和嘉兴。演唱者都用地道的方言演唱。小热昏的演唱没有固定的场所,一般都在闹市街头或露天演唱。一副三脚架,一张长凳,就代表舞台,一人或二人搭档说唱。而且演出时间也没有限制,东边唱了一二个小时,见群众不散,继续唱下去;如果人群稀少,就换到西边再来演唱。船埠、车站、菜场附近,以及农村的庙会、集市之中,都是他们演唱的好场所。他们往往选择一块空地,用白粉洒画一个表演圈,然后在圈里打竹板、敲锣鼓,吸引听众,等人群聚集拢来,便开始演唱。

"小热昏"最主要的特点是无须场景衬托,艺人只要掌握小锣和拍板两种打击乐器就行。演出时边敲小锣边打拍板,以"说、学、做、唱"为主要形式,以唱为主,那节奏感极强。曲词讲究押韵、顺口、通俗易懂;语言风格诙谐幽默,可大俗也可大雅。常用曲调有:"锣先锋""三巧赋""东乡调""五更""四季""十叹"等。曲目均为自编自演,必须烂熟于心。

除了杭州"小热昏",最值得一提的是嘉兴平湖的"小热昏",在20世纪20年代,以东城湖滩的陆氏最为盛名。江苏昆山人陆金生从事陆氏家传秘方《延令斋》百草梨膏糖的制作,当时陆氏一家摇一只船,在船上现做现卖梨膏糖,沿路卖到平湖后,定居在东城湖滩。其儿子陆保振承传父艺。30年代,陆保振又师承上海"小热昏"的一代宗师陈长生(艺名小得利)之子陈国安(艺名来得利)为师。

陆保振(艺名来得红)唱演俱佳,长期流动在江、浙、沪一带,以"小热昏"形式说唱卖糖。后因其与上海"小热昏"名家刘春山同台说唱，又与苏州市滑稽剧团团长方笑笑协作，故名声大振。1961年，陆保振在上海大世界内演出"小热昏"专场，凭着他那九腔十八调的地方唱腔、滑稽夸张的表演形式，当然还有价廉物美的陆氏祖传的《延令斋》百草梨膏糖，在大世界连演了三个月，场场爆满，深受"小热昏"同仁们的赞赏。

"小热昏"的另一大特色是打广告。在表演中间插科打诨讲一段笑话，然后就开始为商品打广告做宣传，一般都是为自己的商品做销售推广，也有替其他商家做广告的。1949年前，宁波有家纶华绸缎店，就曾叫"小热昏"艺人身穿写着"纶华"两个大字的背心，在街头演唱做广告。

"小热昏"行业培养了许多著名艺人，有陈长生、陈国安、周和其、俞笑飞等。20世纪50年代后，小热昏艺人多半成为滑稽评弹演员，与今天活跃在上海舞台的"轻松艺术"——独脚戏、滑稽戏颇有渊源。

"小热昏"至今已有七代传人，虽然有些还活跃在舞台上，但大都年事已高，急需培养接班人，而且大量传统曲目也需要记录和整理，抢救、保护工作迫在眉睫。

国家非常重视非物质文化遗产的保护，2006年5月20日，杭州"小热昏"经国务院批准，列入第一批国家级非物质文化遗产名录，此外还列入首批浙江省民族民间艺术保护名录。

义乌小锣书

义乌小锣书是从杭州传过来的，在杭州称"小热昏"，到了义乌就改叫小锣书了。比起杭州"小热昏"来，义乌小锣书的词、曲,更讲究押韵、顺口,更通俗易懂,深受群众喜爱。

义乌小锣书目前已有了三代传人。第一代是佛堂镇向阳村的王政法。

每年的农历十月初十,佛堂镇都要举行一年一度的传统庙会。1949年十月初十,在佛堂镇的传统庙会上,杭州著名小锣书艺人安忠文的高徒——王水泉先生来佛堂镇新市基村现场献艺,表演起"小热昏",观众人山人海,摩肩接踵。当表演进入到高潮时,叫好声响彻云霄,热烈的掌声一浪高过一浪。

唱者随心,听者有意。人群中的王政法,被王水泉的精彩表演深深地吸引住了,暗下决心要拜他为师。王水泉在佛堂的日子里,王政法每天都为他忙前忙后:演出前为他摆好桌椅,沏好茶水;演出完毕,把桌椅、道具收拾好再离开。几天后,他见时机成熟,就向王水泉表明了自己拜师学艺的意图。王水泉被王政法的诚意所感动了,答应收他为徒。

王政法对小锣书情有独钟,很快地就到了痴迷的程度,加上天资聪颖,悟性极高,拜师不久就出师了,并能独当一面一个人去小锣书演唱,当然也兼卖梨膏糖。从此义乌有了自己的"小锣书",王政法也当之无愧地成了义乌小锣书第一人。

王政法的表演风格与众不同,他突破了传统的一面锣、几片竹板的伴奏模式,别出心裁地创造了综合性乐器"五响琴"。什么叫五响琴?即是在二胡的上端装上斗锣、小鼓、钹、铃、木槌等打击乐器,并在二胡的弓弦部位添置了鼓板。这样一来,他一人就能同时操纵多种乐器,伴奏音色就丰富多彩了,听起来也非常悦耳。有了"五响琴",王政法如虎添翼,他的表演就更受观众的喜爱和欢迎了。

如今，高龄的王政法身体健康，精神矍铄，依然琴不离身，曲不离口，并乐此不疲。他对小锣书情有独钟，还常年骑着电动车奔波于各地义务演出；只要他现身哪里，哪里就人山人海，充满欢乐。他马不停蹄，足迹踏遍了全市各地。他创作和表演的《依法纳税，利国利民》《八荣八耻》《老年人迈入新世纪》等作品，深受老百姓的欢迎。新世纪第一个十年，他还创作了小锣书《中国改革走过30年》，颇有老骥伏枥，志在千里之风。

义乌小锣书的第二代传人便是佛堂镇竹园村的"佛堂麻痢"贾有福。在义乌，一提起小锣书，大家立马就会想到"佛堂麻痢"，他有个好笑的艺名，就叫"贾好笑"。

贾有福是义乌市佛堂镇竹园村人，省曲艺家协会会员。贾有福名气有多大？在义乌，如果一个人比较搞笑幽默，别人就会说："你这个佛堂麻痢。"足以说明他在义乌的影响力有多大。

论资排辈，他先是师从王政法，后从罗笑峰；但他同时也是嫡传的杭州"小热昏"第六代传人，和周志华是师兄弟。虽然在义乌他是属第二代小锣书传人，但如果严格按杭州"小热昏"的排辈上来讲，他和王政法应同属于第六代传人，因为王水泉和罗笑峰同辈，所以他和王政法的关系是亦师亦友的关系。

1932年4月，贾有福出生于义乌佛堂一个木匠世家。贾有福的爷爷、父亲都是木匠，子承父业，他本也该是学木匠的，可他偏偏就喜欢"小热昏"。1949年，17岁的他师从王政法，开始学习小锣书表演。到了1952年，也就是他20岁时，认识了另一个师父，杭州"小热昏"的第五代传人罗笑锋。他与罗笑锋是怎么相识的？贾有福自己从没有提起。不过，听一些老人说，1952年，罗笑锋曾在佛堂物资交流会期间来演出过，可能就是这个时候与贾有福相识结缘并行拜师之礼的,这段经历与王政法和王水泉的邂逅颇有相似之处。

贾有福跟罗笑锋学了三年"小热昏"。在学艺的后期,大多是由贾有福登台了,而罗笑锋则在台下看着,事后给予指点。罗笑峰故意给他多一些的历练,让他早些能独当一面。出师后,他很快就成了义乌家喻户晓的小锣书名角和笑星。他语言幽默诙谐,举手投足都是戏,很快就站稳了脚跟。当然,贾有福说唱卖艺之间也兼卖梨膏糖。

二十世纪五六十年代,是义乌小锣书最红火的时候,特别是贾有福成名以后,义乌小锣书更是风靡城乡,简直可以用"小锣敲起,万人空巷"来形容,它伴随大家度过了无数个快乐的夜晚。贾有福的小锣书都是老百姓喜闻乐见的节目,他编的段子构思巧妙、土洋结合,笑料不断。而他本人,又天生一副滑稽相,看他的表演,观众想不笑都难。他还有创作天赋,先后编演了《新旧社会对比》《童养媳的苦楚》《接婆婆》《好事多磨》等曲目,讽喻社会弊端,宣传好人好事,寓教育于诙谐幽默之中,影响了好几代的义乌人。

"文革"期间,说唱艺术成了四旧,被打倒、被批判,卖梨膏糖也被说成是投机倒把。演艺界人心惶惶,万马齐喑。贾有福只能暂时偃旗息鼓,到农村生产队干活挣工分去了。

但是他和小锣书的深厚感情,岂能说割舍就割舍得了?长久不演唱,他变得茶饭无心,百无聊赖,夜里辗转反侧,心里猫抓似的。他琢磨着,义乌城内不让他演唱小锣书,周边的乡镇、村庄的环境是否宽松点?

有一年,东阳黄田畈举办物资交流,贾有福一想起那热闹的场面，再也忍不住了，他不顾一切地背起行头就跑了去。别看他近几年无精打采的，但一到台上，他的劲头上来了，整个人变得热情高涨。开场时，他先是敲敲打打地招来许多群众，然后说了一会儿小锣书，那内容既有早年的滑稽笑料，也有即兴随编的。唱罢开场曲，他又接着说唱小锣书，到了紧要关头，暂停，打开箱子卖梨膏糖；卖了糖再说唱了一会儿小锣书，说到关键时刻又刹住，又卖一会儿糖，就这么把气氛推向高潮，把梨膏糖也卖完了。

"文革"十年，贾有福一直在偷偷摸摸地说唱小锣书，虽然在义乌城的知名度不是很高，但在义乌周边乡镇，却是大名远扬。至今在金华其他的许多县、市、区里，人们一说起"佛堂麻痢"，都会说："知道，他是义乌人。"这就是贾有福，一个为小锣书而生，为小锣书而活的人。没有了小锣书的相依为命，对贾有福来说，生活就没了奔头。

纵观贾有福的一生，改革开放前，他只能说是一个游走江湖的艺人，他的小锣书，也只能说是其养家糊口的一门技艺。然而，随着改革大潮的到来，贾有福也迎来了作为民间艺术家的春天。

1984年，义乌市文化部门出台了81号文件，开始对民间艺人重视起来。也就在那一年，义乌曲艺团摒弃了以前的"卖货不成艺，卖艺不卖货"的陈规，吸纳了贾有福为曲艺团成员。在这种背景下，已经52岁的贾有福也迎来了小锣书艺术的创作巅峰。

在那段黄金时间里，贾有福如鱼得水，创作了一系列具有明显时代烙印的曲目，如《苦头变甜头》《领证》《路，车，人》《风流记》等。1988年在金华地区会演中，他创作并演出的《接婆婆》获二等奖，1990年参赛的《好事多磨》获一等奖。1998年12月，贾有福被浙江省文化厅授予"德艺双馨"艺术家的光荣称号。

冬去春来，年复一年，贾有福年事渐高。然而，他对艺术的热情丝毫不减。义乌市曲艺团团长叶英盛说，就在几年前，贾好笑还每年随团巡回演出200多场次。叶英盛还强调说：贾有福这一点很好，每当要他去演出的时候，他招之即来；而且上台演出时，从不挑黄金时段，不论是让他闹头台，或者是压轴演出，他从不挑剔，从未计较。

因此贾有福口碑极好，人缘极佳，而且一红就是一辈子。当年的义乌市文化馆馆长楼亚群前后与贾有福合作长达20余年。他讲了这么一段趣事：有一次，他们一起去佛堂的鲁雅演出。贾有福演到兴头上，一不小心假牙脱口而出。这当口，贾好笑一转身，捡起假牙，吹了吹灰尘，又迅速装上，继续演出。楼亚群说，贾有福的这种处乱不惊的本事，也是很值得演艺人学习的。

2006年4月底，贾有福被查出患有肺癌。但是病魔并没有影响他的情绪，即使在杭州住院化疗时，他还不忘小锣书艺术。5月12日护士节，他还叫病友去买了一面小锣，在医院里给护士们进行了一场义务演出，这也是他演艺生涯中的最后一次表演了。2006年10月19日下午2时，"佛堂麻痢"贾有福溘然离世，永远离开了心爱的小锣书艺术，给牵挂他的人们留下了无尽的悲痛与遗憾。义乌艺术界失去了一位可爱可敬的笑星。在他离世三天后，义乌"稠州论坛"上发出了"贾好笑谢幕，'佛堂麻痢'远行……"的帖子，遥寄哀思。怀着对贾有福的尊敬，楼亚群挥毫写了副挽联：小锣书说学唱演贾好笑，大人生起承转合真有福。

在贾有福之后,义乌小锣书的第三代传人就是上溪镇水碓村的沈樟忠。沈樟忠艺名"沈笑话",皆因他从小就非常爱讲笑话,很有说笑逗乐的天赋,一件非常平淡的事常被他说得趣味盎然。他喜欢上小锣书是在15岁,那一年他正好初中毕业。"佛堂麻痢"贾有福每年都会到水碓村表演一次,沈樟忠总是非常认真地观看,仔细揣摩,"偷学"技艺。"佛堂麻痢"的足迹遍布整个义乌市,作为他的忠实粉丝,贾有福到哪儿,沈樟忠就赶场到哪儿"追星",场场不落。尽管没得到贾有福的亲身教导,但通过现场观看和自学,几年下来,他竟然无师自通了。几年后,沈樟忠学有所成,便尝试自己创作表演。

或许是一种机缘巧合,沈樟忠结识了自己日后的妻子杨惠园,而杨惠园的父亲杨有福,也是一名小锣书爱好者。27岁那年,在岳父的牵线下,沈樟忠挂名投师"佛堂麻痢"贾有福,并立有"投师约"。但他只是挂个名而已,并没有让贾有福亲传一日。随后,沈樟忠回到寺山顶(山名,山上有座寺庙叫上清寺)山脚的家中,在家乡传唱小锣书。沈樟忠的演唱绘声绘色,哪怕是原本枯燥严肃的话题,经过他的传唱后不仅通俗易懂,笑过之后还发人深思。

为了顺应时代的变迁,迎合观众的要求,沈樟忠在表演小锣书之前,还别开生面地先来一段魔术表演,待到人群渐渐聚拢之后,再开始演出小锣书。不变的是,在说唱小锣书的同时,沈樟忠也要叫卖自制的梨膏糖。

1994年5月23日,义乌市举办了第三届曲艺小品大奖赛,沈樟忠的小锣书作品《对头勿对头》获得了优秀表演奖。2009

年 4 月,他荣获了"义乌市讲民间故事比赛"三等奖。同年 10 月份,沈樟忠被确定为首批浙江省"优秀民间文艺人才"。2011 年 11 月,他被评定为义乌市非物质文化遗产小锣书代表性传承人。2013 年 12 月,他又被评定为第二批金华市非物质文化遗产义乌小锣书代表性传承人。

沈樟忠演出的行头特别简单,一只用漆写着"沈笑话"的小箱子,小锣和竹板都装在里面了。演出时,他头戴鸭舌帽,身穿棕色唐装。搭的台也非常简陋,一条长凳,几根竹子,几块木板,再加上一盏电灯、一只扩音器就齐全了。孩子们最喜欢的是他的小魔术,他们一会儿敛神屏息,一会儿放肆地尖叫吹口哨,把场面烘托得十分热烈。

沈樟忠演唱小锣书的伴奏乐器,依然是一面小铜锣和一块三夹板,与众不同的是,他会从怀里抽出一块小手帕,他往往边说、边做、边唱、边模仿,身演数职。他娓娓道来,如行云流水,他的表情千变万化,时喜,时怒,时哀,时乐,观众看得入了神,随着他的剧情一时忧,一时愁,一时开怀大笑,一时又顿足叹息,还有人因生气而破口大骂的——骂的当然是他故事里的坏人坏事。他的表演风格丰富多彩,通俗风趣,妇孺老少皆大欢喜。

在上溪镇一带,他拥有大量的粉丝。乡亲们只要听到沈笑话要来演出的消息,那些祠堂或者老戏台前面,总是早早地排满了密密麻麻的板凳,一些观众甚至连晚饭都无心吃了,跑到戏台前抢占个好位置。他还没到村口,眼尖的孩子们就会奔走相告,大喊大叫:"沈笑话来了,沈笑话来了。"演出时,台下是人头攒动,座无虚席,还里三层、外三层地站着更多的人,把场地挤得水泄不通。有时就连围墙上、房梁上都挤满了人，可见他的小锣书受欢迎达到何种程度。

小锣书表演结束，沈樟忠会现场叫卖自制的梨膏糖。据说他的梨膏糖配方也较独特，里面有羊乳、鱼腥草、佛耳草、甘草等，具有润肺止咳、消食健脾功效，因为疗效不错，总是要引来不少回头客。

沈笑话不是体制内的人，没有退休金也没有养老金。他平时应文化馆的邀请去唱小锣书，馆里给他贴补200元。但要求非常严格，他所唱的内容一定要新鲜的、自编的，不能重复自己，更不能重复别人。每演出一次，他需要十天的时间精心准备，费时太多，报酬太少，因此生活十分拮据。后来他开始卖药，因为他得了一个祛风活血药的偏方，就是把活血藤、梅花藤、虎杖、鸡血藤、半枫荷等五味药放在白酒里泡着，然后取那药酒给人治病，据说疗效极佳，有些半身不遂的人喝了几次药酒，竟然能站起来了。这下他的生意火了，他有了自己的药酒，可以增加收入贴补家用，他的小锣书也唱得更开心了。

沈笑话只有初中文化，平时创作小锣书有点吃力，但是他一直发奋学习，力争进步。在创作过程当中，他会紧跟国家形势，也能揣摩不同群众的不同情绪，选择不同的题材。他创作的小锣书内容有反腐倡廉的，有反映"三改一拆"情况的，有规劝年轻人喝酒别开车、注意交通规则的，也有宣传相关政策法规的。

他还经常抓住社会上的一些不良风气，寓教于乐地教化村民。他创作的新曲新词，往往能唱到老百姓的心坎上去，并产生强烈的共鸣。比较有名的作品有《傻瓜做生意》《夫妻和睦》《天理良心》，他唱出老百姓的心声和老百姓的喜怒哀乐，他仿佛成了老百姓的代言人,群众都把他当作贴心人,有什么情绪要找他倾诉。这一点让他有了成就感、幸福感,所以他更加执着地、无怨无悔地把义乌小锣书演唱下去。

小锣书的唱词通俗易懂,讲究押韵,讲究幽默。且看沈笑话的一段开场说唱:

> 小锣这么一敲,
> 笑话就来头。
> 一开头就唱头,
> 开头唱一位王老头,
> 年纪60已出头。
> 剃了一个和尚头,
> 讲起话来大舌头。
> 家住佛堂浮桥头,
> 王老头起先做馒头……

他所创作的小锣书里,最拿手的也最受老百姓喜爱的是《傻瓜做生意》,唱词诙谐幽默,生动有趣。内容如下:

> 一上台小锣要敲起,
> 我放开喉咙来唱戏。
> 今日要唱一对两夫妻。
> 丈夫叫作西瓜皮,
> 老婆叫作王美衣。
> 两个人同年同月同日同年纪,

那一年属蛇真巧六十几。
生了两个囝一个囡,
大个囝叫大弟,
结婚后分到两间新屋里。
一个囡已经出嫁到苏溪。
小个囝生起不聪明不伶俐,
到八岁还只能数一二三四一。
爷娘送他到在学校里。
别个上课他要到外面嬉。
读了一学期,自己名字都写不起。
读书不愿意,欢喜家里种田地。
春天作麻地,夏天晒脱皮。
冬天冻起像只大驳鸡。
小弟不愿种田地,
也想出门做生意,
问他娘舅借来两万人民币。
货都没有进手里,
被扒窃扒了三千几。
小弟到在小百货市场里做生意,
一批气球打起都漏气。
两次亏本两万人民币。
娘舅骂小弟,偷鸡不着蚀把米,
你这块料本来就不适做生意。
小弟听听脸孔要红起,
好像一只大瘟鸡……

这段小锣书内容通俗，朗朗上口。内含教诲意义：不是所有的人都能经商的，别白白浪费了资本。

小锣书的艰难传承

小锣书好听，但小锣书难唱，一个人要身兼敲、打、念、唱、做数职，节奏和声调还不能相差厘毫；喜怒哀乐要绘声绘色，表演要淋漓尽致。这个说说容易，做起来却也是很难的。演员不仅要有幽默搞笑天赋，还要有处事不惊的应变能力；最难的还是要有文学底子、创作能力，才能亲自编写节目。遇到好题材，才能手到擒来，为己所用。

还有那"义乌十八腔"，做一个合格的小锣书表演者，必须得驾轻就熟地掌握这些腔调，这样才能演到哪儿说哪儿话，唱到哪儿用哪儿腔，不同地域的老百姓才能更容易接受，你的小锣书也更受欢迎。

小锣书这门曲艺并没有固定的表演模式，演员要有过人的天赋和加倍的努力，还要有灵敏的社会触角。生活中的点点滴滴，都要用心去记，去揣摩，表演时方能信手拈来，出口成趣。能具备这样素质的人很少，因此小锣书的传承难度就很大。现在想学小锣书的人越来越少，少数几个对小锣书有兴趣的人，在接触了这种曲艺之后，往往都知难而退了。我们纵观历代的小热昏传人，成功的只是凤毛麟角，成为大师一级的更是屈指可数，那都是一些百年难得的高人啊。

义乌小锣书表演者，目前只剩沈樟忠一人，但他毕竟年事渐高。随着社会的前进，各种新鲜的娱乐方式不断涌入，小锣书日渐萧条，城区基本看不到它的表演了。在农村，只能在老年协会和一些古老的庆典活动上，偶尔能听到那久违的小铜锣声响。

小铜锣的声音越敲越弱，曾经的一些小锣书演员选择了改行，他们有的走进义乌市场做起了生意，有些办起了企业。小锣书原本就是伴随着卖梨膏糖而生的，因此小锣书艺人脑子里都有一本不错的生意经。

另一方面，学唱小锣书实在是太难了，拔尖人才很难横空出世。随着老一辈的艺人不断老去，特别是2006年"佛堂麻痢"贾有福病故以后，义乌小锣书艺术现状就更是雪上加霜，已处在濒危消亡的困境。

对于义乌小锣书如何发展，怎样培养下一代传承人，沈樟忠也是一脸茫然。他有点沮丧地说："以后有没有人再唱小锣书就很难说了。前些年也有人来跟我学习过的，有的天赋不足，望而却步了，有的吃不起苦，半途而废了。"

难归难，沈樟忠还是要为小锣书的传承全力以赴的。他不想让老百姓喜闻乐见的义乌小锣书止步于自己这一代，他鼓励那些喜欢小锣书、想学小锣书的人不要怕苦，多加努力，他也呼吁社会各界群策群力，共同把义乌小锣书这块艺术瑰宝传承下去，让我们的子孙万代都能欣赏到这种奇妙的说唱艺术。

沈樟忠表示，在他的余生中，他将会更加注重挖掘、培养小锣书传唱人才，他日思夜想的是，义乌能出几个说唱小锣书的人才，他将全力以赴，教他们把这门艺术学透学精，把这门民间技艺传承下去，发扬光大。

仙歌道曲唱道情

道情是中国曲艺的一个类别,文化底蕴深厚,极具地方特色。

道情,顾名思义,就是和道教文化有关的曲艺,起源于"仙歌道曲"。这是一种说唱艺术,以唱为主,以说为辅。有单口说唱,有对口说唱;还有一个人说唱,一帮人在后面呐喊附和的。

当代最为国人所知的要数贺敬之作词、刘炽谱曲的《翻身道情》了:

太阳一出来呀,
哎咳哎咳哎咳哎咳哎咳哎咳哎,
满山红哎哎咳哎咳呀。
共产党救咱翻了呦嗬身哎咳呀。
旧社会咱们受苦的人是人下人哎哎咳哎咳呀,
受欺压一层又一呦嗬层哎咳呀,
打下的粮食地主他拿走哎咳呀,

咱受冻又受饿呀有谁来照应啊哎咳呀。
毛主席领导咱平分土地哎咳呀，
为的是叫咱们哪有吃又有穿哪哎咳呀，
往年咱们眼泪往肚里流哎咳哎咳呀，
如今咱站起来做了主人哎咳呀。
天下的农民是一家人哪哎咳哎咳呀，
大家团结闹翻呦嘿身呀哎咳咳咿呀哎咳呀，
大家团结闹翻身。

这首融合了陕北民歌旋律的道情，从1942年郭兰英唱起，一直唱到现在的王二妮，近80年而不衰。可见它的生命力有多么顽强。

道情的历史及艺术形式

在所有的曲艺节目中，道情的"出身"最为高大上。道情起源于唐代的《承天》《九真》等道曲。承天，即承奉天道的歌舞形式。古时皇帝们好方术，爱炼丹，总想让自己长生不老。道教文化在历代统治者的推崇之下快速发展。为了配合道教法事的需要，各种仙歌道曲如雨后春笋般冒了出来。尤其在安史之乱之后，玄宗皇帝思念惨死在马嵬坡上的杨玉环，下旨修建长生殿、长生宫。上有所好，下必甚焉，全国各地的玉清宫、紫霄宫、桐柏宫、白云观、鸣鹤观如雨后春笋般地应运而生。大量的道曲、道词奉诏而作，并由皇家宫殿流入民间道观，推动了原生道情曲艺的繁荣发展。

南宋开始，艺人们为了让这种曲艺形式更加生动活泼，开始把一截三尺长竹子里的竹节打通，一端蒙上猪油皮（或蟒蛇皮，或淘洗干净的鸡嗉子皮），这叫渔鼓，故又称"道情渔鼓"（也称道筒鼓）。民间从事曲艺的都是穷苦人，他们可没有高大上的设备，他们的演出只能是因地制宜，不树柱搭台，不需要多人合作，更不需要衣着和化妆。底层艺人把演唱道情当作谋生手段，草根百姓对这种曲艺更是喜闻乐见。

演唱时，艺人们左臂挽着渔鼓，用右手的几根手指的指面击打鼓面。鼓点咚咚，时如流水淙淙，时如马蹄疾雨，既可以衬托说唱效果，又可以让演唱者的嗓子得到片刻休息。由元杂剧《岳阳楼》《竹叶舟》移植过来的道情，均用这渔鼓击打方式来伴奏演唱。

明清以来，道情流传越发广泛。一些应试落榜或怀才不遇的书香子弟，通过玩道情来消遣解闷。至清代，道情与全国各地的民间音乐结合，形成了同源异流的多种形式，如陕北道情、江西道情、湖北渔鼓、陇东道情、四川竹琴，还有广东的木鱼书、四川的荷叶、上海浦东地区的浦东说书。这种表演形式雅俗共赏，颇受欢迎。

道情虽然出现得早，但是流传下来的经典作品却少之又少，目前较出名的有郑板桥的道情十段（收录的仅五段），及徐大椿的《洄溪道情》。民国以来几乎没有留下可供学习的资料。改革开放后，随着人民生活水平不断提高，从事这门艺术的艺人们大多转向更能发家致富的行业去了，各地的道情曲艺大多后继无人。所以，梳理、抢救，给后人留一份文化遗产的工作显得尤其重要。

古典道情的音乐十分丰富，有72个套曲和100多种曲调，现在收集到的只有13个套曲和96种曲调。其唱腔为联曲体，就是利用诸宫调的某些曲子互相缀连起来，组成有层次的大型唱段。每种套曲又有"正、反、平、苦、抢、紧"六种曲子，根据故事进展需要，或清风白月，或跌宕起伏，让剧情达到良好的渲染效果。另外，道情又巧妙地借鉴了"晋剧"中的"介板""流水""滚白"以及昆曲唱腔，使音乐更加丰富多彩。伴奏中的渔鼓为道情的特定乐器，其文武场乐器与梆子剧种大致相同。

义乌道情的起源

古时候的金华府辖金华、兰溪、东阳、义乌、永康、武义、浦江、汤溪八县，"八婺"之称由此而来，他们生活的地方也被称为"八婺大地"，这种称谓一直延续至今。八婺土地上的每个人，身上都留存着八婺传统的文化因子，义乌道情就是其中之一。

从前，地处浙江中部的义乌人多地少，贫穷落后，但由于这里的人们勤耕好学、性格豁达，因而在丘陵岗地的日色风尘中，在无穷无尽的沧桑风雨里，仍然创造了丰厚的历史和文化。特别自宋室南迁后，杭州成了南宋的国都。不愿屈从金人统治的人们纷纷南逃，道情鼓子词便随着这些人的足迹在南国安家落户。浙中文化在南北交融中得以兴盛，而尤以道情影响为最大。周密在《武林旧事》中有如是记载：淳熙十一年（1186）六月，宋高宗把道情艺人邀请到宫里，然后背着太子到后苑的冷泉堂去听，当时冷泉堂已经有30个小厮正在练气息唱道情。懂行的赵构一听就明白，他说：这个是张伦撰的鼓子词。可见当时的帝王贵胄对道情是颇为赏识的。

道情成为民间艺人的一种职业，是在康乾盛世之后。道情艺人手执渔鼓、简板（又名"指拍"），行走于街市坊巷，献艺于茶肆酒楼，赚取养家糊口的小钱。那年月，无论是官绅市民，还是贩夫走卒，对道情的曲调和演唱的故事，都是喜闻乐见的。

《中国戏曲剧种大辞典》堂而载之：北有湖北渔鼓，南有义乌道情。可见义乌道情的地位，在戏曲艺术界是有口皆碑的。

至于义乌道情的起源，有好几个版本。

一说，道情源于唐高宗时的"道调"，那是祭祀道家老子的唱词，一般也都是由道士唱的。

《义乌县志》记载：义乌道情源于唐代《九真》《承天》等道曲。盛唐时期，由于唐玄宗的推崇，道教发展到达了顶峰。义乌道情原本就是道观内唱的"经韵"，为诗赞体。后来吸收词调、曲牌，演变为在布道时演唱的"新经韵"，也称之为"道歌"，又名"黄冠体"（黄冠可能是指道人演唱时的装束）。内容多是神游广漠，寄情太虚，有餐露饮霜之思，有仙风道骨之态，所有种种皆是道家的情事，故名曰"道情"。

南宋时，艺人们开始使用渔鼓和指拍做道情的配乐。有了伴奏，道情就越发动听了。艺人们针砭时弊，劝人行善，当时这类内容都称为"劝世文"，与鼓子词相类似。

义乌道情在南宋时期已经是一种成熟的曲艺形式，爱国诗人陆游在他的《小舟游近村》中写道："斜阳古柳赵家庄，负鼓盲翁正作场。身后是非谁管得，满村皆说蔡中郎。"诗很美：夕阳西下，柳荫村庄，背着渔鼓的盲艺人且歌且舞，说着警世劝人的道理……这里的"作场",可能就是指做道场,这个盲人就是在道场里说唱表演的道情艺人。

明清时期,道情在义乌的流传甚广,以此谋生的艺人达到了两三百人。相传,明朝宰相严嵩落魄时,也曾在义乌唱过道情。义乌西门街的曲艺协会会址内,就曾立过严嵩的塑像,义乌道情的艺人们还把严嵩称为道情的祖师爷呢。

还有一种玄说:神话里的张果老就是道情的祖师爷。据传,唐玄宗一心想把玉真公主下嫁给张果老,但被张果老谢绝了。他敲打着渔鼓、简板,且行且唱:"娶妇得公主,平地升公府。人以为可喜,我以为可畏。"张果老不愧为仙人,他不贪图荣华宝贵,只爱敲打着渔鼓高歌云游四方。他的道情词主要也是劝化世人弃恶扬善的。传说跟他学唱的人纷至沓来,随后又把道情带到天南地北。所以就有了后来的陕北道情、义乌道情、扬州道情、湖北渔鼓、湖南渔鼓、山东渔鼓等。

义乌道情高手

民国时期,义乌道情已经非常成熟,楂林镇的道情艺人骆樟林可是个家喻户晓的响当当的人物。他在哪里献艺,去听曲的人就趋之若鹜;哪个地方要办庆丰、祭祀、红白喜事等大事,都希望能请到他演出以提高庆典的规格。但骆樟林档期很满,想请到他,必须要提前数月预约,否则你就是抢也抢不到的。待喜庆时日那天,必得用大轿把他迎请过去。那个排场,那种风光,令同行艳羡不已,也证明当年他在演艺界的声望有多高。

1949年后,义乌出了个道情表演艺术家叶英美,应该说,他为义乌争了光,帮义乌提高了知名度。他被誉为当时中国曲艺界的"二面旗帜"之一,享有"北有韩起祥,南有叶英美"的盛誉。他曾两次应邀到中南海怀仁堂,为国家领导人演唱义乌道情,当时的报纸、广播反复报道这个消息,让他名噪一时。因为他,道情成为一种光鲜的行业,拜他学艺的人纷至沓来。那年月,光是义乌就呼啦啦地增加了120多名道情艺人。在叶英美的牵头下,义乌成立了曲艺协会。

1966年,"文革"开始,道情艺术被当作"封、资、修",艺人们被批被斗,曲艺协会也解散了。艺人们不是被下放到农村去种田,就是各奔东西打零工混口饭吃。但他们既没有干粗活的体力,也没有一技之长能胜任别的工作,惶惶然日子过得非常艰难。

改革开放一声春雷,蛰居的艺人们都可以复出了。可他们老了,去世的去世,尚健在的,因为久未演唱,一身的本事也荒废了。所谓"拳不离手,曲不离口",十年噤声罢演,丢掉的技艺很难重新拾起,勉强能坚持演唱的寥寥无几。再后来,随着电视的普及,人们的兴趣都被五彩纷呈的荧屏吸引走了。只有一些怀旧的老人,对义乌道情还有念想,还想听些老曲儿。那演出场所,也仅仅限于农村老年协会和福利院了。眼看着道情艺术一天天地凋敝,这不能不说是一种遗憾。

只有叶英盛,对道情艺术还是一往情深,决不轻言放弃。1976年,他收了一个徒弟,那就是金华人朱流荣。

朱流荣生于1964年9月,幼儿时就咿咿呀呀地会说能唱。12岁那年,他拜到叶英盛的门下。由于特别的天赋和勤奋好学的品格,再加上叶英盛的悉心指点,朱流荣学艺才一年,就以一个 13 岁孩子的身份，参加了金华地区曲艺会演大赛，并荣获二等奖。少年得志，声名鹊起，随着年龄增大，他致力于如何发展道情艺术，于是他在孝顺区开办了道情培训班，前后几年，得其培训指导的学徒达百余人。

义乌是中国曲艺之乡。义乌道情以义乌为中心，向金华、东阳、永康、浦江、兰溪等周边县市辐射，甚至连丽水、衢州、杭州等地区的部分县市也广为流传着义乌道情。因地域方言不同，道情又形成了不同风格的诸多分支，但其表演形式大同小异，实际上还是义乌道情。

2008 年，被列入国家级非物质文化遗产名录的却是"金华道情"，并无本源的"义乌道情"。对于这个，国家级非物质文化遗产义乌道情传承人叶英盛不以为然。他强调说："我一直唱的就是义乌道情，不是金华道情。金华道情只是义乌道情的一个分支而已。连金华低田村唱道情的朱流荣，还是我的徒弟呢。"

可为什么要把义乌道情"变成"金华道情呢？想来是，义乌隶属于金华市，凡是有品位、值得骄傲的东西，冠之更高的级别，也在情理之中。

道情的艺术形式

所谓道情，是一种以唱为主、说白为辅的曲艺表演艺术。道情传统的表现形式一般以一人或多人自演自唱（现代也可有小乐队伴奏），有时分主唱和帮唱。艺人在表演道情艺术时，将渔鼓（道情筒）斜托于左手肘（如果是左撇子则反过来），小拇指、无名指、中指扣牢指拍的根部，用大拇指和食指粘牢指拍掌握节奏。鼓面朝右下方，另一手的几个指面击打鼓心，发出"咚咚咚""嘭嘭嘭"的声音，而击打指拍则会发出"叽叽叽"的声音，鼓、拍相互配合，掌握着节奏和过门。

所谓渔鼓，就是取一截90厘米长的毛竹，把竹节掏空了，一头蒙上鼓皮。从前的鼓面是用一块特制过的猪油皮蒙的，再套上个精制的箍子箍紧（现在的鼓面改用丙烯薄膜了）。笔者的舅舅曾自制一条渔鼓，鼓面却是用洗干净的鸡嗉子蒙的，拍打起来效果不错。有讲究的艺人，在毛竹筒上雕上鱼的形状，渔鼓名字因此而来。但是大多数的渔鼓，就是光光的毛竹筒而已。

道情音乐、唱腔和伴奏的特点是六多：在唱腔上，句末音、花音、装饰音多，长音、微滑音多，念白带唱多。唱腔与伴奏声韵互为交替，融为一体。

义乌道情的每句唱词，每句表白都有特定的含义，所以在演唱时一定要根据唱词的意思，配合脸部表情和语调语气；更要注重唱词中每个字的含义，这就叫：看句表情、看字突音。有故事情节的，演员要进入角色，要注重刻画人物的性格和形象，男女声腔要有明显的区分。咬字要准，吐字要清，酸甜苦辣、喜怒哀乐要表达得体到位。

道情的唱词基本上是每句七字句，也有几十字的长句。内容多以民间传说故事、传奇为题材，也说地方新闻轶事，故俗称"唱新闻"。以其音调与特点而言，道情可分为法曲道情和俗曲道情两大类。义乌道情就属于俗曲道情。音乐体裁主要有联曲体、曲牌体、板腔体及主曲体等。义乌道情于南宋时期开始使用渔鼓简板为伴奏乐器，在明清时期与本地民间歌谣相融合，逐渐演化成有一定基本曲调、单口说唱的曲种。道情分"摊头""正本""长传"三种。"摊头"篇幅短小，以唱为主，多在正本前加唱。"正本"又叫戏文，篇幅较长，有表、白、唱等表现手法，每场以2~4小时为度。"长传"即为长篇，要分场演唱，长的可达十几、几十场次，如传统曲目《万花楼》《七星剑》等，就需要几十场次的演出才能结束。

义乌道情的节奏以切分节奏多，弱拍跳进多，句间顿逗多而形成鲜明特点，可分为紧板、平板、中板、慢板、小快板等。敲打渔鼓要有扎实的基本功，演唱一定要富有表情，突出人物的喜、怒、哀、乐，并要能模仿各种声腔。渔鼓节奏能敲击出马蹄、火车、刮风、打雷等不同声音，特别是用渔鼓再加上口技，能发出清脆或洪亮的声音，技艺高超、中气强盛的艺人，还可以吹出冲锋号般嘹亮的音响。2005年1月，叶英盛在北京演出《狄青比武》时就用了这种技巧，结果轰动了整个剧场，赢得掌声如潮。

道情的唱词讲究韵律，常用的词韵有"林青"韵、"依稀"韵、"杨江"韵、"龙工"韵、"胡苏"韵、"桃苏"韵等。每种韵都有自己的特点，如：

"林青"韵：自从盘古天地分，三皇五帝定乾坤；一朝天子一朝臣，朝朝天子出能人。

"依稀"韵：自从盘古分天地，义乌就是穷苦地；人多地少缺粮米，温饱成为大问题。

"杨江"韵：山清水秀古乌伤，人杰地灵分水塘；爱国青年陈望道，埋名隐身译华章。

"龙工"韵：改革年代树新风，继往开来立新功；舍己救人谱新曲，教坛英烈郭威龙。

"胡苏"韵：金山坞来银山坞，相互相隔三里路；地理环境差不多，一个穷来一个富。

"桃苏"韵：敲起情筒心欢笑，唱一段姑娘和嫂嫂；姑娘名叫方凤娇，貌似出水芙蓉三月桃。

义乌道情是一门综合性的艺术，具有经济价值和很高的艺术价值和研究价值。义乌道情的演唱者大多为残疾人、盲人，演唱道情是他们的一种谋生手段；所谓艺术价值，是指义乌道情扎根于民间，在曲艺界的流派纷呈中独树一帜。所谓研究价值，义乌道情已有近千年的历史，它的起源、繁衍、发展和审美，都有一定的历史价值。

义乌道情在历史的演变中不断地进行各种尝试，大胆地改革创新，赋予了它新的艺术生命。在表演形式上出现了配乐道情、男女双档道情、群口道情、歌舞道情等。当代的道情艺人在表演内容上对传统道情进行了加工整理，去其糟粕，吸取精华，突出一个"情"字，将本子演绎得更加曲折丰满，使激情、声情、悲情、心情贯串整个剧本子，做到声情并茂。

从前的义乌道情是没有文字的，都是口口相传的。近年来，经过搜集和整理，已经确认了600多部道情演唱曲目。其中的300多部从故事内容到表现形式，完全都是由道情表演者自创的。在这300多部中，有一部叫作《龙凤玉环》的正本，讲述的是宋朝皇宫的故事，内容有300多万字，这个规模，在全国也是绝无仅有的。最基本的曲调业已整理成曲谱，还整理出了一些代表性的唱段，有待义乌有关部门正式出版。

2007年，道情在申报国家级非物质文化遗产保护项目时，全国各地报上来的有86个，其中有陕北道情、河南道情、山西道情、湖南道情、青海道情、宁夏道情、祁东道情、南昌道情、晋北道情、内蒙古道情、衡南道情、衢州道情、四川道情、湘南渔鼓、沔阳渔鼓、安徽道情等。最终只有义乌道情在 2008 年获得了国家级非物质文化遗产保护项目的殊荣。由于义乌隶属金华市管辖，且金华的金东、武义、兰溪、东阳、浦江、磐安都有道情，故国务院下文时把八婺地区的道情统称为金华道情，但后面加了个括号（义乌道情），这是考虑到义乌道情的影响、成就和作用特别大的原因。

道情艺人叶英盛

二十世纪五十、六十年代，义乌曲协主席、道情艺人叶英美曾三次进京，参加全国劳模群英大会，并在人民大会堂为代表们演出。他用最朴素的语言，唱出了"吃毛主席的谷，住毛主席的屋，享毛主席的福，唱毛主席的曲"的经典段子，引起了极大的轰动。宴会时，周恩来总理亲切地邀他同桌进餐，总理还亲自为他夹菜，给他敬酒。这份殊荣让叶英美感动得热泪盈眶。总理对民间艺人的尊重，对义乌道情的肯定，让他心潮澎湃，久久不能平息。

在金华道情（义乌道情）入选国家级非遗名录的第二年，另一位义乌道情艺人叶英盛，被任命为该项目的国家级非物质文化遗产金华道情代表性传承人。

叶英盛是叶英美的堂弟，艺名叫"艺生"。叶英盛于 1947 年出生在义乌市佛堂镇下叶村，幼年时父母双亡，生活非常贫困，常常食不果腹，睡无被褥。在村人的资助下勉强上了四年小学。但他酷爱学习，尤其爱好古典文学，记忆力超强，因此，他肚子里装了好多故事。他刚开始接触道情时，就被道情那富有魅力的唱腔迷住了，但苦于没有师傅传授，便偷偷地自学道情演唱。

11岁那年，村里来了一个盲艺人，演唱义乌道情《玉如意》。叶英盛一边听，一边在心里默记着故事情节和唱词，在表演的空隙，他殷勤地给那位盲人递茶倒水，牵着他去上厕所，嘘寒问暖，把他照顾得无微不至。获得那艺人的好感后，他便把自己偷学的道情清唱给这盲艺人听。对方念及他的勤快，也觉得他是棵好苗子，就给了他唱腔上的一些点拨。

艺人走后，叶英盛就地取材，用竹子做了两根简陋的简板。第二天，就大大咧咧跑到邻乡去"撂地"。所谓"撂地"，就是街头卖艺。他来到离村20余里的东河村，现学现卖地唱起了《玉如意》，真是初生牛犊不畏虎！他天性聪慧，又有过耳不忘的本领，那盲艺人在他村子里只唱了三个小时，但他根据自己的理解，添枝加叶地丰富了故事的内容，居然连唱了两个晚上，还颇受听众欢迎！

从此他崭露头角，走上了演唱道情艺术的道路，而且一路上勤学苦练，又能博采众长，逐步提高了自己的道情表演技艺，渐有青出于蓝而胜于蓝之势。十数年之后，当地的民间艺人竟都尊他为师父了。

刚开始唱道情时，叶英盛苦于没有曲目，常常要求助于各类故事图书。他白天看书，晚上演唱，有时甚至到了现看现编现唱的地步。有一次他在义亭镇石塔茶馆演唱长篇道情《英雄大八义》，唱了三个多小时，把书锁了，说声"且听下回分解，请诸位明晚再来"。但是,正听得上瘾的群众不干了,非要他再唱一个小时不可。听众不依不饶地起哄嚷嚷,茶馆老板也出面打拱求情,他只得说了实话:"下一回的书我还没看,叫我怎么演唱呢?"可大家嚷着要他当场看书,看完了立刻演唱。就这样,他急忙看了二回书,接着又唱了一个多小时,大家才心满意足地散了。

叶英盛初露头角,但碰到了一个问题——江湖卖艺讲究师承,无师不能从业——尽管他已经很受欢迎了,也只能算是野路子。后经人介绍,他按江湖礼节,拜了当地道情艺人吴九妹为师。但吴九妹只是他的挂名师父,并没有真正意义上对他给予点拨。后又经堂兄叶英美悉心指导,他的技艺才有了长足的进步。

叶英盛充分吸收现代舞台风格,进行配乐创新,在节奏和唱腔上进行改革,形成了独特的艺术风格。他还非常注重人物的性格刻画,他演唱道情时声音洪亮、吐字清楚、唱腔优美、声情并茂,能让广大听众如痴如醉。过去,盲艺人演唱道情只是叙述故事而已。叶英盛并不满足于此。他吸收了其他艺术比如婺剧的长处,丰富并提高了义乌道情的艺术水准,在保留原有的说唱特色的前提下,又融入了戏剧的元素,他根据故事情节、角色的需要,通过声调的变化、节奏的快慢和语气的强弱,再配合适当的表情与动作,绘声绘色,把所扮演的角色演绎得更加生动更加鲜明。

叶英盛的表演除了浓郁的地域特点外,他还会一流的口技,能模仿各种声腔与自然音响,如虎吼、鸟鸣、马嘶等,惟妙惟肖,足以乱真,让人有身临其境之感。

叶英盛曾多次参加省、地、市的各种会演和比赛,他的作品题材广阔，艺术感染力极强，他演唱的道情段子，曾两次在中央电视台播出，并灌成唱片，获得了听众的一致好评。

十一届三中全会之后，叶英盛的创作热情空前高涨，创作了一大批新作品。中央电视台"感动中国2002年年度人物"中有位义乌人名叫王选，曾多次到日本控告日军侵华时对义乌进行惨无人道的细菌战。叶英盛根据王选的故事，创作了道情节目《感动中国的人》，获得了中国曲艺"牡丹奖"文学奖。之后，他又创编演唱了《祖国名山》《义乌的桥》《姑娘和嫂嫂》《烈火无情人有情》《九间棚》《丽君劝夫》《三送女婿》等众多反映社会巨变和颂扬真善美的优秀节目。其中《姑娘和嫂嫂》被评为中国"曲艺"40周年征文三等奖。《借棉被》《祖国江山》等曲目也曾多次在国家、省、市比赛中获奖，《一份礼卡》《黄老细》《戒指风波》《两位村长》《拨浪鼓摇出新天地》《把关》《友谊花》等十多部作品先后在国家级刊物《曲艺》上发表。《祖国名山》《义乌的桥》《姑娘和嫂嫂》等作品则成为地方曲艺的保留节目。2001年，他再次演唱《姑娘和嫂嫂》，此节目又被浙江省文化厅评为一等奖。

前些年，他整理和加工了传统节目50多部，约150多万字。浙江文艺印象出版社、西安电影制片厂先后出版和发行了他的录音磁带和VCD；他的作品包括《八仙拜寿》《大八仙》《小八仙》《十杯香茶》《滚元宝》《万花楼》《七品知县吃癞痢》，长篇道情《玉连环》12集，《双玉球》六集等，其中《八仙拜寿》《滚元宝》《万花楼》更是他的拿手好戏。

叶英盛的艺术影响力越来越大。1981年9月，他受邀参加了文化部在天津召开的全国曲艺工作会议；1985年应全国政协、文化部、中国文联、北京市人民政府的邀请，赴北京的王府井吉祥剧院（梅兰芳艺术大师专场剧院）、清华大学等地演出自编自演的《怀念吴晗》。中央有关领导欣赏了原汁原味的义乌道情后，十分高兴，时任全国人大常委会副委员长严济慈说："《怀念吴晗》写得好，唱得更好。"《怀念吴晗》的道情录音由北京广播电台连播三天，这个节目让吴晗的妹妹吴浦月激动得号啕大哭。之后，吴浦月在与叶英盛通信时都称他为"英盛胞弟"，两个人的关系仿佛比亲姐弟还要好。

1993年，叶英盛被浙江省文化厅命名为首批"浙江省民间艺术家"称号。1996年8月，他参加了中日传统文化艺术节；1999年12月，他又被浙江省文化厅、浙江省曲艺家协会授予"德艺双馨"艺术家称号，被中国曲协誉为"义乌曲艺带头人"；2014年12月，他晋升为副研究馆员，又经中国曲艺家协会主席团评选并报中国文联批准，被命名为全国"德艺双馨"优秀会员称号；2005年元月，他参加了"中国曲艺之乡"进京展演活动，引起了轰动。同年又受中国文联、中国曲艺家协会邀请，作为中国曲艺之乡代表进京参加"浓情乡音"展演活动，演出的地点是中央电视台第一传媒大厅，演出的节目是传统段子《狄青比武》，他的演唱引起了全场轰动，雷鸣般的掌声持续了三分钟，并得到了专家领导和首都观众的高度评价；2010年10月，他参加了在上海国际艺术中心举行的长三角非物质文化遗产展演《鸡毛换糖——换出一个大世界》；2011年9月，他参加了在四川岳池举行的中国曲艺之乡曲艺大赛，创作、表演的《盗圣火》获得了银奖。

2014年11月2~4日，全国鼓书观摩交流座谈会及全国鼓书学术邀请赛在湖南常德举行，中国文联、中国曲艺家协会、中国艺术研究院曲艺研究所、中国说唱文艺学会的领导，以及来自全国十个省（直辖市）的120多名嘉宾和鼓书界代表出席了活动。东北大鼓、山东渔鼓、长子鼓书、西河大鼓、苏北大鼓等16个鼓种共25个节目同台竞技，叶英盛表演的义乌道情《狄青比武》鼓声动人心弦，演唱厚实醇正，表演潇洒自如，征服了全场观众，在众多的参赛项目中脱颖而出并喜获金奖。作为全场年龄最大的老艺术家，他的表演得到专家们的一致好评，刘兰芳主席更是赞誉其"宝刀未老，青春永驻"。

叶英盛以唱道情为生，道情又成就了他的人生。随着他走过的地方越来越多，他的声誉与日俱增。义乌各书场、茶馆、乡镇、学校和周边县市，都争着请他去演出。他有不计其数的粉丝，他们听他的道情都上瘾了，几天不听就会寝食不安，浑身难受。

有一年冬天，金华孝顺镇低田石桥头村村民王萃其病倒在床，病情不断恶化，眼看朝夕不保。弥留之际，子女们问父亲还有什么心愿未了，老人用游丝般的声音，吃力地吐出一句话："我还想听一次叶英盛的道情。"孝心满满的子女立刻登门去请叶英盛。当时叶英盛演出档期排得满满的，分身乏术；但当来人说明原委后，他二话没说，立马赶了20公里的乡村路，来到老人的家里。他想起自己幼年丧父，触景生情，双目含泪，为老人深情地、认真地连唱了两个晚上，老人听着浓浓的乡音乡情，最后脸上带着满意的微笑，安详地离开了人世。

事后，有人说叶英盛竟给一个八竿子打不着的老人去送终，太傻了。叶英盛却认为自己是被义乌这方土地养育长大的，这里的父老乡亲都是他的亲人，他为乡里乡亲演唱，值得。

还有一次，他在东河的夏之堂村演出，演出没开始，一位匆匆赶来的中年妇女问旁边的群众："今晚是谁唱道情？"那人答："是叶英盛老师。"她大喜过望："真的？听说他唱道情时，天上飞的小鸟都要停下来听，今晚能亲耳听他的演唱，真是太幸运了。"

叶英盛会的传统段子很多，也经常应邀去全国各地演出。他是继盲艺人叶英美之后，在全国影响最大的金华道情艺人。他的多数作品都是针对现代生活中的人和事，唱出了老百姓的心声。

在义乌的城区与古镇，各有一个"曲苑书场"和"古镇书场"，两个书场常年有道情演出，经常座无虚席。目前，两个书场的演出事务都由叶英盛打理，每天，他坐着公交车往返于两个书场之间，虽然工作繁忙，但生活过得很充实，很愉快。

叶英盛是一位深深扎根于人民群众土壤里的民间曲艺家，他日思夜想的都是曲艺事业，很少考虑自己。1992年5月，义乌市为了发展曲艺事业，决定成立义乌市曲艺团。这是一个全国少有的曲艺团队，没有编制，没有经费，只是一个由一些民间艺人和曲艺爱好者自愿组成的松散组织，大家一致推选叶英盛为团长。叶英盛本来是靠卖艺为生的，担任团长后就会被不少公务牵绊，就不能有太多的时间随意出门了。他牺牲了自己的利益，不拿国家一分工资，而甘为孺子牛，台前幕后地奔走忙碌，把义乌的曲艺繁荣当作自己一生的奋斗目标。

传承篇

在义乌，道情的传承曾出现过青黄不接的局面。但自从金华道情（义乌道情）入选国家级非遗名录以后，义乌市委、市政府更加注重对道情的扶持，建立了道情传承基地，多个学校开设了道情兴趣班。

十多年前的一场车祸中，叶英盛一只眼睛不幸失明，肋骨也断了几根。伤愈后，他更加意识到曲艺传承的紧迫性，开始加快整理传统书目的进度。至今，他已整理、出版了200多万字的有关义乌道情的著作。叶英盛还加快了接班人的培养，把自己的表演艺术毫无保留地传授给学生们。在义乌，如今会做渔鼓、简板的人越来越少。为此，叶英盛当起了多所学校的辅导员。他亲自动手，给每一位学生都做了渔鼓和简板，他希望在不久的将来，学生们也能学会制作这种道情配乐的鼓板。

道情这一说唱艺术看似简单，但要一手击鼓，一手执板，配合默契、声情并茂地把词曲演唱出来，也绝非易事，特别是对一群孩子来说，仅练习打简板就够他们受的了。于是，学校就利用中午的休息时间让学生们加强练习，叶英盛还按照传统礼节收了十个徒弟；另一方面，他还在义乌五七干校、义乌市文化馆、义乌市杭畴小学、义乌市残联等单位主办了多期道情艺术培训班。叶英盛每周都会去学校授课，将自己一辈子的经验深入浅出地传授给后辈们。他培养的学生已经在义乌市校园文化节、浙江省曲艺节上崭露头角。在省文化厅主办的省第二届"曲艺杂技节"活动中，他们共有五个节目参赛，最后，义乌市杭畴小学表演的少儿道情《咏鹅》进入了决赛。义乌少儿道情是这次曲艺比赛中唯一一个少儿节目,能够与全省各专业团体激烈角逐,最后获得铜奖,绝非易事,这大大地激励了义乌的孩子们学习道情的积极性和决心。

由于杭畴小学有了个良好开端,叶英盛干脆在该校建立了一个少儿曲艺培训基地,他正式的徒弟已经有20多个,几年之后,有的学生长大了,成为社会文艺的骨干。叶英盛可谓桃李满天下。

叶英盛有极深的道情情节,他常说:"我从前辈的手中接过了道情的接力棒,我就要把它一代代地传承下去,让我们的子子孙孙都能听到义乌道情,都能感受到义乌道情的魅力。"

一支渔鼓,两片指板,唱一次二次容易,难的是唱一辈子。人活于世,总需要一份执着与一份寄托,或许,这一支小小的渔鼓筒,便是叶英盛这辈子对生活、对艺术的全部希冀和追求。

有人曾经问他,身处义乌这样一个充满商机与诱惑的城市,是否想过改行?他坚定地说:从来没想过。哪怕在"文革"时期他被当作"封资修"的典型备受摧残时,他也不言放弃。问其原因,他只说了一句话:"老百姓喜欢道情呀!"可见他把群众的喜闻乐见放到最高的位置。他说:"道情与其他艺术门类一样,需要不断地发展和提高。停留在低水平上徘徊是没有出息的,最终是要被淘汰的。"可见道情已经成了叶英盛生命中的挚爱,成了他不可或缺的神圣使命。

叶英盛先后担任过义乌市曲艺家协会秘书长、副主席、主席,担任过义乌市曲艺团团长、金华市曲艺家协会副主席、浙江省曲艺家协会理事、中国曲艺家协会会员、中国说唱文艺学会理事;他的所有职务都是实至名归。2018年,叶英盛迎来了全国纵的"德艺双馨艺术家"光荣称号。

让我们来听听新的义乌道情是怎样唱出义乌人的心声：

> 我们摇着拨浪鼓走四方，
> 走四方，路苍茫，
> 风餐露宿，饱经风霜，
> 为了梦想，我们向前闯。
> 鸡毛换糖，换来了幸福。
> 拨浪鼓摇来了大市场，
> 鸡毛换糖换来了好日子。
> 拨浪鼓摇来了八方客商，
> 一阵阵的吆喝早已成以往。
> 我们放下拨浪鼓建市场，
> 建市场，迎客商。
> 上下努力，世界第一。
> 富裕的道路越走越宽广，
> 新时代的号角已经吹响。
> 鸡毛换糖精神不能忘，
> 新的征途要敢闯。
> 开拓进取奋发向上，
> 让家乡变得更美丽富强！

改革开放后，百废待兴，百业待举。勤劳勇敢的义乌人为了过上衣食无忧的日子，不少人挑起了货郎担，游走在乡村市井，用敲打下一片片的饴糖，换取鸡毛和饱暖。年复一年，随着改革的洪流滚滚向前，义乌人不再满足于在鸡毛上做文章，他们在家乡开辟了小商品市场，而且一步步欣欣向荣。勤劳朴实的义乌人演绎了许多可歌可泣的故事，创造了巨大的物质财富和精神财富。他们变得富足，变得无限自信。义乌人创造了一个现代化的新城，也创造了拨浪鼓文化。

且听下面几个道情片段：

义乌原是块穷苦地，
人多地少缺粮米。
货郎担里谋生计，
鸡毛换糖走江西。
义乌穷，有囡不嫁义乌侬；
义乌苦，爬山过岭拨浪鼓……

而在现代道情《拨浪鼓摇出新天地》中的唱词是这样的：

说稀奇来唱稀奇，
乌鸦变成凤凰栖。
改革开放春风起，
义乌人赶上了好时期。
经商办厂做生意，
拨浪鼓摇出新天地……

两段道情，记载了两种截然不同的历史风貌，反映了义乌人民的生活发生了翻天覆地的变化。

写到这里，我们再来说说叶英盛的得意门生朱履福。朱履福生于 1967 年，义乌赤岸人。他也是个为道情而生、为道情而活的人。他十多岁就开始学唱道情了，一人一鼓一板，唱得有板有眼，很得大人欢心。他勤勉好学，博采众长，几年之后，就形成他自己独特的艺术风格和地域个性。为了进一步提高自己的演艺水平，他拜在叶英盛的门下。他十分珍惜学习的机会，每天清晨五点就起床练习演唱。冬去春来，仅一年的时间，他的道情水平突飞猛进，很得叶英盛的赏识。他曾经参加全国"曲艺之乡"会演，以一曲讲述陈望道翻译的《共产党宣言》的《盗圣火》夺得银奖。他演唱时嗓门嘹亮，声情并茂，他表演的《双玉球》故事感人，情节跌宕起伏。《双玉球》被录制成音像资料后四处流播，赞美之词一浪高过一浪。

朱履福认为，义乌道情很真诚，他追求的正是这种原汁原味的地方文化，并希望发扬光大。随着时间的推进，朱履福对道情越来越痴迷，为了更好地汲取各种曲艺的营养，他还努力去学习唱花鼓、小锣书。义乌小锣书第二代传人贾有福是佛堂镇人，外号"佛堂麻痢"，他的小锣书鼎鼎有名。人们觉得朱履福的演出风格颇像佛堂麻痢，就给他一个"小麻痢"的称号。

有多少付出就有多少收获。多年来，朱履福声名鹊起，各种各样的荣誉也向他奔来：

2011 年，他获得"岳池杯"中国曲艺之乡曲艺大赛银奖；

2012 年，他获得"浙中道情邀请赛"一等奖，并被评为"浙江省优秀民间艺人"；

2013 年，他又被评为"全省文化带头人"；

2018 年，他被评为第五批浙江省非物质文化遗产代表性项目传承人。

　　现如今，朱履福年富力强，是义乌曲艺艺术的中坚力量，起着承前启后的重要作用。不过，压在他身上的担子也更重了。我们相信，朱履福一定会把这副担子挑好，奔向更高的艺术殿堂。

义乌花鼓

义乌花鼓概貌

　　义乌花鼓是由乡村百姓在农耕劳作、农闲休息时，感悟、抒意、编排、击鼓传唱，一步步发展完善起来的。它和北方的秧歌一样，都是农耕文化的产物。它的表演形式极其简单，不受场地限制，无须搬料搭台，不着特制服装。大家闲时上来击鼓演唱，观众随聚随散，可谓是娱乐劳动两不误。

　　实际上，花鼓是地方曲艺的一种。

　　我国花鼓历史悠久。花鼓表演者大多出身于社会底层。由于没读过什么书，文化水平低下，花鼓技艺的传承只能靠口传身教，很少有详细的记录和研究资料。演唱曲目底本和演技容易失佚；但是，因为它大多是即兴创作演出，也容易创新流变。因为处不同地域、不同文化背景之下，花鼓艺术在各地呈现出不同的风俗文化和艺术特色，曲目名称、唱腔和表演形式也可以各不相同。在我国湖南、湖北、安徽、江西、山西、河南、陕西、云南等地流传的花鼓表演程式众多，或一人独坐，锣鼓击节，以边说边唱的形式叙事抒情；或多人合作，持多种道具载歌载舞。前者枯坐不动，风格纯朴；后者动作花哨、热烈奔放、形式变化多种多样。

　　抛开民间传说，从文献资料看，殷商时期的甲骨文《殷契粹编》里有类似记载："丙辰卜贞：今日奏舞，生成雨。"史家认为，这种求雨祭神的"奏舞"（边唱颂祷词，边击鼓、跳舞），是花鼓最早的雏形。宋代花鼓已经成为比较系统的曲艺形式，在勾栏（宋元时百戏杂剧演出的场所，后指妓院）、瓦子（也叫瓦舍，类似今天的综合商业场所）里出现。花鼓艺人以此谋生并传授技艺。

　　花鼓在民间艺术中尤为举足轻重。《宋书·乐志》记载："梁孝王筑睢阳城，造偶声，以小鼓为节，筑者下杵以和之。"到了清代，李声振在《百戏竹枝词·打花鼓》记载："打花鼓，凤阳妇人多工者，又名秧歌，盖农人赛会之戏。"由此可见，花鼓的起源雏形和发展是一个漫长的过程。

　　著名戏剧史家、理论家周贻白说："打花鼓的表演形式，基本上和跳秧歌是一个路子，不过在北方叫秧歌，在南方则名之为花鼓。"花鼓和秧歌似乎孪生，实质并无多大区别，因为地域民俗文化与语言的不同，出现了各种历史形态和表演形式的分流。逐渐地，花鼓向戏曲过渡。

　　义乌花鼓，是浙江义乌主要的汉族曲艺曲种之一，2011年被列入义乌市非物质文化遗产项目名录，并被收入《中国戏曲曲艺词典》。义乌花鼓善于叙事，长于抒情，以说唱为主要形式，唱词一般七字一句，唱腔押韵，音节和谐，内涵丰富，通俗易懂。义乌花鼓唱词类似温州鼓词，以单人说唱为主，用打鼓为辅，节奏完全依赖快慢得当、轻重有序的"嘴上功夫"把控。对于演唱的要求是，情节交代清晰，神态表情逼真，语气抑扬顿挫。只有这样，方能牢牢地吸引听众的注意力。唱词所表现的所有人物形象、故事氛围，基本上都要通过嘴上的"口劲"营造出来。相比之下，温州鼓词的伴奏乐器比较多，有琴、鼓、梆、锣、三粒板等；而义乌花鼓则只有一面小锣和一个小鼓。因此，义乌花鼓对"嘴上功夫"的要求更高。

有关义乌花鼓的具体形成时间，各界说法并不一致。有人据《史记·滑稽列传》记载，认为是倡优（又称俳优）通过滑稽戏谑的表演说唱，向统治者进谏。由此推断，义乌花鼓和先秦时期的倡优有深远的渊源。有人认为，唐代，义乌等地的僧侣，把佛教经文用韵散结合方法，借用民间说唱艺术，以"变文"的形式阐述，如：《李陵变文》《孟姜女变文》等。可见，义乌花鼓说唱艺术在唐朝时已逐步形成。

宋代，随着商业经济的发展，义乌花鼓和其他民间表演艺术进一步繁荣，出现了一批专业说唱艺人，并拥有传艺专门场所，各种说唱表演相当活跃。陆游的《小舟游近村舍舟步归》诗云："斜阳古柳赵家庄，负鼓盲翁正作场。身后是非谁管得，满村听唱蔡中郎。"诗中所写的就是花鼓艺人演唱汉代蔡伯喈（蔡邕）和赵五娘的故事。到了元朝，花鼓演唱艺术开始细化，并出现很多分支。到清朝中叶，短小精练的"摘唱"逐渐代替了大型的鼓词讲唱。义乌花鼓将大型鼓词说唱融合义乌方言，演变出一支民间艺术表演的清流。

清朝晚期至民国初年，社会动荡，民生凋敝，义乌花鼓艺人走上了街头巷尾，手持小锣，腰挟小鼓，以锣鼓击节，或摆摊卖艺，或沿街乞讨。他们唱腔平缓悲哀，演唱些爱情故事、家常生活、新闻轶事和戏曲故事，受到老百姓的普遍欢迎。有一段脍炙人口的花鼓戏《十里亭》，在江南民间广为流传。该唱段改编自晚清民间言情小说，主线是马瑞公子夜行到乡间，与李秀英小姐相遇并演绎了一段浪漫情事。故事娓娓道来，最后有情人终成眷属。

据统计，1949年前，义乌从事花鼓和道情的艺人多达百余人。1951年8月，"义乌县曲艺联合会"成立，为义乌历史上首个群众性曲艺组织。1959年底，义乌、浦江两县合并，"义乌县曲艺联合会"改称"义乌曲艺协会"，下设一个创作组、八个曲艺小组。1965年，专业曲艺艺人达到65人，其中专业花鼓表演艺人有20多人。"文革"时期，义乌曲艺协会被取消，禁唱传统曲目。改革开放后，义乌花鼓又迎来了春天。2003年，义乌成为浙江省唯一被命名的"中国曲艺之乡"。

义乌花鼓的艺术特点及代表性传承人

义乌花鼓表演分"摊头"和"正本"两个部分。"摊头"为过门小段儿，多为警世劝善的说唱和讽刺逗笑的小品，起提纲挈领的作用。"正本"主要讲述情节完整、内容精彩的历史传奇、言情故事和家庭纠纷等小戏。

从前，花鼓表演者多为弱势群体，女性盲人较多，多半随丈夫外出卖唱，由稚子幼女搀扶，合家流浪；亦有单人演出的，或男唱道情，或女唱花鼓。义乌花鼓与义乌道情成为一对"艺术夫妻"。无论是街头巷尾、庙宇田间，还是红白喜事之家，不管他们走到哪里，哪里就是他们的"演艺场"。随着锣鼓一敲，一段质朴、深沉、悠扬的唱腔响起，千姿百态的人物形象、纷繁复杂的故事情节，就在他们的口中幻化出来，引人入胜。

"生旦净末丑，老虎狮子狗，全凭艺人一张口。"义乌花鼓表演要求艺人必须具备良好的嗓音条件，声域宽广，嗓门嘹亮，久唱不疲不嘶哑。由于旧社会的花鼓艺人大多不识字，唱词内容全凭死记硬背，艺人们必须要有超人的记忆力。1949年后，随着曲艺联合会的成立，花鼓艺人的社会地位得到提高，花鼓艺术得到了专门的系统的整理、保存和弘扬。

义乌花鼓艺人除唱传统曲目外，还配合党的中心工作，创作了大量的曲目，宣传政策法规，表扬好人好事，为集体劳动鼓舞士气，为弘扬正能量铿锵高歌。义乌花鼓艺人也成了名副其实的"文艺轻骑兵"。

义乌花鼓的"花鼓"，模样与腰鼓相似，但要比腰鼓瘦小得多，鼓长约20厘米，两头直径约12厘米，是由木头和牛皮等材料制成的。锣则是手锣，大小如菜碟。俗话说："一台锣鼓半台戏。"在一段道白的开始与结束时，或大段道白的律句、偶句之间，或从道白过渡到唱腔时，表演者会用锣鼓穿插，承前启后、点明断句和划分段落，借以加强节奏感，烘托语气、语势上的轻重缓急，辅助表现喜怒哀乐感情。

演出时，艺人左手持小锣，放在胸前，腰间系一小鼓，置膝盖上。右手上持锣片下握软鼓槌，用手腕控制锣片和鼓槌，根据气氛和节奏的需要，时而单敲锣片，时而单击鼓面，时而锣鼓齐鸣。看似机械、重复的敲打动作,演绎出的效果却是千变万化。在义乌花鼓表演中,锣鼓有规律、有韵律地和谐结合,体现了整部曲目的神采,它们是说唱表演的烘托,也是引领观众渐入佳境的向导。

义乌花鼓是义乌市第二大传统曲种,许多义乌人都会哼唱一两段,但能唱全本的不多。义乌城西街道七一村的何福兰老人,是较有名望的义乌花鼓传承人。她七岁双目失明,十岁拜当时义乌颇有名气的花鼓艺人季金兰为师。十二三岁,她已会唱不少大戏了,开始在义乌城乡各茶馆演出。十五六岁时,她已经红遍了义乌,甚至到金华、兰溪、东阳、浦江、诸暨等地巡演;也常被人邀请到某地、某庙会、某祠堂去演出。抗日战争和解放战争期间,何福兰参加当地文艺宣传队四处演出,深受广大群众和战士们的欢迎,她也成为宣传队的骨干分子。

何福兰以唱传统曲目为主。她的唱腔缠绵悲戚,很有感染力。在那些年的表演生涯中,她的足迹踏遍了义乌的大街小巷,乡野村落,红极一时。

何福兰生于1925年,如今已是耄耋之年,她一背起花鼓,就能随手敲出咚锵咚锵的节奏韵律,还能扬声高亢,且唱得委婉动人。何福兰的记忆力很强,《文武香球》《两重恩》《龙凤带》等都是她年轻时候的拿手好戏,如今还能一字不漏地唱完全本。据她自己介绍,这种传统题材的花鼓戏,她会唱全67本!后来为配合党的宣传工作,她编唱的应时曲目,更是数不胜数。

2014年秋,我的两位文友采访她时,年届90的何老太还当场给她们演唱了一曲《母女会》。这是一出传统题材的花鼓曲目。何福兰手一晃,小鼓咚咚,小锣锵锵,一台花鼓戏就拉开了序幕。《母女会》讲述了一对母女俩在旧社会流离失散了，之后在共产党的领导下翻身做了主人，母女相聚，过上了美好的生活。

何福兰还有一项绝活儿：只要听过几句闲语，她觉得有点意思，就能自编一段小故事，并用花鼓说唱演绎出来。21 岁那年，她在青岩刘村表演，当地农民想考考她肚子里到底有多少戏料，就让她专门演唱"摊头"。一段"摊头"，二三十分钟就能唱完，结果她从头天晚上一直唱到第二天早晨太阳升起，也不知唱了多少段还在滔滔不绝，这下子大家都被她彻底折服了。

义乌花鼓多系口头创作，既不知道作者，也没有文本，靠的是脑子强记，并口口相传。像何福兰这样能熟记这么多花鼓戏的，实属不易。老天关上了何福兰的双眼，却给了她超强的记忆力和一副清亮的好嗓子。

何福兰是义乌首届曲艺联合会（后改为曲艺协会）的成员。曲艺协会与县广播站签订协议，由何福兰等艺人定期向全县播唱应时宣传曲目，如《李双双》《选种记》《节约粮食》等。

何福兰没读过书，但她非常努力。她不仅自编自演并共享了很多曲目，还拿着文化馆开具的介绍信，主动到各地巡回演出。长堰水库筑大坝那一年，她长时间驻扎在施工现场，为大家演唱。她深沉隽永、美好柔和的唱腔，通过扩音设备响彻了整个库区。

1979 年，文艺界迎来了美好的春天。那些日子，何福兰到民间采风，把当地的一些先进典型事例编成了很多花鼓演唱曲目，又到各地去巡回演唱，收到了良好的宣传效果。她的许多创新曲目，为义乌花鼓艺术注入了新鲜的血液。

何福兰一年四季地忙着，从年初忙到年尾，尤其在一些传统节日和物资交流大会期间，各部门都要请她去表演。有人还为"抢"到她而争得面红耳赤。

何福兰在多年的花鼓演艺生涯中，绽放了绚丽的艺术人生，也影响了一个地方的民间艺术生态。2012年，87岁的何福兰被评为义乌市非物质文化遗产义乌花鼓的代表性传承人。

人到晚年，何福兰不再参加义乌的花鼓演出了。目前仍活跃在舞台的，还有一位代表性传承人贾来香，她是义乌花鼓艺人为数不多的视力正常人，也是义乌目前唯一还经常进行花鼓表演的艺人。

贾来香生于1947年7月，义乌江东街道大元村人。她从小就天赋过人，17岁的她师从花鼓艺人金宝华，两三年后就开始独立登台。贾来香经常在江湾和佛堂等乡村演出，甚至只身前往金华孝顺、傅村以及东阳等地表演。久而久之，她在义乌和周边县市拥有不少的粉丝，成了一位"花鼓红人"。贾来香说："一般只有盲人为谋生而学唱花鼓的，而我视力正常年轻轻的却去学花鼓。很多人都不以为然。亲友们也担心我唱了花鼓，被人误认为盲人嫁不出去。但是我越来越喜欢这门技艺，并不在意别人看法。"贾来香学艺非常用心，连吃饭和睡觉都在背唱词，做到烂熟于心，演出时才能倒背如流。直到现在，那些台词和故事依然清晰地萦绕在她的脑海里。

回首几十年的艺术生涯，贾来香最大的感触是：表演艺术就是"台上三分钟，台下十年功"，真正是非常辛苦、非常考验毅力的事。我自己也不知道，当年怎么会有那么一股子倔劲，一心要学花鼓。也许是天赐给我的一种机遇，一种缘分吧。

义乌原来有很多花鼓艺人。随着时间的推移，一批艺人老了，再也唱不动了。时代车轮滚滚向前，义乌早已成为国际性商贸城市，在经济大潮的冲击下，一些花鼓艺人改行经商去了，只有贾来香还一如既往坚守着。她除了在义乌曲苑书场固定演出外，还经常受邀去东阳横店表演。她的心里老是担心着：义乌花鼓会不会在我这一代失传了？

2015年，在有识之士的呼吁下，在义乌教育系统的支持下，义乌市青口小学决心继承花鼓这项璀璨的文化遗产，开设花鼓文化课程。贾来香应聘到学校里教孩子们唱花鼓戏。在她的言传身教、谆谆教导下，孩子们基本上学会了《十二水果》《十表古琴》《八美图》《文武双球》《七星剑》《珍珠球》等多种曲目。这让贾来香喜出望外，心里像吃了蜜似的那么甜。

对现在的贾来香而言，唱花鼓和谋生已经无关，而是一种出自心底的爱，一种积极快乐的生活状态。她由衷地说："我很庆幸，现在还有那么多人会赶来听我唱花鼓，还有许多孩子们愿意跟我学唱花鼓戏。"

在贾来香众多脍炙人口的花鼓曲目中，《重男轻女不可以》是最为众人津津乐道的。它通过主人公陈冬衣的不幸遭遇，批评了那些重男轻女的封建思想，给人们上了一堂生动的法制教育课。其"摊头"是用义乌方言唱的，听起来格外亲切：

百草抽青像春衣，东方拂晓金鸡啼。
今天不把别的唱，为了普及新法制。
法制教育唱来大家听仔细。
出在义乌中白溪，有个妇女名字叫作白秀飞。
邻近之村都有名气，半边面孔脱落皮。

走起路来脚高低,别人叫她不周齐(全)。
不周齐啊不周齐,白:她有个儿子名叫孙阿弟。
孙阿弟,皮包骨头骨包皮,人人叫他叫虾皮。
孙虾皮啊孙虾皮,娶个老婆名字叫陈冬衣。
白:(各位,陈冬衣是个好妇女,勤劳苦干又朴素)
可惜三年不会大肚皮,婆婆骂她闷母鸡,
只会到我家吃白米,不会替我们传宗接代生小弟。
老公骂得更恶毒,骂老婆是个破机器。
冬衣一听格来气,不怨天来不怨地,
不怨公婆老公来嫌弃,只怨自己肚皮不争气。
谁知喜从天上来,好比久旱逢雨霁。
冬衣肚里有身孕,好比皮球打足气。
冬衣肚里有身孕,喜得她婆婆告诉隔壁邻居都得知,
我的媳妇已经大肚皮,一个肚皮大又大、尖又尖,
定生孙儿不怀疑。
又来唱老公孙虾皮,看到老婆大肚皮,
赶紧去了大街上,买来桂圆和荔枝,
买来补品一大堆,给老婆来养胎气。
快如箭,快如飞,十月怀胎已到期,
喜得她婆婆早就准备好毛衫夹袄当产婴儿衣。
十月怀胎要生产,三次临产浴汤都烧开,
一勺勺舀到脚桶里,等到退温冰冻起,
谁知道,咕隆咚!白(哇哇)生下一个小闺女。
婆婆看到媳妇生个女儿,一脸横肉面朝西。
那个老公孙虾皮,看到老婆生个囡,

面红耳赤不断叹冷气。

从此后，不讲道理的婆婆不周全，

日日恶言恶语骂媳妇陈冬衣。

衣食住行受控制，

要打要骂受尽气，

打得她，夜夜睡在床上痛到鸡啼，

骂得她三天不吃茶饭不肚饥。

冬衣越想越来气，日日夜夜流眼泪。

不讲道理的老公孙虾皮，又要开口骂冬衣。

白：(你这贱货，不要贱哭了。你早日死早日好，省得害了我们孙家断了子、绝了孙，接下来的日子只能向大队政府五保救济，如果你早死，我换个老婆也好生小弟！)

冬衣越想来越气，真不如告别人间命归西，

省得他母子双双如此狠，看到我陈冬衣，

好像黄沙飞到眼睛里。

那一日，百鸟归巢日偏西，

陈冬衣含恨喝了农药三两四，

两脚笔直死了去，一名怨妇离了世。

不周全与孙虾皮，犯了虐待罪在法律面前不允许，

一拖拖到监牢里，哭哭啼啼悔也迟。

白：(同志们)各种教训要牢记，无章无法后悔迟。

法制教育唱到底，观众朋友听仔细。

生儿生女都一样，生女能够招女婿，

生儿也可以好过继，男女平等人人记。

女人也会做村长，也会当书记，

也会开汽车，也能开飞机。

法制教育唱到底，不是正本来大戏。

小曲摊头唱此地，有机会再来唱给大家来听起。

《重男轻女不可以》连白带唱，声情并茂，有很强的节奏感，深受观众的喜欢。

义乌花鼓的发展前景和保护危机

在当今社会发展的大趋势下，传统曲艺的生存空间越来越小。义乌花鼓是一种以方言说唱的地方曲种，受众面十分有限，花鼓艺术的传承现状不容乐观。花鼓艺人日渐老龄化甚至亡故后，这门历史悠久、内涵丰富的传统表演艺术已遇到了严重的生存危机。

最近几年，义乌政府部门出台了一系列政策和措施，将抢救保护地方民间曲艺文化列入社会经济发展规划。但是随着标准普通话的全面推行，年轻一代只说普通话而不会本地方言，他们根本听不懂传统的曲艺，对义乌花鼓失去了兴趣。何福兰曾说过，尽管政府非常重视关心曲艺人，在生活上给予关怀，在资金上给予援助，他们也都愿意将绝活传下来，只是找不到合适的徒弟和传授的途径。何福兰先后带过六七名徒弟，最后还是走的走，散的散，没能坚持下来。我们不能让"死了一个人，绝了一门艺，留下一个谜"的担忧成为现实。何福兰把自己演唱的曲目用录音的形式保留存下来，给后人提供了有相当研究、参考价值的资料。

身为义乌花鼓的代表性传承人，贾来香教过不少人学唱花鼓，但也遇到棘手的问题。学习花鼓需要耐心和毅力，甚至需要花一辈子的时间去苦心经营，可谁愿意去做呢？

　　义乌花鼓作为一种非物质文化，是先人留给我们的一笔丰厚的文化遗产，与百姓的生活紧密相连，息息相关。我们相信，真正有生命力的艺术是不会消亡的；我们期待在不远的将来，它将焕发出新的生命力，再度红遍义乌的城市乡村。

神勇义乌罗汉班

义乌罗汉班的起源

罗汉班从明朝到今天,已经有500多年的历史。在历史演变中,罗汉班的社会角色和功能悄然发生了变化,从一开始的练兵备战,演变成后来的护村防盗,再到今天集竞技、武术、表演于一体的民俗表演组织。

明朝中期,有一支被誉为"16至17世纪东亚最强悍善战的军队"。这支部队从明朝中期一直战斗到明末,历经大小战役数百多次,几乎从未败北。这支部队就是由赫赫有名的爱国将领戚继光组建、训练的"戚家军"。因为部队成军于浙江义乌,主要兵源来自义乌的农民和矿工,所以也叫"义乌营""义乌兵"。所以说,义乌罗汉班的起源和戚继光的"义乌营"有着相当深的渊源和关联。

据史料记载,明嘉靖年间,浙江沿海倭寇猖獗,他们攻掠乡镇城邑，抢夺百姓财物，致使沿海地区民不聊生，哀鸿遍野。朝廷多次派兵征剿，全都大败而回。戚继光因曾在山东抗倭有功，遂被调遣到浙江来抗倭。

走马上任之后，这位爱国将领屡次向朝廷提议在浙江招募新兵，并递上军令状说："臣得浙士三千，亲行训练，比及三年，足堪御敌……"最终皇帝同意他在浙江募兵。嘉靖三十七年（1558年），戚继光在绍兴、丽水等地招募的新兵，因不懂水性，上船就晕，因此在舟山岑港之战中惨败，伤亡3000余人。朝廷大怒，罢黜了戚继光的军职。

强烈的守疆护国、抵御外侮之心，让戚继光食之无味，夜不能寐，终日思考着要另觅一批忠勇彪悍之士，组建一支骁勇善战的新军。

有一天他路过义乌，目睹了一场惊天动地的械斗事件。《义乌县志》里对此事有着相关记载：嘉靖三十七年（1558年），永康人在义乌的倍磊八宝山发现了银矿，贪婪之心让他们召集了上千人前往八宝山抢夺银矿。倍磊大户陈大成等率领族人，奋起护矿，于是爆发了大规模的、惨烈的械斗。最初，义乌人被打死好几人，后来赤岸、毛店等地的百姓都参与进来，护矿队伍聚集到3000多人。双方进行了旷日持久的械斗，从四月一直打到了十月。

看到义乌百姓敢打敢拼不怕死的精神和强大战斗力，戚继光茅塞顿开。他再次上奏《练义乌兵议》："无兵而议战，亦犹无臂指而格干将。闻义乌露金穴括徒，递陈兵于疆邑，人奋荆棘御之，暴骨盈野，其气敌忾，其习骠而自轻，其俗力本无他，宜可鼓舞。及今简练训习，即一旅可当三军，何患无兵？"

嘉靖三十八年（1559年），戚继光在义乌举行首次招兵，经过严格筛选，最终征募了4000多名义乌人成立了义乌营。之后，戚继光又先后两次到义乌招兵，每次10000多人，共招募义乌兵勇26000余人，成立了戚家军。

明嘉靖四十年（1561年），倭寇战船50余艘载两万余人，在浙东海面集结，兵分三路进犯台州。戚继光率领戚家军在台州附近的新河、花街、上峰岭、长沙等地与倭寇展开短兵相搏。勇敢不惧死的义乌兵猛打猛冲，所向披靡，一个月之内连续九战九捷，史称"台州大捷"，把倭寇打得落花流水，尿流屁滚。从此，倭寇不敢踏足台州等地，浙江倭患基本荡平。戚继光靠着这支以义乌兵为主的戚家军，先后在浙江、福建、广东等地，彻底打败了倭寇。其间，义乌兵中脱颖而出了陈大成、王如龙、陈禄、金科、朱珏等一大批杰出的将领，他们骁勇善战，战功赫赫，彪炳史册。

明万历年间，日本十万正规军侵略朝鲜，万历皇帝命义乌籍将领吴惟忠等人带领义乌兵援朝抗倭，成为收复平壤、击退倭寇的主要生力军。朝鲜人在《宣祖实录》中如此评价南兵："南兵不顾生死，一向直前，吴惟忠之功最高。"

义乌罗汉班起源于明朝中期戚家军崛起之时，一直延续到清朝的鼎盛时期。据民间传说，戚继光目睹义乌兵抗倭作战的神勇表现，又组织了一批义乌军镇守北方边关。直至明朝末年，努尔哈赤的铁骑南下，戚家军难敌骁勇骑兵，全军覆没在沈阳城外。

南方的义乌人没有屈服。他们依旧保持着习武健身的习惯，以图有朝一日再上战场为父兄报仇雪恨。这便是义乌罗汉班的初衷，也成了罗汉班雏形。后来义乌人没有机会再上战场，但罗汉班尚武的风气却代代相传。远离了战场的义乌人把罗汉班视为一种精神象征，罗汉班成员白天劳动，晚上习枪弄棒，成为族人和村民敬神佛、防盗贼，及与外村外族对抗的核心载体。罗汉班的实力水平，往往象征着一个地方的实力，并引以为荣。在乡间举行迎胡公、庆庙会等大型喜事时，都会有各村的罗汉班同场竞技，数量几班或十几班不等。

义乌罗汉班最鼎盛的时候有十多个，有大陈镇的八里桥头罗汉班，苏溪镇的新厅罗汉班、油碑塘村罗汉班，廿三里的如甫、王店村罗汉班等。清朝同治年间，罗汉班在浙中地区一度盛行，金华、义乌、东阳、永康、武义等地随处可见罗汉班的踪影，其中又以义乌罗汉班最负盛名。20世纪五六十年代，义乌罗汉班开始衰退。至"文革"时期，罗汉班被视为封建糟粕被批斗而彻底消失。直到20世纪80年代中期，义乌市有关部门重新挖掘罗汉班文化，通过寻找老班习武成员，发扬传承，整理推广，才使罗汉班起死回生，重放光芒。

1992年，义乌五个罗汉班在义乌中学操场上同台竞技，这是罗汉班"重生"后的第一次盛大集体亮相；1994年，义乌罗汉班受邀参加金华市火腿文化博览会演出，同年，还参与了电视剧《神医朱丹溪》的拍摄，因此声名鹊起；2006年，义乌罗汉班的叠罗汉节目入选义乌十大民族民间艺术之一；2007年6月，义乌罗汉班被列入浙江省非物质文化遗产代表性项目名录。

义乌罗汉班现状及八里桥头村罗汉班

明朝时义乌县令周士英对义乌民情就有"俗近秦风，喜习戈矛"的评论。这里的百姓自古崇文尚武，素有"江南小邹鲁"和"天下精兵处"之称。

义乌罗汉班，随着戚继光带领义乌兵抗倭战争一起诞生，历史相当悠久。这里的叠罗汉大多由一个村或一个族组班表演，一是为逢年过节渲染喜庆气氛，也常为寺庙开光、丰年庆岁时增加热闹欢乐情绪；二是为显示本村（族）的团结齐心，炫耀实力，使外人不敢轻易寻衅欺负。故常有三代同阵，四代同班的强大阵容。罗汉班蕴含着义乌先祖们独特的情感诉求和百姓保家护村的实用功能，成了义乌历史上民俗体育文化的一项特色传承。

义乌还有一个习俗，每年重阳佳节，都要举行叠罗汉赛事，如同各路戏班斗台。各村之间都会挑选本村最超群的人才，把最拿手的叠罗汉技艺施展出来，和外村的罗汉人一决高下。叠罗汉亦由原来较为松散的状态发展到有一定组织形式的罗汉班，叠罗汉的水平也越发提高，并代代相传，延续不断。但是，在市场化进程的隆隆脚步声中，由于价值取向与文化观念等多重因素的作用，在电视、电脑的网络时代的冲击下，曾经盛极一时、百花齐放的义乌罗汉班逐渐衰微，已经出现后继乏人、青黄不接的局面。如今，只有八里桥头、华溪、王店、何宅、如甫、大元、西山下、新厅、油碑塘等地尚有规格不等的罗汉班表演。其中，具有一定组织形式、有较完整的表演体系和较高技艺水准，并世代传承的罗汉班，只留下八里桥头这"一枝独秀"了。

大陈镇八里桥头村罗汉班始建于清末。八里桥头人为了防匪强身，由村民蒋小洪、蒋朱洪、葛世财领头创办了罗汉班，取名"迎春会"。时局动乱中，"迎春会"罗汉班曾数度聚聚散散，比如抗战期间兵荒马乱、民不聊生时，八里桥头的罗汉班被逼断散了，抗战胜利后，他们又欢欣鼓舞地恢复演出。1949年后再次停办，一直到1981年正月，为丰富村民的文化生活，在蒋小洪等人的倡导下，才重建八里桥头村罗汉班，并逐渐形成一套较完整规范的叠罗汉表演内容和形式。

在义乌的民俗活动中，罗汉班是以表演为主。每当有节日、庆庙会、迎佛事等活动，就会有几个罗汉班聚在一起表演，各班人马划地摆阵，互相竞赛，以观众聚集人数的多少决出胜负。他们一般从上午十点开始，一直表演到傍晚，比拼特别激烈时，连晚上也各自点上灯笼继续竞赛表演，直到决出胜负为止。

叠罗汉的表演难度很高，气势恢宏，其表演形式可以分为五大块：

一是走阵。几十人或上百人手持各种器械，在鼓乐声中穿插走动，摆出"长蛇阵""蜈蚣阵""蝴蝶阵""龙门阵""盾牌阵""叉盾阵""梅花阵""十八罗汉"等各种阵容，让人眼花缭乱，目不暇接。走阵最能反映罗汉班的整体素质，是罗汉班精、气、神的高度契合，也是最完美的亮相。

二是滚叉。滚叉有单手滚、双手滚、甩高滚等。这是罗汉班一个难度很高、极具观赏性和娱乐性的特色项目。表演者通过身体的俯仰转动，肢体变化，使棍叉在自己的身上各部位连续翻腾滚动，时而蹿起，时而落下，犹如蛟龙翻飞，又若凤凰舞蹈。这项表演需要长期苦练，才能娴熟地掌握技巧，滚出惊艳的动作。

三是操演盾牌阵。据说这是从戚继光的"鸳鸯阵"流传下来的传统阵法。表演时，阵容整齐，蔚为壮观。攻守兼备，动作朴实精练，充分体现了攻防技击的精华。

四是实战武术表演。罗汉班擅长罗汉拳、棍、枪、剑、刀、铜和跌打腾挪等多种格斗武术。他们有耍大刀花、双刀花的，有耍单棍、双人棍、三人棍等，共有近60项套路。其中包含了攻、守、抵、搁、击等技艺，以快、准、狠见长。

五是叠罗汉，这是罗汉班表演过程中最吸引观众的项目了，也是罗汉班表演最显功力的高潮部分。叠罗汉也有很多叠法，如"立牌坊""树亭阁""叠实殿""观音坐殿""观音渡船""哑背疯""懒头滚打"等。像舞蹈编排一样，一丝不苟，动静结合，各有特色、各具美感。

在过去罗汉班兴盛的时候，义乌一带以村为单位，人数多少不限，各自选出精壮村民，推举一人为"领袖"，主持"盘拢头酒"，吃过拢头酒者，就能进入花名册，然后以村为单位组成罗汉班。每年七月半，罗汉班开始集中练武，请专职拳师授艺。传授的技艺五花八门，有拳术、棍术、叉术、马刀术、枪盾术、阵法和叠罗汉等；花样有"背独脚""叠龙亭""叠出门""奈何桥""叠马""叠荷花""猴子洞""排字""叠牌坊"等；表演有飞叉、团叉、踏叉、套叉、钩叉等技巧。外加走阵、打盾牌、开四门、打五虎、绿毛狮子等；道具有旧式刀枪剑棒十八般武器，配以锣鼓疏密，唢呐高亢，于农闲时外出表演，颇受欢迎。

义乌罗汉班的人一般都穿黑衣、红裤、竹节袜、黑帮白底布鞋，腰系一条白毛巾，也有赤膊、不戴帽的。所以，在真正的传统罗汉班传承人的眼中，罗汉班是以武术为主，以走阵和叠罗汉为辅的。所有的走阵或是叠罗汉的表演只是练武的一种特殊形式。因此，罗汉班既是一项集民间体育、舞蹈、杂技、器乐为一体的大型传统民间表演艺术，也是一个在义乌知名度最高的群众性武术流派。尤其是叠罗汉，罗汉班的整体水平和艺术造诣，都体现在叠罗汉的功夫上。在表演之前，罗汉班会聚集有关人员讨论研究演出细节，根据表演的规模和形式从罗汉班里筛选、草拟出一份参演名单，然后由班主向其发出"罗汉帖"，被选到的罗汉接到"罗汉帖"后，要将其供于堂前，称之为"请罗汉出阁"。这时候，所有的村民都会按照罗汉班的统一指挥，各司其职，分头去执行采购物品、整理服装、清点器械等工作。罗汉班的每一次活动，都是整个村里的头等大事，谁也不敢马虎。

罗汉班的重头戏——叠罗汉

叠罗汉是一项世界性的体育表演项目，是古代人民从日常生活、劳动生产和军事战斗中，逐渐积累和发展起来的一项民俗体育活动，其历史由来甚为久远。

我国汉朝时期就已有叠罗汉运动。而被发现的古埃及公元前2000年的绘画里，就已有出现类似叠罗汉的场面。日本的仓院御物中，也有描画叠罗汉的《嬉乐图》。中世纪时期，法国、罗马的市民在各种祭典中，也有年轻力壮的人做叠罗汉运动。西班牙则更是将叠罗汉视为一项民族体育活动，从19世纪就开始盛行。传说古代西班牙人在与法国战争时，曾以叠罗汉的方式将人体位置升高，把火把扔至敌方的城墙内。战争结束后，为纪念此举，叠罗汉就被当作一项重要的表演活动保存了下来。19世纪后，叠罗汉还盛行于美国，这个项目经常出现于各种运动会中，颇受美国民众喜爱。甚至国际体操联盟会议，也曾考虑将叠罗汉运动列入体操竞技的项目之中。

叠罗汉，顾名思义就是人上架人，一层一层往上叠，叠的层数越高，表演难度就越大。叠罗汉的重头戏是"叠"，如果说走阵是舞蹈，操练是武术，那么叠罗汉就既是功夫，也是杂技。十几人或数十人相叠，一会儿组合成"立牌坊""立圆塔""四层高塔"的造型，一会儿又变成"千手观音""红孩过桥""观音渡船"的造型，可谓千变万化，令人眼花缭乱。这种世界性的古老民间传统表演艺术和体育项目，对各国国民而言，无论贵贱，无论贫富，人人喜欢，个个欢迎。

2010年，上海世博会期间，远道而来的西班牙人曾在世博会现场表演了叠罗汉，一直叠到七八层，高达十四五米。目前，全世界最高纪录是：800多人叠起了十层人塔。

综观国内外的叠罗汉，在追求上有所不同。国外的叠罗汉，追求的是高度，越高越好。而国内的叠罗汉，则偏重于讲究表演的艺术性和观赏性。

叠罗汉的表演形态和组合，与人数的多寡有直接的关系，在类型上，可分为不使用器械的徒手叠罗汉，和使用各种不同器械的叠罗汉。叠罗汉的成员建立原则是：体型高大、肌力强者做基底；身体矮小、富于机巧者担任上层。由底层先叠，打好坚实的基础后，然后再一层层叠加；解除时顺序相反，从最上层开始，然后一层层、一步步顺序而下。

义乌叠罗汉属于使用各种不同器械的叠罗汉，其表演极具惊险性和观赏性。义乌叠罗汉表演一般要叠四层至五层，最上层的小罗汉或小观音，要由可爱漂亮的七八岁幼童扮演，他高高在上，不但面无惧色，还要带着自然的笑容。他往往手持道具，做出多种花样动作，让人看着都觉得十分惊险。有时，站在罗汉塔尖的人还会表演滚叉，要把滚叉抛到数丈高空，然后不偏不倚地落到身上还能滚动自如，这种精彩绝伦的表演和高超的技艺，经常赢得满场掌声。

叠罗汉还十分考验罗汉班的集体观念，考验班子的和谐和团结。罗汉班少则几十人，多则上百人，表演过程中必须要求所有人团结协作，思想必须高度统一，行动必须高度一致。尤其是叠牌坊、叠塔、叠十殿、叠荷花、叠过人桥等难度极高的造型表演，那么多人参与，四层、五层的高度，大家必须团结一心、协调一致、共担重量，才能完成表演；如果有一人分心了，或不想好好配合，那就叠不成功。即使叠好了，也会轰然倒塌。叠罗汉还对综合的艺术水平有较高的要求。罗汉班的表演包含舞蹈、武术、戏剧、杂技、造型等多项内容，整个表演过程都有锣鼓、唢呐等器乐伴奏，表演者随着鼓点，相互穿插，跳跃腾挪、手之舞之、足之蹈之，循环往复，旋转滚动；既浪漫奔放，又严谨有序，这些动作粗犷而不失细腻，张扬中又传递着情感。这种功夫不是一朝一夕可以练成的，表演者需要持之以恒，千锤百炼，坚持不懈地努力，才能达到这种水准。

2015年6月13日，全国第十个"文化遗产日"活动在义乌绣湖广场举行。八里桥头的罗汉班在主场演出，由75人组成的班子进行叠罗汉表演，以独特的民间特色，多彩丰富的展现力，难度极高的动作，令观众叹为观止。

2017年正月初三，大陈镇八里桥头罗汉班在村里举办的迎新年活动中进行叠罗汉表演。几十个壮汉手持十八般兵器，在长号、锣鼓、唢呐的交响乐中，或穿插走阵，或枪来戟往，不断地变换各种阵形，有时候走成蛇龙，有时候又开成一朵巨型梅花，之后又变成了扭曲活泼的蜈蚣，令人目不暇接。最后重头戏——叠罗汉上场，数十人把叠牌坊、叠塔、叠十殿、叠荷花、过人桥等造型演绎得淋漓尽致，惊艳四方，吸引了十里八乡的村民赶赴观赏。

多年来，八里桥头罗汉班一直积极参与金华市的一些重要民间艺术表演，给广大市民和外来客商留下深刻的印象。

叠罗汉非常讲究个人的全身肌力、耐力、协调和互助合作，是一项将超人的力量和轻捷灵巧的技艺完美相结合的运动。叠罗汉对最下面一层的人员体质要求很高，必须身体健康，筋骨强壮，耐受力超强。否则，何以支撑得了这么多层层叠叠的人员？万一摇晃不稳，支撑不住，队形瞬间坍塌，就会导致人员伤筋断骨，甚至于危及生命。这不是危言耸听，国内外经常有此类伤亡事件发生。

叠罗汉分多种形式，有"笔杆式""金字塔式"等。"笔杆式"的最上四层全是一个顶一个，下面四层由几十人组成。"金字塔式"阵势则相当宏大，最底层的基础人数至少百余人，然后是几十人、十几人，由多而少向尖塔攀登，最高处往往是一名儿童。叠罗汉有一个现场指挥官，这名指挥官是整个叠罗汉团队的灵魂人物，他在边上密切关注整个表演过程，并及时发出提醒和命令，以保证造型不会偏斜引起倒塌。另外，罗汉班有专门的罗汉服，服装用料要相当坚固。在叠罗汉时，下层的人要将领子咬在嘴里，左右同伴互相抓住肩膀，这样就可以让往上爬的人踩在自己肩膀时，衣服不会滑脱。

罗汉班的发展难题——传承后继乏人

大陈镇八里桥头是义乌叠罗汉的发源地之一，目前村里罗汉班成员的平均年龄在40岁左右，传承断层的问题已成燃眉之急。以前罗汉班的绝活都是嫡系密传，现在班主葛世华却到处找人、自拍视频免费推广，一心一意想将这门传统技艺继续发展和发扬光大。但是，实际情况是看热闹的人多，参与的人少。

葛世华生于 1968 年 3 月，是现任大陈镇八里桥头村罗汉班的班主，他是义乌罗汉班浙江省非物质文化遗产项目传承人。他的父亲葛克书是大陈镇八里桥头村罗汉班第二代传承人。葛世华 13 岁开始就向父亲和哥哥学艺。那时他刚读初中一年级，学校老师管得很严，他就经常跟村里一帮小孩逃课，躲到一边去练习叠罗汉。暑假里更是勤学苦练，蹲马步一蹲就是半小时，两条腿常常酸痛得挪不动步。在父亲的悉心指点下，他 14 岁就能背头钗、滚头钗了。后来，他又拜在罗汉班第一代传人蒋小洪门下，学会了拳术、棍术、滚叉、操盾牌和叠罗汉等各种技艺，一套罗汉拳打得非常娴熟漂亮，一招一式都收放得当，虎虎生风，颇见功底。

为弘扬非遗文化，笔者于 2016 年夏专程去采访了葛世华。葛世华长得敦厚壮实，虎背熊腰，一看便知是个长期习武之人。在采访过程中，葛世华一边向我们展示着他的一身绝技，一边说出他的忧虑。他说："目前罗汉班存在两个问题。一是罗汉班成员新老交替的困难。虽然目前八里桥头罗汉班是全市平均年龄最小的，但是成员年龄同样在逐渐老化，新的年轻成员一时接不上来。二是罗汉班成员都不是专职人员，他们更多的时间必须要花在赚钱养家糊口上。所以，罗汉班平时想集中训练，或搞个活动的难度很大。这两个问题在一定程度上限制了罗汉班水平的提升和未来的发展。加上叠罗汉是个危险系数较大、投入时间较长、基本没有经济收入的行当。现在的年轻人生活条件好，追求爱好也很多，对学习这门传统绝活既没有兴趣也没有耐心。而且很多家长都认为这是一门既不能出名又不能赚钱的技艺，不学也罢。因此罗汉班在传承和发扬上面临困境与难题。还有表演艺术的失传，民国时期的罗汉班还有好几种表演阵式，现在已基本绝迹。在目前的表演阵式中，一些较复杂的阵图也只有个别老人知晓，面临失传的危机。"葛世华说起罗汉班的现状，显得忧心忡忡。

叠罗汉作为一种特殊的表演技艺，原本是节日里最受老百姓喜闻乐见的节目之一。1992年，八里桥头罗汉班在全市叠罗汉大赛上获得特等奖；2003年，八里桥头罗汉班受邀参加了金华茶花节的活动；2009年，中央电视台以八里桥头罗汉班为题材拍摄取景；2010年1月，浙江电视台新农村频道栏目专程来这里拍摄叠罗汉表演；2013年，该罗汉班参加金华市非遗中心举办的非遗项目展演，荣获三等奖。一说起这些辉煌的成绩，葛世华的脸上喜忧参半。

目前八里桥头村罗汉班全靠葛世华一人在苦苦支撑着，如果没有葛世华的执着，罗汉班早就不复存在了。

其实，葛世华担忧的传承问题，正是全国所有罗汉班担忧的问题。安徽的"叶村叠罗汉"、江西的"临川罗汉灯"、永康的"方岩罗汉班"等，无一不是有着千年传承的传统技艺，他们都面临着同样的困境，甚至原因都是相同的。在物质经济飞速发展的今天，义乌罗汉班面临着严峻的考验，如何保护、传承乃至发展该非物质文化遗产已成为一项迫在眉睫的任务。

在罗汉班的技艺传承和保护这个问题上，社会各界都有各自的看法和建议。有的研究人员提出：罗汉班的传承保护工作必须在"农村企业、学校、村落"三个层次上共同进行，希望企业广纳罗汉班成员为员工，学校将叠罗汉纳入教学课程，政府要将罗汉班纳入"构建和谐新农村"的发展规划当中，给以适当的经费支持。对此，葛世华也有自己的理解和看法。他说，学校是最好的学习场所，也是一个很好的文化传承平台。希望将罗汉班的基本功练习、叠罗汉的发展历史等以合理的形式走进学生的课堂，经常性开展相关比赛活动，从小培养孩子对罗汉班的兴趣和技艺水平，提高他们对罗汉班的认知感和荣誉感，从源头上解决罗汉班后继乏人的问题。另外，希望将罗汉班这一民俗体育和农村旅游产业结合起来，把罗汉班这只不会下蛋的鸡变成一只在当前市场经济大环境下，能下"金蛋"的鸡，这样就可以解决罗汉班不产生效益的问题了。

义乌罗汉班可以说是历史文化的结晶，也是时代内涵的外在显现。经济发展越快，人们的生活节奏也随之加快，以往的闲暇时间被各种新生事物填满。群众不但没有多余的时间去参与罗汉班的活动，就连关注罗汉班的热忱也正在逐渐退去。因此，罗汉班的程式也精简了不少，一些经典的、高难度的表演也不得不被放弃。目前叠罗汉的层数一般也只停止在四层至五层。

历史的车轮滚滚向前，我们相信，并期待义乌罗汉班能闯出一条有特色的发展传承之路，让这朵传统民间艺术奇葩永不凋谢。

金华婺剧义乌腔

婺剧的发源

浙江金华一带物产丰饶，商贾云集，贸易往来频繁。明清以来，这里成为盐丝入赣、漆瓷入浙的商贸重镇，也成了各方戏曲争奇斗妍之地。诸多戏曲之中，尤以"金华戏"婺剧为盛。"金华戏"婺剧融合了高腔、昆腔、乱弹、徽戏、滩簧、时调六种声腔为一体，是拥有3000余首曲牌的多声腔古老剧种，至今已有400多年的历史。

婺剧在金华地区流传，延伸至衢州、丽水、台州和杭州市的建德、淳安、桐庐，以及赣东北一带。因为义乌、东阳、永康、兰溪等地旧属婺州，1950年召开的华东戏曲改革工作会议决定把这个地方剧种定名为婺剧。

明朝万历年间，"义乌腔"十分流行。义乌腔就产生在浙江省金华府属的义乌县。"义乌腔"之名最早见于明万历年间的戏曲理论家、作家王骥德的《曲律》："数十年来，又有弋阳、义乌、青阳、徽州、乐平诸腔之出……"以此推算，义乌腔大约在明隆庆、万历甚至嘉靖年间已经流行。此后，历代多有名家专门研究或提及"义乌腔"。明崇祯十二年（1639年），沈宠绥的《度曲须知》载："腔则有海盐、义乌、弋阳、青阳、徽州、乐平之殊派。"清乾隆九年（1744年），徐大椿在《乐府传声》中说："南曲之异，则有海盐、义乌、弋阳、四平、乐平、太平等腔。"咸丰元年（1851年），王德晖、徐沅徵合著的《顾误录》也载："腔则有海盐、义乌、弋阳、青阳、四平、乐平、太平之分派。"《辞海》"高腔"条说："义乌腔等也对高腔的系统形成起了一定的作用。"一种腔调从形成到盛行，需要较长时间。清嘉庆《义乌县志》卷十五载：刘刚"尝制《铙歌鼓吹曲》十有二篇"。刘刚，明初义乌人，从学宋濂，通音律。流传于东阳、义乌一带的侯阳高腔，最初不分调名，也无板眼，具备明代声腔特征。至今，西安高腔、西吴高腔、松阳高腔等明代声腔的遗音，尚保留在婺剧唱腔中。

　　婺剧的特点是包容量大，自律性强，它汲取各种剧种的精华，形成了独特体系的剧种。

婺剧声腔

高腔

　　高腔分为西安、西吴、侯阳三种。西安高腔以鼓为节，人声帮腔，后又加入笛子伴奏，流行于衢州一带。衢州古称"西安"，故名。西安高腔与弋阳腔关系密切，百姓统称为"弋阳调"，有人认为西安高腔是西平腔的遗响。其曲调字多腔少，一泄而尽。

西吴高腔则是人声帮腔，用笛子和提胡（一种大型板胡）伴奏，滚唱运用较多；西吴高腔因在金华北乡的西吴村开设科班而得名，其唱腔较西安高腔委婉、质朴，且多滚唱，与徽池雅调有渊源；侯阳高腔用大鼓和小锣为击节乐器，流行于东阳、义乌一带，有人认为它可能是义乌腔的派生，擅演武戏。

高腔的特点是锣鼓助节，不管托弦，一人启口，众人相和，声调高亢激越。而西吴高腔则有乐队伴奏，为我国各种高腔中特有的一种形式。高腔曲牌很多，不同剧目有规定的"套式"。初用长短句词格，剧目丰富，如《槐荫记》《合珠记》《白兔记》等。

昆腔

昆腔俗称"草昆""金昆"，源于明初的昆山腔，是清道光年间流传在金华一带的支派。明代之后，昆腔一直被视为婺剧诸声腔中的正宗。实际上，昆腔是昆曲在衢州（今衢县一带）、金华的一个支流，在语言、曲调上均结合当地习惯予以简化或改变，故称"草昆"。因长期流动演出于农村的草台和庙会，以农民为主要观众，语言较通俗，情节追求曲折，唱腔也不拘泥于四声格腔，以演武戏、做工戏、大戏为主。现其剧目已较少演出，部分曲调则为乱弹声腔所吸收，如乱弹曲调中含有的【昆头】【小桃红】【新水令】【下山虎】等片断。清末民初，义乌人傅金玉、何金玉、钱春聚、王金玉、王联玉、蒋金玉先后创办了昆腔班社。

乱弹

明末清初，因专工乱弹的"乱弹班"多出自浦江县，故又称"浦江乱弹"，以【二凡】【三五七】【芦花调】为主要唱调。其流行地区除金华、衢州、严州（治今浙江建德）外，也常在昌化、桐庐、台州一带演出。【二凡】具北方戏曲唱腔的特点，有人认为源自西秦腔，也有人认为源于安徽的吹腔和四平调。【三五七】具有南方戏曲唱腔的特点，属早期吹腔。有人认为其形成与皖南的徽州、四平、太平诸腔有关，则源于吹腔一类，系徽戏遗响。

据《中国戏曲曲艺辞典》记载：乱弹在婺剧中，指唱【三五七】【芦花调】【二凡】【拨子】四个声腔。【三五七】【芦花调】由安徽【石碑腔】演变而来，用笛主奏，曲调华丽、流畅、舒展，唱调字少腔多，后发展为字多腔少的【叠板】。【二凡】是由秦腔传到南方后演变而成的声腔，在婺剧中又发展为【尺字】【小工】【正宫】【凡字】四种不同属性的曲调，又各有【倒板】【原板】【流水】【紧皮】【垛板】等不同板式，分别具有激昂、高亢、悲壮、沉郁等感情特点。【拨子】也有【倒板】【回龙】【原板】等板式。按定调性质，一般【二凡】与【三五七】相连，【芦花调】与【拨子】相连。剧目较多，如《芦花絮》《桂芝写状》《雪里梅》《珍珠衫》等。

徽腔

徽腔自皖南传入。清末以来，大量皖人迁往金华一带，多数经商，徽戏随商路流入，金华、衢州两府本地徽班达30余个，仅1918年前后开设的本地科班就有十余个。婺剧徽班自成一格，以【拔子】【芦花调】【吹腔】等老徽调为主。唱腔分为【徽乱】和【皮簧】两类。【皮簧】分为【西皮】和【二簧】。【西皮】则有【西皮】【反西皮】【花西皮】;【二簧】又有【老二簧】【小二簧】【二簧】【反二簧】。【皮簧】以科胡为主乐器,表演粗犷、泼辣、朴实、健康,剧目有《二进宫》《法门寺》《青龙会》等。其中《火烧子都》《水擒庞德》等的表演风格,在今皮簧剧中较为少见。

滩簧

滩簧相传源出苏州。乾隆、嘉庆年间,金华已有曲艺滩簧坐唱班。有人认为,滩簧系由往来于衢州、兰江的花船船娘卖艺带入,先有业余坐唱班,后由婺剧艺人衍变为戏曲,成为婺剧声腔之一。有"浦江滩簧""兰溪滩簧""东阳滩簧"之分。剧目大多是昆腔戏,著名剧目有《僧尼会》《断桥》《牡丹对课》等。1949年后,整理的传统剧目在剧本和表演上都有新的创造。

时调

时调是明清以来时尚的民间小戏的统称。有的来自明清俗曲,有的属南罗,有的为油滩,有的源于地方小调,由当地民歌、歌舞演变而成,是一种演唱农村生活小戏的声腔,包括目连戏、罗罗腔和民间小调。剧目有《走广东》《卖棉纱》《王婆骂鸡》等。

以上六种声腔,在婺剧中不是一戏混用的,各个声腔都有一批专长剧目。最初,高腔、昆腔、乱弹等独立成班,后发展为合班,有不同的组合。高、昆、乱兼唱的戏班,俗称"三合班"。

徽戏传入金华一带以后，有的三合班弃高腔而兼唱徽戏，有的徽班却兼唱乱弹。之后，又吸收了滩簧和时调。婺剧班社因兼唱声腔不同，分为三合班、两合半、乱弹班、徽班。

婺剧从历史演变上来说，应该是京剧的祖师爷。梅兰芳先生曾说过："京剧的前身是徽戏，京剧要找自己的祖宗，看来还是要到婺剧中去找。"他的话充分肯定了婺剧的地位。

婺剧艺术特点

唱腔

婺剧长期在农村演出，农民们大多喜欢看演员的做功，对唱功并不特别看重，为了迎合观众需求，婺剧重做轻唱，着重于感情和气氛的渲染，不过分讲究吐字运腔的功夫，有些曲牌唱词成了"堂众曲"，可以自由套用于各个剧目。有的曲牌，如武将出场的【点绛唇】，旦角走场的【懒画眉】等，都只是乐曲演奏，没有唱词了。有人认为，婺剧的昆曲与弋阳武班有一定关系，它的表演、锣鼓经都与苏昆不同，而接近于高腔；大花面用"滚喉"（着重喉部发声，很少用鼻腔共鸣），其曲牌旋律亦与苏昆略异，装饰较少。

婺剧的唱腔主要有【二凡】【三五七】两类。【二凡】用小唢呐或笛子（曲笛）及板胡为主要伴奏乐器，并配以"牛腿琴"（又称"金刚腿"，形似柳叶琴），唱时以枣木（两段20～23厘米长的木棍）与檀木梆击节，过门往往加快一倍。【二凡】的正板按宫调分为【尺字二凡】（1=C）、【正宫二凡】（1=G）两种，【尺字二凡】又按第一分句的落音不同，分为六字、尺字、伍字、仕字四种样式。一般来说,【尺字二凡】激越豪放,【正宫二凡】雄壮悲怆。【三五七】以笛子(曲笛)和板胡为主要伴奏乐器,有快、中、慢和高调、正宫之分。它是由曲牌体向板腔体过渡的唱腔,曲调流丽、清柔、婉转。乱弹戏抒情性强,欢快处唱【三五七】,激动愤慨时唱【二凡】,一戏两腔配合使用。

行当

婺剧的角色行当分老生、老外、副末、小生、大花面(净)、二花面(副)、小花面(丑)、四花面(武净)、花旦、作旦、正旦、老旦、武小旦、三梁旦、(第三位花旦)、杂(扮演神仙、老虎、狗等,由管"三箱"的兼)等,共15行。

妆容

1. 定妆

定妆就是对演员进行涂脂抹粉,在眼睛周边画上大红胭脂,从眼窝和鼻梁两侧,眉毛以下开始,自上而下,由浅至深。重点要突出上眼皮,下眼皮和两颊要逐渐过渡到与底色一样的深浅。胭脂的作用是使面部色彩更加鲜艳,同时还要画上眼线和眉毛,眉毛要在原有眉形的基础上加以夸张,如青衣、花旦要画柳叶眉;武旦、刀马旦要画剑眉。

2. 脸谱

婺剧脸谱源于"古老彩绘图腾",在此继承发展。一般讲的脸谱,总是指大花和小花,而婺剧则除此以外,还运用于四花、小生、老生、老外、副末,以及个别花旦、作旦、武旦等角色,非常丰富。

著名老艺人胡志春说:

"原先台上所有演员都戴'面壳','面壳'就是古老的'傩面'。后来梨园子弟感到演出不便,脸部感情表达不出来,就将面壳的图样画在脸上,因此所有的演员都有脸谱。之后,花旦、作旦、小生、老外等旦堂和白面堂的演员觉得脸上涂得七红八绿不好看,妨碍表演,于是就不化妆或涂一点点红色。最后只有花面堂和个别其他演员有脸谱。"

古老婺剧脸谱与京剧及其他剧种的脸谱大不相同,主要有以下三个特点:

① 图案化

在演员的脸上画上各种各样的图案,它们非常个性化,根据人物性格特点配上相应的图案,如《悟空借扇》中,孙悟空的脸上画有一只蜜蜂。也有通过戏曲人物使用的兵器图像表现的,如《九龙阁》中焦赞的脸上画有一把利斧,《借云破曹》中典韦的脸上画有一把戟,《玉麒麟》中李逵的脸上画有两把斧头。各种图案丰富多彩,斑驳陆离;风格粗犷,线条精细;望图生义,雅俗共赏。

② 性格化

脸谱中的色彩变化,能表现各种人物的性格,能使人辨识忠奸。具体有以下几种:

红色(又名红脸),表示忠勇。如关羽,"蚕眉凤眼五绺长,红光满面侠义肠",为人赤胆忠心,恪守信义;《火烧子都》的颍考叔、《月龙头》中的赵匡胤,都是勇帅贤君、英雄人物,皆为红脸。

黑色(又名黑脸),表示刚直。如包公,铁面无私,廉洁奉公；又如张飞，"虎头豹额赛金刚，摧邪扶正豪气爽"，为黑脸。

白色（又名白脸），表示奸诈。如《宇宙锋》中的赵高，其人"眉头一皱计万条，心中暗藏杀人刀"；又如《红梅阁》中的贾似道，"双手欲遮日和月，杀人如麻鬼心肠"，施以白脸。

绿色（又名绿脸），表示凶猛。如《打登州》中的单雄信，"英雄结义在瓦岗，除暴安良威名扬"，为绿脸。

青色（又名灰脸），表示妖邪。如《大补缸》中的活无常，一张灰脸，阴森可怕。

紫色（又名紫脸），表示智勇。如《江东桥》中的常遇春，此人是"曾书当年梅花阵，梅花阵上显奇能，头顶铁船破此阵，谁人不知常遇春"。

金色（又名金面），表示超尘。《火烧子都》中的子都，最后变成一张金脸，表示他将离开人世。

阴阳色（又名阴阳面），表示鬼怪。如《大补缸》中的死无常，就是半边黑半边白的阴阳面。再如婺剧《断桥》中的小青，最早的化妆是一张半青半白的阴阳面，青的这面有条小蛇，说明是青蛇精的化身；白的这面涂有粉红色，表示入凡的少女。

③寓意化

尽管婺剧的脸谱光怪陆离，千变万化，但它的每一种图案都有一定的寓意。如《鱼肠剑》中的专诸，黑脸额上写有个"孝"字，说明他不仅是个侠义之士，而且还是个孝子；《玉麒麟》中的张顺，红面上画有两条鱼，说明他熟悉水性，可谓"浪里白条"。

《水擒庞德》中，周仓的脸似水獭，庞德的脸像鲤鱼。传说周仓乃水獭精所变，庞德是鲤鱼精化身。周仓的脸谱呈黑色，与水獭同色；庞德的脸谱呈绿色，与鲤鱼赖以生息的水和水草一色。故而，鲤鱼一定被水獭所食，庞德也势必为周仓所擒。

另外还有其他一些脸谱，如《铁笼山》中的姜维，由小生扮演，额上画有圆八卦；《探五阳》中的王英由老生扮演，画有白蝴蝶；《江东桥》中的康茂才由老外扮演，画有圆八卦；《祭风台》中的黄盖由副末扮演，画红脸；《丝罗带》中的铁姑娘由花旦扮演，画有梅、兰、竹、菊。

婺剧脸谱常见的勾脸有四种：第一种是整脸，如包公、关公、姜太公等；第二种歪脸，如《郑恩闹殿》中的郑恩；第三是象形脸，如上文提到的，周仓的脸像水獭，庞德的面像鲤鱼；第四是会意脸，脸上画有各种图案，有的使人一目了然其身份，有的需要慢慢品味其寓意。婺剧小花脸的脸谱，一般属于会意脸，如大贪官画大元宝，小贪官画有小元宝，或在鼻梁上画一只宝瓶。有的小花脸心地善良，鼻梁上还描一块白豆腐干或白神主牌。

婺剧脸谱为传统戏曲文化的重要组成部分，历史悠久，弥足珍贵。在当代戏曲演出中，婺剧脸谱也需要革新，古为今用，与时俱进。

义乌婺剧团

民国时期，义乌出现许多职业戏班，著名的有傅金玉、何金玉、王金玉创办的昆腔班，是旧时金华地区唯一的昆腔班，人称太师班。另有大阳春、胡鸿福、大荣春、新新舞台等徽班。新新舞台徽班后改名为金华县婺剧团。

义乌婺剧团的前身为"徐乐舞台"徽班，1949年4月，由钱仕迁等人在金华开办。演员主要来自民生、文化两个女班和乐天班。1950年，由钱仕迁带班，1951年6月至1953年4月，由胡顺流任团长。1953年4月，徐乐舞台徽班转入江西玉山，改为江西玉山婺剧团。1955年5月，玉山婺剧团到义乌正式登记为浙江省义乌婺剧团。此后十余年，义乌婺剧团演出活跃，曲目丰富，常演的传统大戏有《白门楼》《祭风台》《龙凤配》《四川图》《铁笼山》《打登州》《探五阳》《鱼藏剑》《三审林爱玉》《蝴蝶杯》《反昭关》《宇宙锋》《天缘配》《江东桥》《二度梅》《刁南楼》《朱砂记》《寿阳关》《五龙会》《万里侯》《紫金带》《两郎山》《花田错》《珍珠塔》《翠花缘》《大红袍》《铁弓缘》《双枪陆文龙》《孟姜女》等90余部。其中《三审林爱玉》《蝴蝶杯》、新编历史剧《英雄泪》，为剧团的拿手好戏。演员阵容强大，拥有许多名伶。1965年，剧团发扬"乌兰牧骑"精神，组织了三个文化小分队，深入农村和边远山区演出，辅导当地俱乐部开展活动；次年10月25日，《金华大众报》第一版以《义乌婺剧团上山下乡演出受农民欢迎》为题，通栏介绍并配发《这条路子走对了》的社论；10月27日，《浙江日报》又作了报道。

1969年6月，义乌婺剧团撤销，组成27人的"义乌县革命委员会毛泽东思想文艺宣传队"，演出革命样板戏《奇袭白虎团》及《半篮花生》《一箩谷》等现代小戏。1973年，义乌婺剧团重建，有演职人员67人。1977年，重演古装戏《杨门女将》。1988年，义乌婺剧团更名为义乌市婺剧团，实行承包经营。经省文化厅考核，定为二级甲等剧团，先后被评为华东二省一市重合同守信用演出单位，被省文化厅授予送戏下乡先进单位称号。

义乌市婺剧团注重老戏新排,排演《小刀会》《奇袭白虎团》等近现代剧目和折子戏。创作剧目有《逐鹿恨》《吃醋拜相》《义乌兵》《虞小玉》《东方女性》《雷锋啊雷锋》《拨浪鼓金曲》等30余个。

义乌市婺剧团非常重视新生力量的培养,前后共招收学员159名。1979年,剧团参加省会演的剧目《李大打更》获得演出奖。刚进剧团不久的新人楼巧珠在剧中崭露头角,饰演了李小英一角,获得了观众的好评。1981年,剧团编排的《丫鬟断案》,获得城市戏剧节舞美设计奖。1982年10月,剧团参加了小百花会演,金巧玲荣获了小百花奖。1989年年底,剧团排演了《血洗定情剑》《穿金扇》(上下集)、《南界关》《打焦赞》《三岔口》等大型传统剧目,在义乌、金华、武义、永康等地巡演82场,观众达到十余万人。是年,《雷锋啊雷锋》又在义乌、永康、武义等乡镇巡回演出了101场,受到省文化厅的通报嘉奖。1993年,义乌市婺剧团以《拨浪鼓金曲》参加了省第五届戏剧节,剧本、导演、音乐、舞美设计均获得二等奖,盛剑光获演员一等奖,剧团受到了金华市政府的记功表彰。1996年,《义乌兵》参加了省婺剧节"年年红"大奖赛,编剧(盛志强、陈良友)、导演、音乐、舞美设计(张荣奎)均获一等奖,赵丹丹、方萍、金伟忠获青年演员一等奖,服装设计、灯光、幻灯操作、盔帽制作、道具、伴奏等获单项奖,剧目被省委宣传部评为"五个一工程"奖,剧团受到市政府记功表彰。1998年,排演的禁毒戏《黑色惊叹号》,巡回演出300余场。2001年,参加了"东联杯"浙江省婺剧演员、演奏基本功大赛,毛建宾获武功金奖。

2003年，参加全国"国花杯"中青年演员戏曲表演大赛，楼巧珠、方萍、葛鹏飞、龚奎兴获金奖。是年11月12日，日本悉博文化传播事业株式会社派员专程从日本赶来观看剧团专场演出的徽戏折子戏《水淹七军》《小宴》《九件衣》《张三郎吊孝》《临江会》，获得了日本友人的高度赞评。2004年，楼巧珠应中央电视台"名家选段"栏目邀请，赴北京拍摄经典片段。2005年6月，义乌婺剧团与金华市纪委共同策划，由丁三创作、排演以廉政建设为题材的大型历史婺剧《清风魂》，在全市各乡镇巡回演出，并在中央电视台戏曲频道播放。2006年11月，剧团自创剧目《铁血国殇》获浙江省第二届婺剧节优秀演出奖、优秀组织奖、舞台装置单项奖，楼巧珠、汤毅波获表演金奖。2007年10月，《铁血国殇》获浙江省第九届精神文明建设"五个一工程"奖。于2006年开始创作的《赤壁周郎》，在2007年12月获得了浙江省第十届戏曲节剧目大奖。2008年1月，《赤壁周郎》参加上海第十届国际艺术节，楼巧珠成为婺剧首位"白玉兰"奖的获得者。同年，该剧由中央电视台拍摄并播出。

2012年10月，义乌市婺剧团和义乌剧院合并，成立义乌市婺剧保护传承中心。这些年来，该中心积极配合义乌市委、市政府中心工作，秉承为普通百姓传播历史文化知识、营造祥和欢乐氛围的理念，长期年均演出达200场以上，以楼巧珠、方萍等艺术家为主力的义乌婺剧保护传承中心成绩突出，可谓好戏连连，硕果累累。其中，获浙江省婺剧精品大赛金奖的《白兔记》是近些年最火的经典剧目之一。

《白兔记》是五大南戏之一，讲述的是刘志远在兄嫂逼迫下犯下了罪行，无奈离家投军后，其妻李三娘遭迫害，于磨坊产子，一家三口从失散到重逢的故事，在舞台上久演不衰，昆曲、越剧、评剧、湘剧都有整本大戏演出，并有《磨坊产子》《井台相会》等折子戏广泛流传。

婺剧名伶经金莲

经金莲，1922年生，金华人。14岁入民生科班学艺，专攻花旦。她能演百余本大戏，主要作品有《宇宙锋》《二度梅》《碧桃花》《双合印》《银桃记》《虞小玉》《朱砂记》《嫦娥奔月》《卖草囤》《卖胭脂》《卖棉纱》《李大打更》《三司会审》等。民国时期，她先后在民生舞台、乐天舞台、徐乐舞台演戏。1949年后去江西玉山婺剧团，1954年获江西省戏曲会演演员二等奖。后到义乌县婺剧团当主演。1988年，参加婺剧著名老艺人录像摄制，她扮演《小富贵图》中的殷碧莲，真切细腻，受到金华市文化局的表彰。她最脍炙人口的剧目就是1969年出品的《三司会审》，经金莲饰演那个天生丽质、聪慧多艺又命比纸薄的青衣苏三，把《三司会审》的那段词唱得委婉悲怆，余音绕梁：

【慢都子】
打发公子上京去，
奴在院中装病人。
公子许奴不娶妻，
奴许公子永不嫁人。
那日东楼来梳妆，

院中来了沈燕林。
沈燕林他在院中称豪富,
要比公子好十分。
犯妇开言将他骂,
骂得他怒气冲冲出院门。
王婆鸨儿生巧计,
做媒的银子三百两。
一封家书上楼门,
上写着公子得中了,
皇榜之上第一名。
犯妇一见心欢喜,
关王庙中还愿神。
我道是还愿有好处,
谁知一马到洪洞。
洪洞县耽搁半年整,
家有皮氏大娘起毒心。
一碗肉面交与奴,
随手交与沈官人。
沈官人不解其中意,
吃一口来问一声,
昏昏沉沉倒在地,
七孔流血命归阴。
皮氏大娘开口骂,
她骂我犯妇谋夫君。
叫出乡邻和地保,

将犯妇拉的拉扯的扯,
拉拉扯扯到公堂。
头堂官司审得好,
二堂官司变了心。
洪洞县受贿银子一千两,
上下衙门得了八百雪花银。
说起王公子,
他一家都有团圆日,
我与他露水夫妻有了什么情?
慢说认得王公子,
粉骨扬灰我也认得清。

【紧皮】

明白了!
上面坐的王公子,
为何将奴不相认?

(白)

谢大人!
这场官司未用刑,
吓得犯妇胆战惊。
举目抬头来观看,
上面坐的公子人。
既然你是王公子,
为何对我不相认?

罢罢罢，

玉堂春走上前说了几句风流话。

【紧都子】

尊声公子听根芽：

玉堂春好比花中蕊，

公子呀！

王公子好比采花蜂，

花开茂盛蜂来采，

花去落叶哪有蜜蜂儿来？

【紧皮】

泪汪汪哭出了都察院，

哎，苦啊！

看他知情不知情。

这段《三司会审》录于 1969 年，在当时家喻户晓，妇孺皆知。

婺剧名家楼巧珠

楼巧珠，生于 1964 年 10 月，国家一级演员，有婺剧第一女小生之称。曾任义乌婺剧团团长、党支部书记、义乌市戏剧家协会主席。中国戏剧家协会会员，义乌市第九届、第十届、十一届政协委员。

楼巧珠一头齐耳短发，不施粉黛，素面朝天，初看起来秀秀气气、瘦瘦削削，很难将她与台上那个叱咤风云的穆桂英、不可一世的吕布、睥睨天下的周瑜联系起来。《杨门女将》里的穆桂英头戴翎子，英姿飒爽，顾盼间不怒自威。她的扮演者楼巧珠作为婺剧界第一女小生、婺剧界唯一的上海白玉兰戏剧表演主角奖的获得者，如此简单朴素，让我意外。在看似柔弱的外表下，却透着一种刚毅勇猛的气质精神。

楼巧珠扮相俊美，表演细腻洒脱，唱腔浑厚舒展。她学戏刻苦，演戏认真，确实是卓有成就。她先后在《杨门女将》《嫦娥奔月》《白蛇传》《吃醋拜相》《龙凤奇缘》《白兔记》《黄金印》《荆钗记》《临江会》《汉文皇后》《罗成叫关》《双枪陆文龙》《吕布与貂蝉》《义乌兵》《赤壁周郎》《鸡毛飞上天》《东方女性》等80多部戏中担任主角，塑造了众多的艺术形象，深得同行和专家的好评，更得到了广大观众的喜爱。

楼巧珠出生于义乌市后山坞村，母亲酷爱文艺，她从小就随着母亲看戏听戏，耳濡目染，对戏曲充满了向往。三岁那年，随母亲去杭州剧院看演出，梳着一根羊角辫的她居然像模像样地学着台上演员的台词，口中念念有词，还走上舞台想要表演一番，把现场的观众都逗笑了。她七八岁时已能歌善舞，随着《红灯记》《智取威虎山》《洪湖赤卫队》《沙家浜》等样板戏的普及，铁梅、小常宝、韩英、阿庆嫂的唱段她几乎都能一字不落、有板有眼地唱下来。当时没有电视，只能从广播中听戏。她最开心的事就是一边帮着母亲烧柴火，一边跟着广播学唱戏。

上小学后，楼巧珠因才艺出众成了班里的文艺骨干，学校每次排练文艺节目，她是不可或缺的一分子。音乐老师十分喜爱她，经常带她观看各种文艺表演，十几岁时，电影《红楼梦》复映，轰动了城乡，她深深地被徐玉兰、王文娟的出色表演所倾倒，她心中"我也要去演戏"的梦想更加强烈了。

1979年，义乌婺剧团面向全县招收学员。凭着天生的金嗓子和伶俐的模样，楼巧珠从几千名的应试者中脱颖而出，成功地被录取进团。第一次穿上了梦寐以求的练功服，她兴奋得心花怒放。当时她才15岁，师承婺坛名伶经金莲。

接着就是艰苦的基本功训练，天还没亮，她就到练功房的地毯上练各种跳跃、跟斗，然后是压腿、练身段、走台步，接着是吊嗓子、练唱腔、念白。入团仅三个月，她就闯过了"唱腔关""台步关"和"表演关"。她第一次演出，就是在小戏《李大打更》中饰演李小英一角，非常荣幸地和师傅经金莲（饰李大婶）联袂登台演出，获得成功。

在培训班里，她先攻花旦。经过一段时间，再改攻既善于"唱、做、念"，又擅长"跌、打、翻"的女小生。培训结业后，她便在婺剧团担纲文武小生，在不断的摸爬滚打中茁壮成长。

经过几年的刻苦磨炼，伐毛洗髓，楼巧珠学有所成，崭露头角。她所演的小生，不但扮相俊美，表情丰富，嗓音也有着独特的韵味，高亢激越处，宛如激浪排空；清脆婉转时，又像黄莺低吟。她文武兼备，功底扎实，能在不同的剧情中，塑造不同的人物形象，被婺剧界称之为不可多得的文武小生。楼巧珠戏路很广，不但能惟妙惟肖地演好文武小生角色，还能反串彩旦、老旦、老生等角色，是个全能型的演员。1983年，她参加了金华市小百花会演，在《追狄》中以"俊俏的扮相，甜润的唱腔，优美的身段和鲜明的个性"，获得优秀小百花奖，声名鹊起。她屡获大奖：先后获得了1993年省第五届戏剧节演员二等奖、1996年浙江省首届婺剧节演员一等奖、2003年全国"国花杯"中青年演员戏曲表演大赛"十佳小生金奖"、浙江省第二届婺剧节演员金奖、2007年浙江省第十届戏剧节优秀表演奖、浙江省婺剧精品大赛表演金奖、2008年第十九届上海白玉兰戏剧表演艺术主角奖（婺剧界首位）、浙江省第十一届戏剧节优秀表演奖。

楼巧珠表演的多出剧目被浙江电视台、中央电视台录制成电视节目播出。1994年，她主演的《斩吕布》折子戏，深层次地刻画了吕布艺术形象，名震婺坛，被省电视台拍摄成专题片。2001年4月，她所主演的《黄金印》《白门楼》《恩仇记》被中央电视台"名人名段欣赏"栏目拍摄播出。2002年，她以高超技艺主演了《临江会》《提牢拷打》两个折子戏，被中央电视台拍成艺术片，并在央视戏曲频道专栏中播放。2008年，《赤壁周郎》由中央电视台拍摄并播出。她扮演的周瑜形象，让观众耳目一新。

楼巧珠平时生活俭朴，淡泊名利，为人低调，但对婺剧事业却非常钟爱执着。她视艺术为生命，每年持续的春节演出任务非常繁重，光送戏下乡每天两场，连续演出几十场以上，楼巧珠作为台柱，多数大戏都由她饰演主角。由于过度疲劳，她曾多次昏倒在台上。经浙一医院专家确诊，她患有左右椎间孔缩小的颈椎病。但只要大幕一拉开，她总是强打精神继续演。她常常倔强地说："我既然选择了这一行，就要一直走下去，倒也要倒在台上。"

1999年正月初八，剧团赴义乌后宅街道西河村演出《战雁州》，楼巧珠扮演武生罗成，在台上不停地跌打滚爬，戏至半酣，一个漂亮的后翻动作，她从空中落下，不小心扭伤了脚踝，一阵撕心裂肺的疼痛让她汗珠直冒，脚不能点地，但看到台下几千观众期盼的眼神，楼巧珠想，绝不能倒下，无论如何要把戏演完。她拖着伤腿咬着牙坚持演完这场戏。当她回到台下，脚踝已经肿得像馒头。大家急忙把她送到医院，诊断竟然是"脚踝骨折"。她骨折了还坚持把戏演完，需要多大的毅力和意志力啊，一个弱女子是怎样扛过来的？人们无不动容，由衷地感叹敬佩。

在几十年的舞台生涯中，楼巧珠担纲主演的许多剧目已经家喻户晓，她俊朗的扮相已深入人心。舞台上一有她领衔主演的剧目，观众们便会闻风而动，一睹为快。她的经典唱段已被录制成专辑——《巧如戏珠》。专辑的名字既包含了她的名，又褒扬了她在婺剧界的艺术成就，是一种对她的高度肯定。

楼巧珠经典婺剧剧目

《白兔记》

楼巧珠演唱《白兔记》唱段——"小承佑话当年"，一直来为人传为美谈。

小承佑话当年我心如刀绞
你生母受苦难我老泪双抛
我本想接你娘离雁归巢
谁知道李洪信谎报改嫁栽下了祸苗

我何尝不哀伤泪湿战袍

欲寻访又怎奈

军令如山东征西讨

关山万里路迢迢

那时候你奄奄一息人待死

岳氏娘深闺弱女正年少

可怜她未做夫人先做娘

日夜贴你在怀抱

延医伺药亲照看

长夜未眠到通宵

为你取名刘承佑

祝告上苍护幼苗

班师归来圣旨到

奉旨成婚你牙牙学语把娘亲叫

承佑儿啊

若无你娘爱儿心

哪有你咬脐命一条

你责备为父尚可恕

你不该

（白）忘却了岳氏娘亲

救人急难十六年心血义重恩高

《白兔记》展现了婺剧文戏武做、武戏文做的表演特色，唱、念、做、打俱全，尽显婺风婺韵。

现代婺剧《鸡毛飞上天》

2011年,浙江省义乌婺剧团倾力打造了大型现代婺剧《鸡毛飞上天》。

>敲糖帮,踏遍了坎坷路,
>货郎担,洒满了苦汗珠。
>拨浪鼓,摇来了万家富,
>小商品,垒起了金义乌。

一曲山歌土调伴着一声粗犷的叫喊:"鸡毛换糖啰!"就此拉开了现代婺剧《鸡毛飞上天》的序幕。

地处浙中山区的义乌市,从历史上的鸡毛换糖、路边集市发展到国际商贸中心,花了30年时间闯出了一条特色之路。用一部两个小时的戏曲剧目演绎时代的沧桑巨变,难度可想而知。

剧作家姜朝皋非常善于编织戏剧情境。他善于独辟蹊径,避开全景式的宏观描写,全剧以"驱冬雾""涌春潮""搏夏日""揽秋光"四个时代段落,来构建篇章;以三代人的不同经历,来刻画时代精神风貌。剧中着重塑造第二代女主人公金玉兰,从义乌农民商人向现代企业家嬗变的典型形象。

金玉兰身上既继承了祖辈拨浪鼓文化中吃苦耐劳、以诚为本、讲求信义的优良传统,又发扬了现代企业家敢闯敢拼、敢为人先的独立拼搏精神。她性格执着而坚韧,行为果敢而智慧。创业之路上,她总是先人一步,快人一招,勇立潮头,敢为人先。

《鸡毛飞上天》一剧鲜活灵动,充满新意,又加入了大量舞蹈元素,如货郎担舞、拨浪鼓舞、挑货双人舞、连霹雳舞、街舞等也融入其中。义乌市婺剧团的演出阵营相当强悍，几个主要演员的表演十分出色，尤其是扮演金玉兰的楼巧珠，她反串花旦，对主人公的内心把握极具分寸感，内在情感和形体气质都表现得恰到好处。从十六七岁天不怕地不怕的小姑娘，演到40多岁事业有成的商界女强人。剧本呈现了鲜明的地域特色和乡土气息，很接地气，艺术感染力很强。舞台上金玉兰的形象熠熠生辉。一个塑造成功的女企业家，为义乌百姓平添了许多光彩。

让我们欣赏楼巧珠饰演金玉兰的《鸡毛飞上天》选段：

成兴哥，至诚厚道热心一片，
我与他，从小到大亲密无间。
几年来跑买卖苦辣尝遍，
他对我关心呵护，
无微不至难以尽言。
我对他早已是心生暗恋，
他那里却也是暗把情牵。
一层窗纸隔二面，
两情相印却未言。
放大胆捅破窗纸休腼腆，
人生路上把手牵。
（合唱）：日落山归雁鸣，晚风扑面。
登高处纵目远眺，人未还。

《鸡毛飞上天》一经推出，在社会上引起强烈反响。2018年5月22日，《鸡毛飞上天》在北京梅兰芳大剧院上演，从此拉开了2018年全国基层剧团戏曲会演的帷幕。

《三关明月》

楼巧珠是个名角儿，更是个奇才。婺剧《三关明月》，演绎的是杨家将抵御辽兵入侵中原的传统故事。楼巧珠在剧中饰演一号主角佘太君。从戏曲行当上来讲，佘太君不能简单地用"老旦"两字来定位，她是老旦、老生、武生三者的结合，行当的边缘模糊性，界定了这个人物丰富复杂的性格基调，她既有母亲、奶奶的慈爱情怀，又有女性的母爱和细腻的情感世界。她既有饱经风霜、老练稳重的当家太太的气质，又有深谋远虑、刚强坚毅的男性气度，更有叱咤风云、大智大勇、运筹帷幄的大帅气派，要准确地把握这个角色，是十分困难的。

在剧中，佘太君经历五次重大波折：第一次，失散多年的儿子杨五郎忽然出现在她面前，她悲喜交集之后又顿生怨怒，含着泪水痛责他不孝；第二次，杨五郎战死沙场，她要将活捉回来的辽邦女将斩首，却发现女将是她儿子杨八郎之妻瑶娥。对着这个既是仇人又是儿媳的人，佘太君心情纷乱，欲怒却悲，最终转恨为爱；第三次，两国议和，萧太后送来了杨老令公的遗骨，猝不及防的佘太君难抑悲怆，一声"你终于回来了！"后潸然泪下，但她又必须在众目睽睽下抑制悲情，克制住情绪的宣泄奔涌；第四次，萧太后领来了杨四郎与母亲见面，佘太君面对失散多年，又不忠不孝、与敌结亲的逆子，惊喜之余欲加怒骂，但在萧太后面前却选择了久别重逢、母子团聚的激动；第五次，杨五郎之妻马赛瑛要萧太后交出杀害五郎的仇人，萧太后带上的却是杨四郎的儿子、佘太君的亲孙木丹。佘太君对着杀儿仇人，又是亲孙子的小木丹，愣了半晌，控制不住自己的情绪，声泪俱下，歇斯底里地狂喊着，把小木丹拥入怀中。这是人物情绪的非理性宣泄，是人物对"亲结仇，仇结亲，恩怨情仇，亲人相残凄惨"后果的最强烈心灵冲撞。

佘太君的五大情绪，起伏很大，层次有别，非常考量演员驾驭感情的能力，一会儿震惊，一会儿愤怒，一会儿悲伤，一会儿欢喜，情绪跨度很大，很难把握适度。但楼巧珠明白，贯穿这个人物的是"无奈"两字，把五个重大情绪都在"无奈"状态下再分层次表达，五种情感，五个层次，张弛适度，分寸得当，将观众引入佘太君深层次的人物心理活动的空间中，使观众心弦震颤，从而产生了情感共鸣。

《罗成叫关》

婺剧折子戏《罗成叫关》的故事取材于《说唐全传》第60回《紫金关二王设计，淤泥河罗成捐躯》。唐初齐王李元吉为争夺王位，将秦王李世民诬陷入狱。李元吉为剪除李世民的心腹，借征讨苏定方之机，举荐罗成为先锋。罗成得胜归来。李元吉为加害于罗成，逼令罗成再战。罗成忍饥苦战后返城，李元吉紧闭城门不准其进关。罗成无奈，咬破手指写下血书，嘱城上守关义子罗春转奏朝廷，转身单枪匹马力战敌兵，终因马陷泥河，被乱箭射死。

那个唱段叫《小罗春在城楼红灯降下》：

　　小罗春在城楼红灯降下，
　　　将银枪插至在马鞍桥旁。

抽出了青锋宝剑寒光闪，
割战袍权且当作纸一张，
（伴唱）咬破中指鲜血淌，十指连心痛断肠。
一封血书忙写上，启奏我主秦二王。
只因苏烈兴人马，要夺大唐锦家邦。
太子祸国结私党，欺君罔上乱朝纲。
秦叔宝充军康州往，刘文静屈死在牢房。
尉迟恭染病卧床上，程咬金造反回瓦岗。
奸王挂帅兵权掌，几番毒计害忠良。
立下战功无封赏，反遭责打遍体伤。
平白无故灾祸降，是非颠倒口难张。
苏烈人马如潮涌，命我单枪赴战场。
拼杀一日回城转，紧闭四门害臣亡。
敌兵布下层层网，纵有双翅难飞翔。
可叹一世英雄将，血洒荒郊梦一场。
满腔悲愤书不尽，望把尸骨转回乡。
死后忠魂随君往，共助我主除祸殃。

  楼巧珠在《罗成叫关》中的唱腔，高亢激越，悲愤痛怆，唱出了罗成的无奈悲愤和感伤，唱出了罗成对秦王李世民的赤胆忠心和对齐王李元吉的无比憎恶。楼巧珠对人物的心理活动把握得极其到位，将身陷绝境、怒发冲冠的罗成刻画得淋漓尽致，入木三分。《罗成叫关》被收录《巧如戏珠》婺剧唱段专辑。

《赤壁周郎》

2007年，楼巧珠在此剧中饰演周瑜，周瑜这个角色内心世界异常复杂，心理冲突十分激烈，为了把周瑜或痛苦或焦虑的情感个性化，楼巧珠用心体验，以情贯串，细腻地体现出周瑜高傲自恃，恼怒中有冷静，淡定中露惶恐，虚伪中不失真诚，坦荡中又显深沉的复杂内心世界，生动地再现了他那真真假假，表里不一的人物心理状态，把"潜台词"发挥得淋漓尽致。

楼巧珠运用唱、念、做、表等戏曲表演艺术，层次分明，细致入微地把周瑜这个人物形象立体地展现在观众面前。为将周瑜喜、怒、哀、乐的情绪体现得更加淋漓尽致，导演要求她必须学会已经失传的"翎子功"（戏曲表演基本功）。翎子，是插在盔头上的两根1.2~2米长的雉鸡翎，除起装饰作用外，还通过舞动翎子，做出许多优美的身段动作，借以表现人物的心情、神态。翎子功俗称"耍翎子"。生、旦、净、丑各行角色都用，武生用得最多，故有"雉尾生""翎子生"一行，有摆翎、甩翎、竖翎、旋翎、扫脸翎子、缠腰打灯花等技巧。为了学会这门功夫，她特赴山西拜师学习。这门技艺，一般演员至少要学上一年，短时间内根本掌握不了。她匆匆地学了一个星期，回来后没日没夜地进行练习、领会。因为脑袋的剧烈晃动，她经常练得头晕眼花、呕吐不止，紧扣的帽子在她的额上扎出一道道血痕。

功夫不负有心人，通过无数次的反复练习，她逐渐悟出了其中的法门，掌握了这一技巧。她能将单翎直立，将双翎分家都运用得得心应手，出神入化。在表演中，把翎子功的甩翎、竖翎、旋翎等有机组合，体现出周瑜的内心起伏，情感变化，使周瑜的性格更为鲜明，角色把握得十分精准，那入木三分的表演，令人拍案叫绝。楼巧珠的表演让失传的"翎子功"重新焕发生机，在婺剧舞台上又增添了一种表演技艺。

周瑜一角，是楼巧珠饰演的最丰满、最典型的一个形象，懂行的人都说她把周瑜演活了。她的唱腔，她的道白，手眼身法步，举手投足，无不是"戏由心生"，让人在大饱眼福的同时，也为她的精湛演技所倾倒。

我们再来听听楼巧珠饰演周瑜的唱段：

夜深沉忽听琴声传江畔，
如清风，如山泉，如月出岫，如星漫天，
一声声唤醒我丝丝心弦。
曾记得与诸葛琴语论剑，一字差论出了节操磊然；
曾记得借东风病榻视探，求援手我许他春风百年。
借瑶琴君子约，他他他，料到了今天。
细思想周郎我好不羞惭，虽相争也曾是知音良伴。
同携手胜强敌赤壁奇观，驱曹兵退中原贼仍强悍。
杀盟友酿苦果定遭天谴。
我若是下毒手把诸葛暗算，
周公瑾背信义耻辱千年、耻辱千年。
哎，公瑾自信英雄汉，常恨世间多邪奸。
宁做丈夫沙场见，不做暗贼偷占先。
明月皎皎世可鉴，江河滔滔万古传。
今日礼送诸葛亮，周公瑾俯仰无愧天地间，天地间。

这段唱词表现出周瑜患得患失的心理，他也想做一个光明磊落的坦荡荡的君子，一个仰不愧于天、俯不怍于人的英雄豪杰。那种纠结，那种无奈，正应了他临终前的那声重重的叹息：既生瑜，何生亮！

2009年，楼巧珠因饰演周瑜一角而获得第十九届上海白玉兰戏剧表演艺术主角奖，在婺剧界，她首次获此殊荣。

婺剧的传承

婺剧艺术已传承繁衍四百多年，生生不息，代有才人。2009年9月，经金华市政府同意，义乌婺剧团定向招收学员，成立"婺小班"。2009年、2010年共向社会招收了40名婺剧学员，委托金华市艺术学校培养。为更好地锤炼"婺小班"学员，市婺剧传承保护中心"以老带新"，特邀婺剧精品团队为学生演员们量身定做，打造了一出现代校园婺剧大戏——《过山车》，让学生们担任剧中角色进行演出。

为了让婺剧表演艺术得到更好的传承和发扬光大，培养出更多的婺剧新人，2015年2月，义乌市婺剧保护传承中心通过名家带徒的形式，楼巧珠和学生们同时彩排婺剧传统剧目《吃醋拜相》，并进行现场指导，共同排练，让学生体验角色，体会她在唱、念、做方面的技巧，体验她的孜孜不倦，精益求精。楼巧珠近年来一直在做"传、帮、带"工作，她希望能将婺剧传统剧目都传授给学生，承上启下，继往开来。但传统戏曲的所有"绝活"，都是需要刻苦训练、超乎技而游于艺、身体力行的。

楼巧珠热爱婺剧事业，几十年来，她兢兢业业，精益求精，在实践中不断地对婺剧艺术进行总结和创新。作为金华市非遗项目"婺剧"代表性传承人，近几年，在做好自己的本职工作外，她不断将自己几十年的艺术精华传承给下一辈。她总是牺牲休息时间带着学生们练功排戏，一遍遍示范唱腔。学生哪里唱得不对，动作不够规范，她总会不厌其烦地加以纠正。每次排新戏都是她先学会后，再逐字逐句地教学生。

生活中，她是个极随和的人。一说起婺剧、谈起表演，她就进入角色，变得非常严肃，不苟言笑。对于学生，她是严师慈母，不仅授人以艺，更是教会了做人之理，并身体力行率先垂范，做好楷模。

我们衷心地期望，在义乌的婺剧接班人中，在楼巧珠等人的言传身教之下，涌现出更多的戏曲新秀。

婺剧的盔帽艺术

婺剧盔帽的定义

婺剧是浙江省的第二大戏曲剧种,流行于浙江的金华、衢州、丽水、建德、台州还有江西的东北和安徽南部。婺剧盔帽是随婺剧产生而发展起来的。

盔帽是传统戏曲中演员所戴各种冠帽的通称,俗称戏帽。梨园行话称之为"盔头"。在戏曲鼎盛时期,各地方剧种中盔帽的种类约有500种,现在常用的大约还有200种。盔帽主要由前额、帽筒、帽翅、帽耳、盔顶、缨花等部件组成。根据不同的角色,盔顶还可以分为缨头、帅顶、平天板、紫金冠、天师官、状元翅以及宫花、驸马圈等。

盔帽大体可以分为冠、盔、巾、帽四类。冠,多为帝王、贵族的礼帽;盔,为武职人员所戴,如帅盔、夫子盔、中军盔等;巾,多为软件,采用软缎、粗布、夏布衬里刮浆、盘金叠绣而成。如黄巾、荷叶巾、纯阳巾、湘子巾、太师巾、员外巾、八仙巾（文生巾）、高方巾、中方巾、矮方巾、一字巾、马夫巾、披巾、算命巾、公子巾、学士巾、哨子帽、鸭尾巾、罗帽、青毡、红帽等。上面绣的金线是可以折叠存放的；帽类则最多最杂了，上至帝王的皇帽，下到贩夫走卒的土布帽、草帽，名目繁多，数不胜数。

但这种分类是相对的，不少盔帽根据不同的分类方法，又有不同的叫法。盔帽从制作材质上可分为软、硬两种，软的就是软巾，硬的也叫硬盔。硬盔又分：文堂、武堂、相貌（又称相纱，为宰相专用）、紫金冠、帅盔、虎头盔、狮子盔、大凤冠、老凤冠、中军帽、太监帽等。盔帽制作并不仅仅限于盔帽，还包括各种面具和头壳，如：老虎头、老寿星头、大小魁星、加官、财神、大小鬼面、雷公、三眼神、四大金刚、龙头、土地婆婆等。制作面具与头壳，须先用泥将所需面具形状塑好、晾干，再在其上粘贴毛边纸、干后脱胎，然后进行缝合、描线、上漆。

盔帽除了以上几种分类外，还有各种大小附件，如额子、驸马套翅、翎子、狐尾、面牌、慈姑叶、铲刀头等，多与盔头配合戴用，有的也可以单用。盔头的制作，软件多为缎制品，有花有素；硬件除纱帽、相貌外，多以纸版、铁纱做成硬胎，分前后两扇，饰以金、银、翠、羽（或贴蓝绸）、珠子、绒球等。它们与戏衣一样讲究装饰，但其装饰的繁简，时有变化，各剧种之间也有异同。传统的盔帽，包括各种大小附件，约有300多种。

传统婺剧中人物所戴的冠帽，通称婺剧盔帽，如帅帽、草盔、凤冠等。婺剧盔帽除了硬的和软的两大类以外，还有文武、男女之分。同样的冠帽还有不同的叫法，如紫金冠也叫太子盔。

婺剧的盔帽相较其他剧种有自己鲜明的特点，如扎巾，不光是杨梅球有颜色的区分，而且后半个则是以各种颜色的软缎包裹的，边上包角，后面用通天翅。而京剧的扎巾，则是仅用杨梅球的颜色来区分的，后面并没有通天翅；婺剧的文、武堂是有区分的，文堂则是以黑色的绸缎做底，边上包角，加上立体行龙。而京剧的文、武堂形制，基本是一样的；再比如大太监帽，婺剧是红、绿两色的，而京剧却是金、银两色的。它们不但在形制上有区别，在图案纹饰上也有较大的不同，包括文堂、武堂、三扎盔、先行盔、九龙等一些盔帽的遮耳部分，婺剧盔帽两边都有凤和其他花纹图案的配饰，在紫金冠、先行盔、大太监帽等，后半个帽的上方都有一对勾型饰物，看上去使整个盔帽更加饱满。婺剧的紫金冠，后半个跟前部一样是半开口的，配有细带子，可扎可松。这样就非常方便演员在赶场时戴帽，而且还能扎得更紧，为一些需要有大动作的演员提供不易掉帽的保障。还有像虎头盔、狮子盔等盔帽，在形制上，婺剧盔帽都有自己鲜明的特点。像飞龙盔、飞虎盔这些帽子，在一般戏中所用不多，属于是专人专戏所戴，在京剧中几乎难以看到。

　　婺剧盔帽在塑造人物形象时，为了使演员的形象显得更加高大、威武，硬盔就做得稍稍偏高一些。在用色上，通常沿用婺剧的"红配绿、心肝肉"的行话，采用色彩对比反差强烈的大红、大绿来搭配，这样在视觉上就会更具冲击力，并带有浓烈的乡土气息。婺剧盔帽由于其做工精良，用料考究，造型美观，别具一格的构造与其他剧种有着明显的不同之处，几百年来，深受当地老百姓的喜爱。

　　在婺剧《龙虎斗》中所用的一个盔帽龙头非常奇特。剧情进行到赵匡胤和呼延赞鏖战激烈时,双方都打得很累了,于是就停下来暂歇片刻。不料疲惫太过,两个人都睡着了。一会儿,呼延赞醒过来了,看到赵匡胤正在熟睡,心中大喜,举起钢鞭正欲打向赵时,一缕青烟冉冉升起,烟雾中现出了一条摇首摆尾的青龙。呼延赞大吃一惊,才知道赵匡胤原来是真龙天子!就再也不敢下手了。这条青龙的龙头就是一种特殊的盔帽,在特定的场合使用这种盔帽,收到了良好的舞台效果。

还有像婺剧《踏八仙》中的三跳,即跳魁星、跳加官和跳财神,他们的动作、身段都保留了古老木偶戏及跳傩戏的痕迹,他们的脸上都戴着面具,特别是魁星的三套头面具,分为三部分,上部是一个大红色桃形尖角头顶,连到眼部,中间部分是脸颊,下面部分是下巴,演员戴着这个面具,将"下巴"的里面部分咬在嘴里,前后动一下,面具的眼睛和下巴也会随之而动,这样一来就大大增加了面具的表情。还有像婺剧的草昆派,其剧目以神话戏和《西游记》等剧目为多,所以就有了几十种包括天兵天将、神佛、妖魔鬼怪的面具,这种多样性的特点,在其他剧种中是极其罕见的。

民国时期,为了考量演员们对盔帽的熟悉程度,艺人之间还存在着一种"摸盔对擂"的竞争方式,也就是两个人蒙着眼睛摸盔头,摸到哪个盔头,当晚就戴着这个盔头唱相应的戏码,看谁先唱不下去。许多"摸盔对擂"的戏曲艺人都能突破行当限制,有时打擂打上数十天乃至上百天仍然不分伯仲。

婺剧由于长期扎根于农村,形成了有鲜明的地方特色、形态各异的服装与盔帽。传统婺剧盔帽比较着重装饰性,常缀以珠花、绒球、丝绦、雉尾等。

形状各异的各种盔帽,与戏装分类搭配,对人物造型能起画龙点睛的作用。戏剧角色有生、旦、净、末、丑之分,每个角色所戴的盔头都要符合戏剧角色的历史、身份、地位、性格等特征,相当讲究。每个人物所包含的诸多不同的因素都通过佩戴不同形制、不同色彩的服装、盔帽,来体现人物个性。上到皇、侯、将、相,下到三教九流,都可以通过他们所穿戴的服饰和盔帽的样子和色彩来识别出来,有助于观众对戏剧人物的区分和了解。俗话说:"宁穿破,不穿错。"服装和盔帽在角色身上体现着特定的格式,比如一看见戴着尖翅纱帽的,就知道他不是好人。盔帽制作在规定的穿戴、规定的形制程式下代代相传,几百年来都延承着这种习惯。

盔帽的制作技艺

自从有了戏曲就有了盔帽,盔帽制作是随着戏曲的形成应运而生并不断发展的。盔帽式样、颜色、纹样的创造、筛选与承袭,是戏曲艺人、观众和匠人共同审美实践的结果。他们将戏中各色人物的好恶、品评、宗族观念和传统信仰等浓缩在盔帽中,赋予了更为深刻的美学意义。

如果从木偶戏算起的话,盔帽的制作史可以追溯到汉代。唐代崔令钦的《教坊记》中记述当时歌舞戏剧服装中有宝花冠、珠冠等品类。元代泰定元年的广胜寺壁画所绘杂剧舞台上演员所戴的盔头,就有纱帽、武士盔、文生巾、僧帽等式样。但这只是盔帽发展的原始阶段。元人高安道在《嗓淡行院》中描写戏班时,用"唵囋砌末,猥琐行头"等语,可见当时伶人的地位低下,戏曲穿戴根本得不到重视。到了明末，以明代的服饰为基础，以汉、唐、宋各朝服饰遗风的戏曲服饰和盔帽才基本确立。明代，江苏苏州、昆山一带的昆腔逐渐发展成熟，至清中叶，昆曲的穿戴规制已相当严谨。清人李斗在《扬州画舫录》中记载："戏具谓之行头。行头分衣、盔、杂、把四箱"，同时还有"江湖行头""内班行头"之说，足见当时戏曲穿戴已具相当规模。另外，苏州戏曲研究室整理的《昆剧穿戴》中也详细记载和描述了当时戏曲服饰和盔帽的情况。

随着昆曲的发展，戏曲盔头制作也在苏州兴起。清代光绪年间，苏州开设了"沈源泰""周锦记"等盔帽专店，此后又出现了"沈元泰""韩顺兴""天宝泰""黄恒昌"等16家盔帽店。到20世纪40年代，北京也有了"瑞兴""广盛兴""锦华""久春""中山"等十多家盔帽作坊。婺剧盔帽就是同时期出现的产物。

婺剧盔帽款式多样，造型美观，堪称艺术佳品。其制作用料考究，程序烦琐复杂，每一道工艺都有严格的要求，制作者要有非常丰富的实践经验，对各道工序要了然于胸。

按制作材质和工艺来分，盔帽可分为软胎与硬胎。所谓"硬胎"，即以铁丝、铁纱、纸板、丝绸、胶等为基本原料，结构相对复杂，骨架较坚实，且耀眼炫目。前述"冠、盔、帽、巾"四类中的"冠""盔"和部分硬质的"帽"都属"硬胎"之列。而"软胎"则多以毛毡、丝绸、绣缎等为原料，质地柔软、色彩绚丽、外观华丽、纹饰丰富，"帽"中的"软帽"和"巾"均属"软胎"。软胎的制作大体分为裁剪、绘制花样、刺绣、缝合四道工序。硬胎的制作分剪样、制坯、拉花、沥粉（即用石灰调成糊状，装入一个圆锥形袋中，通过尖端的小孔，在盔帽上挤成花纹，干后涂色或敷上金粉，成为凸起的花纹）、点翠（即用翠鸟的羽毛贴在帽子上作装饰）、装配等工序。

盔帽制作的材料有：

1. 马粪纸，用于制作盔帽整体骨架，质轻，易于雕琢、粘接。

2. 13~24号铅丝，绕上棉纸用以撑硬帽子骨架及制作弹簧。

3. 钛红粉，刷底色用；油漆，贴金箔、银箔用。

4. 粉线，淋上粉线，图案纹饰清晰、立体感强。

5. 虫胶漆，银箔刷上虫胶漆后变为金色。

6. 杨梅球、泡珠，为点缀装饰，用来美化盔帽的舞台效果。

7. 牛皮胶或白胶，黏接样板成形。

盔帽制作的具体工序如下：

1. 拓样

先用墨粉把盔头花纹样式拓出来。

2. 取样

用锥子把拓样好的纹饰一锥锥从纸上取下来。

3. 足活

足活是盔头行业的专业术语，就是把画好纹样的纸板放在自制的腊墩上，刻刀沿着画线走，用刻刀把下好的样子沿边缘刻下来，其中需要镂空的地方给镂空。

4. 掐丝

掐丝是指沿足活的边缘用铁丝掐上边儿。这是盔头的骨架。用铅丝（或用纸缠）一般视用在盔头的配件而选择型号。盔头有的需要加纱，也有不需要加纱的，所用的纱一般为铁纱。加纱是为了显示镂空，表现盔头的文饰。

5. 敲粘

这是盔头成形的最关键的一道工序，也是民间所称"敲盔头"的缘由。制作时，将牛皮胶放入铁筒在炭火上煎，在纸板四周涂上牛皮胶，再将事先卷好的棉纸铅丝镶嵌在纸板的四周，用小铁锤将铅丝与牛皮胶粘合处轻轻地反复敲打，使铅丝牢牢地嵌在纸板上不会脱落。这道工序非常关键。

6. 沥粉

掐丝是在盔的背面，而沥粉则是在盔的正面。沥是指液体的点滴，粉是指用粉调制成液体，将其一滴一滴地滴落在物面上。有时用特制的工具把沥的点滴加长，形成一种有规律的、人为的线条，这种方法术语称之为"沥粉"。沥粉是传统工艺，也是盔帽制作过程中最细致的一道工序，需要有很强的双手协调能力。粉线必须严格按照规定分布，粗细均匀，把原料用粉尖沿足活的边缘挤，类似蛋糕裱花技术。没有相当娴熟的手法和经验无法做到。

沥粉工艺的特殊之处在于高出物面，并在它的上面贴金箔、银箔、罩金、上色、刷漆、填彩、点翠、扎杨梅球、玻璃泡珠、串挂穗、流苏等装饰。具有厚度、硬度及华贵的感觉，同时可增加立体感。西汉马王堆出土的彩绘木棺上有着类似沥粉效果的纹样凸起细线，上面绘有各种颜色，有着低浮雕的效果。盛唐时期，沥粉工艺就被广泛采用，如敦煌223窟的菩提树杆。人物身上运用了沥粉、贴金工艺，形成了丰富的装饰艺术效果。山西元代的永乐宫，北京明代的法海寺壁画中，沥粉的运用已经达到了十分精美的地步。清代的古建筑继承了沥粉工艺，并充分运用到和玺彩画、旋子彩画、苏式彩画和一般的民居彩画中去。它们多施于水壁画的沥线、堆起、花边、纹样以及古建筑物的户板和斗拱。有的只施于局部，或独立的装饰物品、工艺品，以此来提高装饰性、工艺性和艺术性。

金华市非遗婺剧盔帽制作技艺传承人梅立忠说："沥粉是很难的一道工序，线条需要一气呵成，不能停顿。要练好沥粉这道工序需要付出很多精力，既要练手劲，又要练腕悬浮劲，而且对花纹要求要做到心中非常有数，哪些地方要用双线，哪些地方用堆粉都得一清二楚。"通过多年练就的苦功，梅立忠可以左右开弓，两只手都能沥粉。

7. 贴箔

贴箔分为贴金箔和银箔，根据盔帽行头需要而定，具体是上一层胶或清漆，晾成半干后上箔。等箔粘上后用棉花或绒布把箔打平，干后用净刷清扫干净。

8. 点绸

点绸也叫点翠，原来是用翠鸟的羽毛，现在就用丝绸替代了。

9. 承装

一件盔头的制作，仅上述流程还不算完成，它上面还要有绒球、珠须、花朵纹样、两边垂下的流苏等。承装就是将做好的盔头和这些饰品拼装在一起，形成一个完整的戏剧形象的盔头行头。

盔帽制作工艺讲究，每一道工艺都要精致细腻，需要制作者具有极大的耐性和炉火纯青的技艺，慢工出细活，做出来的成品既要坚硬牢固，又要轻便美观，还要经久耐用。

盔帽作为戏曲演员舞台装扮的重要部分，素来在遵循"美"的原则下，力求与戏衣、戏鞋协调统一，进而塑造各种不同身份地位和不同性格的人物形象。婺剧中的诸多人物造型都有各自相应的穿戴程式。因此婺剧盔帽制作在式样、颜色、纹样等方面多数与戏衣一脉相承，不能随意创新和大改动。由此可见，盔头技艺在传承中，需要坚持"移步不换形"的规矩。此规矩至少已在盔头制作行业内延续百年。究其根源，大概是盔头承载了历代手工艺人、戏曲表演艺人和戏曲观众共同的传统理念、信仰、审美观念的原因。

婺剧盔帽制作是艺人参与戏曲创作、表演的手段与媒介。盔头所持各种式样、纹饰和颜色，显示了传统价值观根深蒂固的等级观念、宗族意识与传统信仰，可谓是："小小盔头额上擎，蕴含世间几多情。点点盔帽纹样色，尽显人间美恶评！"

婺剧盔帽制作技艺传承人梅立忠

梅立忠有着多年的制作盔帽的历史，他头发花白，身体健硕，精气神非常好。

自宋朝起，梅氏先祖择居武义县白姆乡梅岗头村，至今此村只有梅氏一姓。

八婺大地历来戏风盛行，每年八月十五，村里都要举行迎胡公神会，都要请草台班来演戏。民国廿四年，族人创办了武义最早的农村"太子戏班"，邀请永康名旦夏老三和绰号为"压头小花"的黄德银来教戏传艺。从此，许多年轻人走上了戏曲之路。

1953年，村里请来了衢州的盔头师傅聂永堂，为戏班的破损盔帽进行修理。当时，梅立忠的父亲梅孙福对稀奇古怪、五颜六色的盔头产生了浓厚的兴趣，少年梅孙福产生了想学做盔头的念头，他整天泡在修理现场，东看看西问问。聂永堂见他聪明好学，便想收他为徒。梅孙福选了个日子，正式拜聂永堂为师，专心学习盔帽制作。寒来暑往，梅孙福逐步掌握了制作盔帽的技艺，其"敲盔头"手艺，在方圆几十里内都小有名气，找他制作、修理盔帽的戏班纷至沓来。在不断的摸索和创新中，梅孙福做出了无数的戏曲盔帽，享誉十里八乡。他也因此成为婺剧盔帽制作的第三代传人。

正当他的事业做得风生水起的时候，"文革"开始了，梅孙福所有的道具和盔帽样板都被作为"四旧"搜走并付之一炬，他多年的心血毁于一旦，这让他痛惜不已，盔帽制作因此一度中断。

1970年，为支持水利建设，梅孙福举家迁至白姆乡下宅村。至1978年，百花齐放，百废待兴，改革开放的春风，唤醒了沉睡的农村戏曲艺术，金华各地的业余婺剧戏班慢慢恢复了生机，开始重新演出，这为盔帽制作提供了广阔的市场。梅孙福重操旧业，在家里开起了盔帽制作工厂，忙得不亦乐乎。

梅立忠七岁就和盔帽结缘了。他每天看着父亲修补、制作盔帽，心里痒痒的跃跃欲试。父亲就开始让他接触盔头。他先是帮父亲做一些简单的下手活，如生炭炉熬牛皮胶、剪样板、缝挑毛管、梳理制作杨梅球用的梧桐麻，慢慢地，再帮父亲雕刻简单的龙头、小前额、耳朵等小部件，继而干一些制作白脸、金脸、魁星、老寿星等脸壳的脱胎、贴纸等活。就这样耳濡目染，他一步步掌握了盔帽制作的门径。

村里有一位叫梅芝富老人，按辈分，梅立忠应该叫他爷爷，他曾在老班社里做二花脸，常出去搭班演戏，后来又管戏服和盔帽，阅历非常丰富。梅芝富知道许多戏的典故，对戏里的人物穿什么戴什么都一清二楚、如数家珍。每年农历六月，他会将剧团的盔帽、戏服拿出来晒伏，这时候他就会不厌其烦地给梅立忠等小辈对照实物介绍什么是大宫装，什么是挑蟒，什么是开台，什么是霞帔等。村里还有一个叫梅江达的人，他以前在东阳紫云班管过戏服，知道的典故也很多，会讲戏班规矩，包括穿戏服规矩、戏班化妆规矩、吃饭规矩等，他还把这些典故跟盔帽之间的关系结合起来，讲得深入浅出，头头是道。这两个人对梅立忠的影响特别大，让他从小就掌握了许多戏服和盔帽的知识。

父亲对梅立忠的要求非常严格，经常教导他，手艺人的名声是通过制作器物的质量和水平来评定和传播的。做活的时候，每一道工序，甚至制作环境的卫生都一定要严格要求，从自己手上出去的每一件器物都要经得起时间的考验。严师出高徒，在父亲的严格要求和悉心指导下，梅立忠对制作婺剧盔帽的塑形、焊接、沥粉、贴金、点翠等各道工艺做得非常细致，一丝不苟。13岁时，梅立忠用父亲的样板独立完成了一顶木偶戏用的扎巾盔。

梅立忠还师从父亲学习油漆、泥塑、木雕，他心灵手巧，记性极佳，又很会动脑筋。《杨门女将》一部戏几十个角色，他能记住每个角色所戴的盔帽、所用道具，并仔细琢磨它们是怎么做出来的。22岁时，他已经能独立制作常用的婺剧盔帽，基本上能独当一面了。

凭着这特殊的技艺，25岁时，他被调到义乌婺剧团工作。这是他人生的一个重要的转折点，他的生活开始安定下来，他所学的技艺终于有了真正的用武之地。他的技艺也随着知识和阅历的增长得到了系统化的提升。26岁时，梅立忠独立为义乌婺剧团所演的《义乌兵》制作了各色盔帽。《义乌兵》在参加省婺剧节会演时，获得了省文化厅颁发的盔帽制作单项奖。

梅立忠制作的盔帽，既保留着传统婺剧盔帽的制作技术和样式，同时也吸收了京剧、越剧等剧种的盔帽精髓，融会贯通，独树一帜。目前，梅立忠在义乌婺剧保护传承中心负责盔帽和服装的制作和保管工作，同时被评为第二批金华市非遗"婺剧盔帽制作技艺"的代表性传承人。2017年6月，被推荐申报第五批浙江省非物质遗产项目代表性传承人。

婺剧盔帽制作技艺的传承

盔帽和戏服都是演戏的行头，是戏剧综合艺术的组成部分，每个剧种都离不开盔帽，它是戏曲生命的重要组成部分，不可或缺。以前的戏剧班社有句行话：行头(道具)、承头(班主)加伙头(后勤)，衣食住行都不愁。"行头"排三头之首，因为"行头"的优劣体现班社的实力和水平，大的班社甚至会配备三套行头。行头分"三箱"，即头箱、盔箱、衣箱，包括了衣、冠、靴、带以及刀枪把子、文房四宝等道具。

随着时间的推移，许多懂行的盔帽老艺人相继去世，加上现在要学盔帽制作的年轻人也寥寥无几，这项技艺面临着失传的危险。保护好传统婺剧文化，做好婺剧盔帽的传承和研究工作，培养合格的盔帽制作传承人，已经迫在眉睫。

盔帽制作工序繁多，而且要求制作者既要有历史知识，又要有绘画、镂剪等功底。盔帽制作是纯手工活，非常耗时，完成一顶较为复杂的盔帽要花费近一周时间，所以制作人不但要心细，还要有耐性，脾性浮躁的人是根本做不了这一行的。

现在，盔帽制作已成了冷门的技艺，哪怕制作者技艺再好，也不可能产生较大的经济利益，和以前制作行头的师傅衣食住行都不愁形成了鲜明的对比。制作盔帽不足以养家糊口，就算有浓厚的兴趣，但由于生计所迫，只能忍痛割舍。

但是，梅立忠依然能平心静气，陶醉在制作盔帽、面具的工艺中。对梅立忠来说，每天面对刻刀、扎丝、泥胚、马粪纸这些材料和烦琐重复的工作，他无怨无悔且甘之如饴。每做成一顶盔帽，他就有一种成就感，而这种快乐是其他物质的东西所不能替代的。

剧团每次演出前，梅立忠都会把盔帽、戏服、鞋子、额带都理一遍，一次演出需要成百上千件的行头，件件要齐整。断根细绳、少颗玻璃泡珠，都是绝不允许的，会影响演员情绪和演出效果的。梅立忠日复一日、年复一年地做着这门手艺，干着这份工作，却并不懈怠，更不知疲累。现在许多面具是用玻璃钢制作的，但梅立忠依然保留传统的泥塑纸糊脱胎的方法制作。他认为，面具甚至比盔帽更要抓紧保护，因为面具更讲究专戏专用、专人专用。有些戏里用着面具不是很多，所以关注的人很少，更容易失传。

面对目前盔帽制作的疲软状况，梅立忠腾出部分精力用于盔帽制作技艺的研究和传承上。他利用下乡演出和文化交流的机会，为义乌婺剧团的学员，义乌的在校学生、老师，社会戏曲爱好者讲解盔帽制作工艺，和盔帽在戏曲人物造型中的用法。除此之外，梅立忠还做了一件非常重要的事，就是把传统婺剧盔帽样板加以整理，包括他父亲传给他的和自己在剧团 20 来年创作的样板，做一些适当的改进，尤其是对一些濒临失传的盔帽再进行挖掘。他把多种样板进行复刻，工作量特别大，手都刻出了血，长出了老茧。现在，他已经整理了满满三大袋子。他觉得，这些事他不做就没人做了，以后即使有人想做也做不出来了。

在长期的盔帽制作的过程中，梅立忠不拘一格，不断创新，常有新作品问世。有一天他突发奇想：根据婺剧盔帽的特色，能不能开发出一种别具一格的小工艺品呢？说干就干，他匠心独运，独辟蹊径，专门为日本友人研制出了一些大如拳头的盔帽小工艺品，这些做工精湛，玲珑可爱的迷你小盔帽受到了大家的追捧和青睐。这让梅立忠心花怒放，这样一来，盔帽的传统手艺得到了传承，盔帽艺术又走出国门，走向世界。让地球人既体会到婺剧文化深厚韵味，感受婺剧艺术的独特魅力，也感受到中华民族匠人的绝妙技艺！

随着国家对非物质文化遗产的日益重视，婺剧演出市场日渐红火，盔帽和饰品制作也得到了充分的重视。2018 年 1 月，盔帽制作这门民间手工技艺被批准为"浙江省第五批非物质文化遗产"，代表传承人就是梅立忠。

镂空艺术说剪纸

义乌剪纸小史

一把米筛一条凳，
一把剪子一张纸。
左边奶奶右边姑，
教我小囡剪花纸。
房前屋后团团坐，
姑娘斗巧比剪纸。

这首歌谣，是义乌传统民间剪纸最真实、最生动的写照。

2009年9月30日，联合国教科文组织正式批准将我国的剪纸列入世界非物质文化遗产目录。

剪纸是一种镂空艺术，给人玲珑剔透的造型美。作为中国民间历史悠久、流传很广的一种艺术形式，剪纸风格独特，构思精巧，匠心独运。

在新石器时代，出现了一种叫"岩画"的石刻文化。在人类社会早期发展的进程中，我们的祖先以石器作为工具，用粗犷、古朴、自然的方法——石刻来描绘、记录他们的生产方式和生活内容。岩画虽然和剪纸风马牛不相及，但它是中华民族本土的本源文化，与民间剪纸存在着一种相应性的共同审美状态。

我国曾发现疑似战国时期的剪纸。到西汉时，人们用苎麻纤维造出了纸，才有真正意义上的剪纸。到了唐代，剪纸艺术已日趋成熟。杜甫长诗《彭衙行》中有"暖汤濯我足，剪纸招我魂"之句。早期的剪纸跟道家祀神招魂祭灵文化有关。兵荒马乱的年月里，人们害怕在颠沛流离中丢了魂魄；有人家小孩病了，家长认为孩子的魂魄被鬼魅摄去，就用纸剪成旐（旗），粘在一根带叶子的小竹竿上，由一个人举着，还有几个人跟着边走边喊：某某人回家哕！某某人回家哕！目的是要把丢失了的灵魂招回家来。招魂的风俗在民间曾经非常盛行。

唐代诗人崔道融的《春闺》诗中，出现过剪纸的描写：

寒食月明雨，落花香满泥。佳人持锦字，无雁寄辽西。

欲剪宜春字，春寒入剪刀。辽阳在何处，莫望寄征袍。

"欲剪宜春字，春寒入剪刀。""宜春字"就是宜春帖子，一种剪纸作品。段成式在《酉阳杂俎》中说："立春日，士大夫之家，剪纸为小幡，谓之春幡，或悬于佳人之首，或缀于花枝之下。又剪春蝶春钱、春胜……"说的是有声望、有雅兴的人家，春天里玩的一种关于春的游戏。

宋代剪纸，有不少用来作礼品上的点缀。直到现在，江南还有许多地方时兴这个，在礼品上放一张红色剪纸，既喜庆，又美观。更多的剪纸作品是贴在窗上的窗花，也有的作品是用来装饰灯彩的。南宋时期，有人专剪"诸色花样"。其时，皮影盛行，雕镂皮影的材料除了动物的皮子，还有厚纸。

宋代瓷器图案题材很多，有八仙过海，有和合二仙，有凤凰衔书，有喜鹊登梅，还有各种花果虫鱼和吉祥、祝福的文字。工人施釉过程中，贴上剪纸，入窑烧制出来的瓷器就有了永不褪色的、鲜亮精美的图案。蓝印花布在宋代已经普及，用镂花纸板刮上蜡浆后再染色而呈现的图案，就叫蜡染。而明代的夹纱灯则将剪纸夹在纱中，烛光点亮后，映出的花纹图像，美妙异常。

到了清代，剪纸技艺极为成熟。北京故宫博物院里的坤宁宫，顶棚和宫室两旁的过道壁间，用白纸衬托出的黑色的龙凤双喜，都是剪纸作品。

剪纸技艺

中国民间剪纸多反映劳动人民的日常生活，它并非只对物象进行简单、直观的模拟，而是超越现实的客观呈现，往往显得变形而夸张，在形式上改变人们对自然原形的惯常认知。

剪纸由纯手工操作。刀具是手指的延伸。所谓的刀具，包括剪刀和各种大小、形状不一的镂空凿子。根据剪纸的手法，分别称为剪刀剪和刀剪。剪刀剪借助于剪刀，将一张纸直接剪出图案。刀剪（实际上是镂刻）则是先把一叠纸张，放在由灰和牛油做成的有弹性的油盘上，然后用各种小刀刻划镂空。剪纸艺人垂直握刀，根据图样将纸加工成所需的图案。和剪刀剪相比，刀剪一次可加工七八张甚至更多的同一图案的作品。

  刀剪近似雕刻。常用的有阳刻、阴刻和阴阳刻等三种手法。阳刻是以线为主，把造型的线留住，将其他部分镂去，线线相连，不能弄断，这种作品称为"正形"；阴刻以块为主，把图中的线条雕去，线线相断，把形剪空，称为"负形"。阴阳刻则把阳刻与阴刻结合起来，这种特殊、综合的刀刻方法，雕镂出的作品画面就更加有层次感了。

  剪纸很讲究线条，前人把剪纸的线条归纳为五个字：圆、尖、方、缺、线。其标准是：圆如秋月，尖如麦芒，方如青砖，缺如锯齿，线如胡须。构图上，剪纸较多使用组合手法，它可以把太阳、月亮、星星、飞鸟、云彩，同大地上的建筑物、人群、各种动物安排在同一个画面上，"层层垒高"，"隔物换景"，利用图案形式美的规律，对称、组合、连续。形象上要夸张、简洁，姿势上要优美，就像舞台上的亮相，富有层次感和节奏感。在色彩上，要单纯、明快。在对比色中求协调，尽量少做同类色、类似色、邻近色的配置。在刀法上要做到稳、准、巧；握刀必须垂直，不能有半点偏斜。用力要刚劲、均匀，下刀和起刀必须做到准，特别是在刀刀连接处，要干脆利索，说下就下，说起就起。

剪纸艺术的题材

剪纸的作者大多来自农村，他们的作品题材大多取材于自己的平常生活，如喂鸡、养猪、牧羊、放牛、骑驴、赶车，还有抱着娃娃回娘家的，更有锄禾、插秧等田间劳作的，极有生活气息；有的人直接把鸡、鸭、鹅、牛、羊、狗、猫、骆驼剪成图案，也有热衷于花草、瓜果、蔬菜的创作。作品中透着浓浓的生活气息，各种生灵栩栩如生。

剪纸多爱吉庆寓意的题材，借某一物象来表示一个概念，使人产生联想。如桃子象征长寿，石榴象征多子，鸳鸯象征爱情，牡丹象征富贵，松树象征长青不老，喜鹊象征着喜事临门；还有象形的，比如在公鸡身上刻几朵花寓意花公鸡，在鹿身上刻几朵梅花寓意梅花鹿，刻上莲花和鲤鱼就寓意"连年有余"，刻上蝙蝠就寓意"福"到了；还有一种假托法，比如在纸上刻上一朵云彩就表示天空，刻上一朵雪花就表示冬天。

戏曲人物和神话故事，也能够通过剪纸呈现。江浙一带是越剧之乡，就有艺人取材于脍炙人口的《梁山伯与祝英台》《白蛇传》《红楼梦》《西厢记》等戏曲故事。此外诸如《八仙过海》《嫦娥奔月》《天女散花》《老鼠嫁女》等老百姓耳熟能详的民间传说故事，也常变为颇受欢迎的剪纸作品。

义乌的剪纸艺术

义乌剪纸是一朵亮丽的奇葩。

义乌的民间剪纸历史悠久，剪纸艺人遍及百户千家。浙江民间剪纸源于唐代，盛行于五代，明清时发展到一个鼎盛时期。"凝练概括、厚中见秀、玲珑剔透、含蓄华丽。"则是对包括义乌剪纸在内的浙江民间剪纸的绝好的定评。据考证，义乌民间剪纸最早起源于民间传统的祭祀用品，后逐渐用于节庆、婚嫁时的装饰品。元代"儒林四杰"之一的黄溍在《哭御史王公》中说："楚客犹疑刻剑痕，秋风已到孟尝门。残潮落月天涯夜，剪纸难招万里魂。"这首七言绝句，也是有力的佐证。

与温州乐清流传了七百多年的细纹刻纸的雅致精细不同，义乌的剪纸显得富丽雍容。最具特色的作品，当属义乌的戏曲窗花。它构图复杂，造型古朴，画面生动，人物的线条柔美而丰满，尽显雍华之态。

随着清代地方戏曲的昌盛，剪纸艺人就把戏曲人物形象，作为上佳的剪纸题材，因而形成了独特的艺术风格。义乌的戏曲人物剪纸，极具想象力，且风格秀丽，装饰性很强；并强调画面的完整性，内容多为人们喜闻乐见的婺剧故事和民间传说。

每逢年节喜庆，金华婺剧经常在本地的农村中巡回演出。民间的剪纸艺人把戏曲的故事、剧中人物揣摩透了，再以窗花的形式剪现出来，这种剪纸颇受广大群众欢迎。义乌、浦江一带的戏曲剪纸艺术造型独特，手法多种多样，阴剪阳镂兼施，既有折叠剪，又可以衬之各种颜色。

除戏曲剪纸外，义乌、浦江剪纸中的花鸟动物，剪得动感十足，还有一种韵律感。虫鸟形象千姿百态，身上纤毫毕露，非常招人喜爱。

义乌、浦江一带的剪纸，既有南方剪纸的细密秀丽，又有北方剪纸的浑厚粗犷，已成为中国剪纸艺术中的主要流派之一。

剪纸是义乌女孩女红的必修课。义乌女儿从小就要接受系统的剪纸艺术的传教和训练。技艺好的,能提升女孩的婚配条件。义乌、浦江一带的女子出嫁时,要制作大量的、内容丰富品种繁多的窗花、礼花、灯花、功德花等。这些精美的剪纸,作为最珍贵的嫁妆带到男方家,夫家则以新媳妇会剪丰富而精美的剪纸而自豪。同时,陪嫁的其他家具上,也都要覆上"龙凤呈祥""双栖鸳鸯""麒麟送子"等剪纸,俗称"利市"。

剪纸给了乡村女人丰富和美好的精神世界,在生生死死的接续中,在民俗的流变中,义乌剪纸日臻完美。在年复一年的辛勤制作中,女人们理解了生命的内涵,体验着生活的痛和快乐。也许她们大字不识一斗,却能用一把剪刀、一张薄纸,剪出一方水土的神韵,剪出了对美好生活的憧憬。

义乌剪纸的领军人物

朱新琦,义乌市赤岸镇人,生于1956年,是金华市非物质文化遗产传承人,义乌市剪纸研究会会长。他受母亲的艺术熏陶,很小便醉心于剪纸艺术。他在一张张纸上,剪出各式各样、惟妙惟肖的花鸟、虫鱼、人物、山水,作品不计其数。他匠心独运、构思巧妙、疏密合理、技法精湛,作品堪称高大上。

梅花香自苦寒来。20世纪八十、九十年代,他利用出差机会,走遍了祖国的名山大川。他用手中的笔和相机,捕捉着华夏大地的古老文化,捕捉那最具灵性的精彩瞬间,然后细细品味,以独特的艺术感觉,将无限的神韵和精妙糅合到他的剪纸作品之中。

他对剪纸艺术的追求，达到如痴如醉的程度。只要一听到有人说哪里的建筑有特色，哪里的剪纸堪称一绝，他就会千方百计设法去现场观摩，去实地考察，一定要了解其中的精彩和奥妙。

他夜以继日地钻研剪纸艺术，努力拿出最满意的作品。许多人不理解，他们认为，剪纸是女红，是女人的玩意儿，你一大老爷们玩这个干吗？剪纸没什么收入，连家里温饱问题也解决不了。但他却"执迷不悟"，我行我素。他的作品格调大气、构思巧妙、技法精湛，恢宏中又不失江南人的婉约细腻，这是他经过多年的乡土艺术熏陶得来的，也是他所独有的艺术特色和追求。

生在农村、长在江南的朱新琦，对江南一带的民俗风情有深刻的体会和理解，同时他又善于吸收北方剪纸的洗练和质朴。他继承了我国经百年锤炼的传统剪纸技手法，又大胆地采用时尚、清新的现代表现形式。他撷取日常生活中的真善美，收集稍纵即逝的点点滴滴，使自己的作品富更有诗情画意，更情真意切，更耐人寻味；他风格鲜明的艺术价值的取向，一直影响了义乌乃至全国剪纸艺术的创作。

有一点朱新琦做得特别突出。他充分借鉴了中国画的表现形式，虚实相生，写意和工笔结合。他改变了民间剪纸中普遍镂空剔透、线线相连、构图丰满等形式，大胆采用了概括、凝练等元素，使作品更趋现代美感，更符合现代人的审美。经过几十年的不懈努力，他终于创作出了《红楼梦》、《清明上河图》长卷，还创作了《三国五虎上将》《水浒一百零八将》《云黄禅意》《颜乌葬父》《松瀑泉石》《宾王咏鹅图》《猫嬉图》《百子图》等优秀作品。这些作品都非常注重人物感情和意境，展现人物瞬间最美最动人的细节，笔简意工，像一曲曲抒情的田园诗和优雅的民歌。

朱新琦的剪纸作品借鉴了国画风格。他的作品高雅大气，美不胜收，被广大剪纸迷们所追捧，也得到了专家的高度评价。他先后接受中央电视台、浙江电视台、金华电视台、义乌电视台、中国文化报、浙江日报、金华日报、义乌日报等多家新闻媒体的采访和报道。

满载荣誉的朱新琦，常常会追忆童年时的温馨。他的童年是在母亲"咔咔"的剪纸声中度过的。他母亲是个聪明贤惠的民间巧女，家中人口多，开销大，她便以绣扇饼（义乌民间用麦秸编成蒲扇，因其形状圆形似饼，故民间俗称扇饼）、剪鞋样等手艺贴补家用。绣扇饼前往往要先剪好图案，画在布上，这是一道至关重要的工序。母亲用一双巧手剪出各式各样、惟妙惟肖的花鸟虫鱼，朱新琦看得眼都直了。除了对母亲由衷的敬佩外，他还对剪纸产生了无比浓厚的兴趣。他是个乖乖儿，一有空便偎在母亲身边，学着母亲的样子剪剪画画，常常也能剪个八九不离十，就是缺点神韵。母亲见他有这方面的爱好，就倾心相授技艺。慈母兼良师，再加上平时的耳濡目染，天资聪慧的他在孩提时便打下了比较扎实的剪纸基础。

他上初一那年，村里放映电影《孙悟空三打白骨精》。他看完后，脑子里都是孙悟空和白骨精的精彩打斗画面。回家后他画画剪剪，几天后，他就创作出剪纸处女作《孙悟空三打白骨精》。他把作品带到学校里，老师和同学看了都不敢相信，朱新琦还有这么一手绝活！

得到了欣赏和鼓励，他的创作热情愈发高涨，每天在完成作业以后，他都会坚持两小时的剪纸练习。就这样日复一日，年复一年，他的剪纸技法日臻成熟，作品还被贴进当时义乌县委的宣传柜窗。

那个时候，他常去逛百货公司。货架上摆着的脸盆、牙缸、热水瓶和被套，都有着漂亮的图案。他就趴在柜台上临摹，回到宿舍里，都能依样剪出花样来。他无论走到哪里，肩上总挎一个工具包，里面放着的都是画笔和剪纸工具，随时发现素材，随时创作。对这个有心人来说，生活中的素材俯拾皆是，信手拈来。这大大地丰富了他的创作源泉。

20世纪70年代末，住在朱新琦楼下的一位领导，偶然看到他的剪纸作品，就推荐他去参加全国工艺美术展览。他带着三幅作品去参赛，竟拿下两个一等奖和一个二等奖。这么大的荣誉，让他欣喜若狂，也改变了他的人生之路。

1995年，朱新琦毅然辞去工作，把全部的精力都投入了剪纸艺术。虽然创作了大量的作品，家里却闹起了饥荒。因为没了工资，一家人的生活全得靠他妻子微薄的工资来支撑，日子过得捉襟见肘。为了省钱，五角钱的面条曾经是他全家一天的口粮。为了购买剪纸的工具和材料，他妻子把几件陪嫁的金银首饰也变卖了。

在严酷的现实面前，他曾迷惘过，动摇过。为什么这么辛苦地创作，却连温饱问题都解决不了呢？

耐得住寂寞就是胜利，曙光就在前面。2000年，一位北京专家看了朱新琦的作品后，大为赞赏，再三鼓励朱新琦不能中断创作，一定要想办法把剪纸推向社会。在这位专家的鼓励下，他把作品送到义乌市文化局。有关领导看后大喜过望，没想到义乌居然有这么一位剪纸高手！于是他建议朱新琦在义乌举办一次个人剪纸作品展,让大家一饱眼福,也让朱新琦的作品扩大影响。

在义乌市文化局的关怀下,2001年10月20日,朱新琦第一次举办了个人民间剪纸艺术展。同年,中央电视台特意来义乌给他的剪纸艺术做了专题。

2002年初,中国剪纸被联合国教科文组织认定为"非物质世界文化遗产",这更激发了朱新琦对剪纸创作的热情和信心。2003年1月20日,朱新琦剪纸艺术作品展在义乌城区黄大宗祠再次展出。他突破了传统剪纸的窠臼,独辟蹊径,短短的几年时间,他完成了对人物、山水以及重大题材的飞跃。

他的剪纸刀法简洁精练,画面生动坦然、轻松直接,显示出旺盛的生命力。他的《红楼梦》《清明上河图》《春山胜境》等,都融入了国画的韵味,层次分明,气势磅礴,令人叹为观止。来观摩他的剪纸展览的观众比肩接踵,把黄大宗祠挤得水泄不通。展出六天,参观者竟高达八万余人。他那幅《红楼梦》作品,以3.8万元的高价被人收藏。

朱新琦的剪纸作品,除单一体裁单幅作品外,内容复杂的则成套成系列,剪成多幅一套的,有《十八罗汉》《水浒一百零八将》《金陵十二钗》《梅兰竹菊》《四季花卉》等。更有一些现代题材的剪纸,选材多紧密联系社会现实生活,大胆创新,形式上不拘一格。他的剪纸让更多的义乌人重新关注这项民间艺术,朱新琦也成为江浙派剪纸艺术的领军人物。

代表性作品之一《清明上河图》

在朱新琦心中,以往较多的剪纸作品,都是单幅的花鸟虫鱼图案,人们对剪纸的印象,也大多停留在窗花上。从2003年开始,他尝试将传统剪纸跟国画风格结合在一起,让剪纸登上了大雅之堂。其中最为引人注目的,是他2005年创作的《清明上河图》,这幅巨作长800厘米、宽43厘米,由两部分组成,一部分是农村,另一部分是市集,内容丰富,有茅舍、草桥、流水、老树、扁舟、茶坊、酒肆、脚店、肉铺、庙宇、公廨、医药门诊、大车修理、看相算命、修面整容等,各行各业,一应俱全。最醒目的是横跨汴河上的一座规模宏大的拱桥,它结构精致,式样优美,宛如飞虹。

这幅剪纸作品里还包括550多人,牛、马、骡、驴等牲畜50多匹,大小船只20余艘,房屋楼宇30多栋,车13辆,轿14顶,桥17座,树木180棵。往来的人群各不相同,男女老少,或胖或瘦。有衣着光鲜的,有衣衫褴褛的。一颦一笑,一嗔一怒,无不栩栩如生。那细微之处的刀刻真叫纤毫毕露,一丝不苟,让人叹为观止。

《清明上河图》反映的是北宋时期汴京城的繁华,通过这幅巨作,人们可以了解北宋当时的城市风貌和各阶层人民的生活境况。《清明上河图》的剪纸难度之高,过程之烦琐,都是空前的。整幅剪纸构图严谨,技法精湛,格调高雅,无懈可击。为此朱新琦耗时近两年才完成。曾经有位义乌的房地产商想用一套160多平方米的房子来交换这幅作品,但被朱新琦婉言谢绝了。

代表性作品之二《颜乌葬父》

朱新琦的经典剪纸作品《颜乌葬父》,诠释的是义乌的"孝文化"。义乌的前名叫"乌伤",就是由"颜乌葬父"这个故事而来。

孝子颜乌，祖上是从鲁国迁来的。因受颜渊（名回，字子渊）的"一箪食、一瓢饮，在陋巷"安贫守道思想的影响，一家人择居在义乌荒郊，以耕作为生。但颜乌之母操劳过度，先离开了人世，留下年幼的颜乌与父亲颜凤相依为命。颜父颜凤，辛辛苦苦把颜乌拉扯大。颜乌勤快、善良、孝顺，体谅父亲年老体弱，不让父亲多干重活，对父亲尽孝子之礼。

有一次，颜乌发现有一只小乌鸦因腿伤而跌落在地，哇哇地惨叫着。颜乌将它捧回家，精心地治疗、喂养。乌鸦痊愈后，颜乌就将它放归自然。但这乌鸦总是领着一群同伴在他家房前屋后盘旋，久久不肯离去。颜乌父子俩并不驱赶，还特意撒点粮食喂它们。

几年过去了，颜乌长大成人，而父亲却更加衰老了。颜凤终因病痛撒手西去。颜乌悲痛万分，一边哭得死去活来，一边准备父亲的后事。颜乌家一贫如洗，附近也无邻居。他独自挖土营墓，唯一的一把锄头挖坏了，就用手刨，整整刨了三天三夜，双手弄得血肉模糊。因又饿又累，他晕倒在地。这时候，那只被他救过的乌鸦领着一大群乌鸦，衔着泥土来帮颜乌筑坟。乌鸦们奋不顾身地来来回回啄土衔泥，喙都被磨破了，流出了殷红的血。第四天，坟筑好了，乌鸦们渐渐离去。颜乌由于过度悲伤和劳累，竟死在父亲的墓旁。那些乌鸦们又飞了回来，它们绕着颜乌的遗体，悲伤地哇哇哭叫，然后用还在滴血的喙，继续来回衔土，直到把颜乌的尸体完全掩埋。

这件事不知怎么传了开去，乌鸦的义举、颜乌的纯孝，感天动地，从而流芳千古。

朱新琦这幅《颜乌葬父》剪纸作品，刀工细腻，技艺精湛。

乌鸦的羽毛都清晰看见，颜乌悲戚的神情分外逼真，整个作品透出萧瑟和悲壮的气息。

朱新琦的现代剪纸艺术的风格是：鲜明而质朴的情调，果断而精致的造型，明快而简练的形式，体现了他对艺术的致尚、致美、致新的追求。

义乌剪纸艺术研究会

以前，由于人们对非物质文化遗产保护理念的滞后，缺乏对原生态文化整体价值的认知，已有千年历史的义乌民间剪纸文化出现青黄不接、后继无人、面临失传的危险。抢救和保护剪纸艺术的工作势在必行。2007年11月，在朱新琦的带领和运筹下，义乌剪纸艺术研究会成立了。初建时会员64人，经过多年的发展，会员已发展到200余人。其中有数十人还加入了国家级研究会和省级研究会。这个成绩，在全国地级市中都是名列前茅，而义乌仅仅是个县级市！

同年，朱新琦当选为义乌市政协委员，义乌市优秀民间艺术家。在他的努力下，义乌剪纸于2008年又获评第二批金华市级非遗项目名录。2009年，朱新琦被中华文化促进会推选为剪纸艺术研究会常务理事。2009年10月22日，在北京义乌同乡会和义乌市政府的帮助下，"朱新琦剪纸艺术作品展"在北京军事博物馆隆重开幕。本次展览，共展出了《清明上河图》和《百子图》长卷、《水浒一百零八将》《云黄禅意》《松瀑泉石》等100多幅作品，备受各界人士的好评。中华文化促进会剪纸艺术专业委员会会长张树贤评价道：朱新琦充分借鉴了国画的表现形式，虚实结合，写意和工笔结合，创作出一大批富有生活气息、老百姓喜闻乐见的剪纸作品。

在朱新琦的带领下，剪纸艺术研究会致力于发展和弘扬民间剪纸艺术，先后启动了"剪纸艺术进学校""剪纸艺术走进新农村"等系列活动，进一步繁荣了义乌剪纸艺术。会员们不辞辛劳，他们每年都要举办剪纸义务培训，建立最有特色的剪纸培训学校三所：塘李小学、毛店小学和义乌工商学院。塘李小学于2007年开设了剪纸艺术班，并逐步将剪纸课发展为校本课程，作为"一校一品"特色文化加以重点建设。还辟出专门的剪纸陈列室，每月每班一展演，每学期办一次成果展。学生们进步很快，他们的剪纸作品屡屡在各项大赛中获奖。学校为此专门开发了一个剪纸网站，为师生们提供一个展示作品的平台，以便大家互相交流。这样的艺术网站，为义乌之首创。

朱新琦的故乡在义乌赤岸镇，那里有所毛店小学。该校领导也是位有开拓精神的人，为了把学校办出特色，他找到了朱新琦，请他帮助在校内开办一个剪纸培训班。朱新琦和剪纸艺术研究会会员们迅速行动起来，在毛店小学建立了五个固定的剪纸培训班，并把学校列为全市剪纸的创作基地。毛店小学与塘李小学一样，把剪纸列为学校的校本课程。

不管寒冬酷暑，也不管刮风下雨，朱新琦都要亲自前往毛店小学，给学生们讲课，并手把手地教他们剪纸。到现在为止，他已坚持了十余年了。剪纸艺术研究会还为毛店小学培养了多名教师，专门负责学校剪纸教学实践。

如今，毛店小学通过剪纸教学，已经形成自己的优势。学校提出了"一剪美、一生美"的特色培育理念，确立了"纸艺绘人生"的总体目标,以"人人会剪纸,生生能创作,个个有梦想"为实施途径,确定了"尚美——点亮智慧人生"的文化理念。

毛店小学的校园里,随处都可见精美的剪纸作品,特色鲜明,生动活泼,非常吸引眼球。

义乌剪纸艺术研究会还在义乌工商学院开设了剪纸兴趣班。这是一次新的突破,因为该学校有很多外国留学生,剪纸进入校园,很受外国留学生的欢迎。2013年5月,义乌工商学院与剪纸研究会深入合作,正式开办"留学生中华剪纸艺术班"。民间艺术走进高校留学生课堂,这是义乌的首创。朱新琦说,艺术没有国界,只要你愿意学,认真学,不论国籍、身份、年龄,我都愿意教。他希望通过这些"洋学徒",将中国的剪纸艺术带到世界各地,让中华文化在异国他乡生根开花!

在义乌工商学院就读的留学生有600多名,分别来自60多个国家和地区,留学生人数居全省高职院校首位。剪纸艺术班一成立,就有来自也门、俄罗斯、韩国、印尼等18个国家的29名留学生踊跃报名。义乌市剪纸艺术研究会派出精干力量,每周定期到工商学院授课。义乌工商学院深刻地认识到,传统文化教育普及工作是一项长期的工程。非物质文化遗产进课堂、进教材、进校园,要建立长效机制,力争让非遗的传承与保护成为每个大学生的自觉行为。

朱新琦多次到学校亲自传授留学生的剪纸技艺,教他们剪出了形态各异的图形,其中寓意"年年有余"的鱼和独具创意的团花作品,最受留学生们喜爱。他的教育方式深入浅出,平中见奇,蕴含玄机,极大地提高了留学生们的兴趣,留学生们如饥似渴、兴致勃勃地学习，他们说，在剪纸课堂上，真切地感受到了中国剪纸艺术的魅力，加深了对中国传统文化和民间艺术的了解。

艺术精品集《义乌剪纸》

义乌剪纸协会出版了一本剪纸专集，名为《义乌剪纸》，这是研究会成员数年来精品力作的荟萃。他们在前两届"稠城杯"剪纸艺术创作大赛的基础上，整理、遴选了各类剪纸比赛中的优秀作品共计210幅，汇编成册。

《义乌剪纸》内容丰富，形式多样，融古通今、雅俗共赏，全面展示了义乌剪纸艺术的成果。诚如中华文化促进会剪纸艺术委员会秘书长所说，义乌剪纸艺术立足于民俗乡土文化，突破了民间传统的形式，大胆地运用了中国书画散点透视的构图形式，题材新颖，布局合理，刀法流畅，意境深邃，构图秀丽洒脱，散发着浓郁的江南民俗风情。《义乌剪纸》一出版面世，就好评如潮，深受专家的青睐和读者的喜爱。

《义乌剪纸》集子的作者大多为义乌本土人，那浓得化不开的乡情、乡恋、乡愁，始终盘桓在他们心头；自然人文景观、戏曲人物、花草虫鱼、神话传说、民间风俗，在这些剪纸艺术家手中，变成一张张艺术珍品，它们栩栩如生，呼之欲出。在这本《义乌剪纸》中，义乌的文化名片——义乌兵文化、拨浪鼓文化，都得以尽情泼洒；义乌的历史人物得以神形兼备再现；义乌的民风民俗也予以诗意地表达。入选此集中的作品，风格秀美而不落俗套，构思浪漫而不浮夸。鉴赏这一幅幅美不胜收的作品，我们可以毫不犹豫地说：义乌的剪纸艺术，已走在全省乃至全国的前列。

剪纸奶奶——许美芝

许美芝，义乌市剪纸协会副会长。她出生于1949年，家长因此给她起名叫"许解放"。渐长，她哥哥说"解放"两个字太男人化，经过父母同意，将她改名为"美芝"，寓意着生活就像"芝麻开花节节高"那么美好。

和许多剪纸爱好者一样，许美芝对剪纸的兴趣也是从小时就形成的。她的母亲是个民间巧女，当年村里家家户户的窗花，嫁女的吉祥剪品，几乎都出自她之手。耳濡目染，潜移默化，许美芝也爱上了剪纸艺术。

1995年，许美芝在她任教的倍磊小学第一次开设了剪纸课。令人惊喜的是，她首次辅导学生的剪纸作品，就在佛堂镇文化节上获得了全镇第一名的奖杯！这让许美芝兴奋得整夜都睡不着，也让她有了极强的成就感，从此她如痴如醉地迷上了剪纸。她对艺术不断地探索，对向她学剪纸的学生循循善诱，付出了大量的心血。

2004年，许美芝退休。一次偶然的机会，许美芝在绣湖公园看到了朱新琦的剪纸作品展。在展出文字介绍中，朱新琦为艺术顽强拼搏、精益求精的精神感动了她，作品的浓厚古朴风格更是让她由衷地佩服。许美芝去找朱新琦，诚恳地想要向他讨教学习，也因此认识了更多的剪纸艺人，从而找到了更好的发展平台。从此，她身心愉悦，如鱼得水。在朱新琦的带领下，大家一同筹备作品，参加"神州风韵"全国剪纸大赛。功夫不负有心人，在首届"神州风韵"全国剪纸大赛上，金华市共有四人获奖，许美芝就是其中之一。之后，在各种剪纸大赛上，许美芝的剪纸作品总能获得好名次，这更增添了她对剪纸创作的兴趣，剪纸技艺得到了很大的提升。2006年10月，"许美芝"这个名字被编进由王伯敏编写的《中国民间剪纸史》里，这是多大的荣誉和肯定啊。

2007年，许美芝被推选为义乌剪纸艺术研究会的常务副会长。

为传承民间剪纸艺术，使民间剪纸在义乌能后继有人，许美芝自告奋勇当起了义乌城乡十多所中小学剪纸班的培训教师，同时还兼任义乌老年大学和稠城街道向阳社区剪纸班指导老师，她兴致勃勃地做着义务劳动，不收取任何报酬。

在长期的剪纸生涯中，许美芝创作了几百幅各种题材的剪纸作品，并屡屡获奖。如2009年创作的《欢庆祖国60华诞》，荣获义乌市剪纸大赛金奖。2011年，其创作的《喜庆建党90周年》作品，荣获金华市剪纸大赛一等奖。

2012年4月17日，由义乌市文化广电新闻出版局、义乌市剪纸艺术研究会共同举办的"许美芝个人剪纸艺术作品展"，在绣湖公园艺术展厅开展。共展出许美芝64幅原创剪纸作品，其中有《万众一心》《欢度国庆》《喜庆建党90周年》《喜迎党的十八大》和《百姿蝴蝶》等在各种剪纸大赛上获过金奖的主题剪纸作品。

举办"许美芝个人剪纸艺术作品展"，进一步展示了义乌的剪纸艺术之美，让更多的人感受到义乌民间剪纸的魅力，带动更多的人投身于民间剪纸创作，把义乌民间剪纸艺术推向一个更高的水准。

为了密切联系社会，许美芝所在的剪纸艺术研究会先后开展了"剪纸艺术进学校""剪纸艺术走进新农村"等系列活动。近年来，研究会在全市建立了后宅塘李小学、赤岸毛店小学、老年大学、佛堂镇幼儿园、义乌工商学院五个剪纸文化传承基地。

2016年，许美芝被义乌市委宣传部聘请为市农村文化宣传员。为了当好这个宣传员，67岁高龄的许美芝兢兢业业，不管是烈日炎炎，还是北风萧萧，她都骑着电动车，到北苑街道曹道村、万村文化礼堂、义亭镇缸窑村文化礼堂、大陈镇宦塘村文化礼堂等多个地方，给村里的妇女儿童上剪纸课。她的孜孜不倦，她的倾心尽力，感动了很多人，因此，人们都亲切地称她为"剪纸奶奶"。

许美芝还经常参加文博会，参加非遗宣传日活动，现场演示剪纸工艺。许美芝为人善良，有悲悯之心。汶川地震时，她义卖了自己多幅剪纸作品，把所得全部捐给了灾区。逢年过节时，许美芝和剪纸爱好者们赶到火车站，为返乡的民工们送去了"特殊的关怀"，她一个人就送出400多幅十二生肖作品。许美芝还到义乌市看守所，对劳教人员嘘寒问暖，给他们上生动有趣的剪纸课。这让囚犯们感动，增加他们改过自新的决心，重拾生活的勇气。

对许美芝来说，印象最深的莫过于给外籍学生上剪纸课。中国剪纸于2009年被列入世界非物质文化遗产名录，剪纸作品这种艺术品走出国门，引起全世界不同肤色人群的兴趣和关注。前几年，她和朱新琦一起到义乌工商学院，为80多名来自50多个国家和地区的外国留学生举行剪纸艺术讲座，这些留学生对中国剪纸艺术好奇的眼神和艳羡的表情，让她心情激荡，久久不能平静。

多年来，许美芝把大部分精力都放在学习和传授剪纸知识和理念上，放在公益事业上。她能做得如此成功，离不开家人的支持。许美芝有兄弟姐妹七八个，她特别讲亲情，哪家有困难，她都会伸出援助之手，给予热情帮助。在许美芝看来，有"小家"的和谐，才有"大家"的平安。一个好女人，一位好母亲，一定会营造出一个亲情浓浓的家庭。她的儿子和媳妇都十分孝顺，又很理解她。他们很支持许美芝参加社会公益活动，也很支持她的剪纸事业。虽然他们平时工作很忙，但每到双休日，他们都会烧一桌好菜来招待母亲。平时在家里，她的儿媳总会抢着做家务事，还经常买一些时令水果给婆婆补充维生素。按邻居们的说法：这儿子和儿媳，把母亲捧得跟"公主"似的。有一回，许美芝外出讲课路上染了风寒，回家咳嗽不止，咳了两个月也没见好。儿媳妇非常着急，带着她四处求医。后来听说大蒜加冰糖煮水喝能治咳嗽，儿媳妇就每天煮好了，把碗递到她手上。喝了这个偏方以后，许美芝的咳嗽真的就好了。

最美不过夕阳红，许美芝希望在有生之年，尽自己的绵薄之力，进一步弘扬她所钟爱的义乌剪纸艺术。

尾 声

朱新琦、许美芝这些热心于剪纸艺术事业、默默奉献的人，引导、培养了更多的剪纸新生力量，他们是义乌剪纸走向新的繁荣的希望。经历了岁月的积累、淘洗、沉淀,经历了艺人们的不断探索、创新和发展,义乌的剪纸艺术,一定会登上更高的艺术高度。我们期待着。

追逐风筝的人

风筝历史

风筝是人类最早的飞行器。在中国,它出现于春秋时期,至今已有2400余年的历史了。

在中国,风筝的称谓颇为丰富。春秋至唐代,风筝被称作木鸢、风鸢;唐代到清代,风筝被称作纸鸢、纸鹞;清代至今,风筝一词取代了所有的名称。

《韩非子·外储说左上》记载:"墨子为木鸢,三年而成,飞一日而败。"说的是墨翟研究试制了三年,终于用薄木板制成了一只木鸟,能飞,但只飞了一天就坏了。墨子在公元前400年制造的这只"木鸢",就是中国最早的风筝,也是世界上第一只风筝。

后来,墨子把制作木鸢的工艺传承给他的学生公输班(也称鲁班),《墨子·鲁问篇》中说,鲁班根据墨翟的构思和设计,改用强度和韧性更好的竹子做风筝。他把竹子劈开，削薄削光滑，该弯曲的部位用火烤弯曲，做成了一只喜鹊的样子，称为"木鹊"，这种木鹊能在空中飞翔三天，比他师傅做的木鸢进步多了。

最初的风筝曾被用于测查天气风向，看着风筝朝哪边飞，就知道当时刮什么风；凭着手中筝线的拉力轻重，可估计风力有多大。风筝还被用于军事方面，《鸿书》上记载："公输班制木鸢以窥宋城。"原来鲁班制造的木风筝，还可以飞到宋国上空去充当探子！

东汉期间，蔡伦发明了造纸术，人们就用一种韧性很强的绵纸，糊在竹篾扎的风筝架子上，称为"纸鸢"。南方各地至今还有不少人把风筝叫作纸鸢的。用纸糊风筝是个很大的进步，纸鸢轻便灵巧，可以放飞得更高更远。

唐代时，中国的风筝传入韩国、日本等周边国家；五代时期，又有人想出在纸鸢上系个竹哨，纸鸢上天，风入竹哨，声如筝鸣，真是又好听又好玩，也才有了"风筝"的叫法。这个名字既贴切，又美感，所以一直沿用至今。

宋代，放风筝成为百姓喜爱的娱乐和户外活动。宋人周密在《武林旧事》中道："清明时节，人们到郊外放风鸢，日暮方归。"北宋名画家张择端的《清明上河图》和苏汉臣的《百子图》中，也描绘了人们放风筝的生动景象。闲着无事的宋徽宗除了在自己宫中做做风筝、放放纸鸢外，还主持编纂了一本《宣和风筝谱》，可见他对风筝有多么钟爱，多么"不爱江山爱纸鸢"。风筝更是儿童们的普通玩具，小孩竞放风筝成为春天郊外的一道亮丽的风景。

到了明朝，风筝的发展达到了鼎盛，无论是大小、样式、制作技巧、装饰技艺，都有了很大的进步。特别是明代中后期，风筝的制造越来越讲究，样子也越来越漂亮。风筝不但是放飞的玩具，也成为民俗活动中的装备，更有人用它来装饰居室。那些风筝造型精练，色彩饱和明快，装饰花纹丰富，艳而不俗。

明后期的风筝还吸收了工笔画的技法，勾画精细，浓彩重抹，特别注意色彩和块面的关系。放飞到天上，地上的人可以看到醒目的图案。在当时的年画作坊里，还出现了木版年画印刷的风筝纸。风筝装饰手法和材料也多样化起来，有贴纸、纸雕、剪纸、描金银、加纸花等，不一而足。

风筝对扎制技术要求非常严格，必须符合平衡原理，否则风筝飞不上天，即使趔趔趄趄地飞上去，也会一个跟斗栽下来；艺人们还要懂得空气动力学的原理，上天后的风筝，能按照要求在空中表演各种优美的动作。

明代风筝的造型，以人物、动物为主，放飞到天上后随风起伏摆动，惟妙惟肖。沙燕风筝，能在天上盘旋打转、腾云破雾；神龙风筝，能摇头摆尾、腾挪转身；蝴蝶风筝，妖娆婀娜、彩衣飘飘……

这个时期的许多文学家、画家，常以风筝为题材，吟诗作画，有不少还成了传世佳作。明代画家徐渭晚年作了25首《风鸢图诗》，其中有两首脍炙人口。

《风鸢图诗》（其一）

柳条搓线絮搓棉，搓够千寻放纸鸢。（寻，古代的长度单位，1寻等于8尺）

消得春风多少力,带将儿辈上青天。

《风鸢图诗》(其二)
我亦曾经放纸嬉,今来不道老如斯。
那能更驻游春马,闲看儿童断线时。

诗画结合,相映成趣。

当时许多文人也亲手扎绘风筝,除自己放飞外,还把风筝作为礼物赠送给朋友,认为这是非常风雅的事。

至清代,放飞风筝的活动有增无减,也出了许多描写风筝的诗作,其中特别出名的有高鼎的《村居》:

草长莺飞二月天,拂堤杨柳醉春烟。
儿童散学归来早,忙趁东风放纸鸢。

阳春二月时节,轻拂堤岸的杨柳沉醉在烟雾般的水汽之中。孩子们放学时天色还早,赶紧趁着东风把风筝放上蓝天。读这样的诗,闲适散淡之感油然而生。

清朝孔尚任的《燕九竹枝词》,比高鼎这首更生动、更俏皮:

结伴儿童裤褶红,手提线索骂天公。
人人夸你春来早,欠我风筝五丈风。

这首诗和高鼎的《村居》形成了鲜明的对比,前者有风,孩子们可以随性放飞风筝；后者无风，放不成风筝，只能手提线索骂老天爷。孔尚任诙谐幽默，读此诗可令人喷饭。

风筝的制作

传统的风筝制作包括"扎、糊、绘、放"四个环节。"扎"即扎制风筝的骨架，要求达到两边对称，前后平衡。具体步骤就是挑选竹料、劈竹子、削竹片、烤弯，最后用细绳子拢扎成形；"糊"即是要把纸糊到风筝架子上去。其中包括选纸、裁剪、糊粘、卷边、校正等流程，要保证筝面平整，干净利落；"绘"包括选色、打底、描绘、染色、修正等绘画工艺。风筝的绘画，既要近看真实，又要做到远眺清楚；"放"，即依据风力调整提线角度，拉线力度，把风筝放上天空，这其中包括看风、牵线、放飞、调整、收筝等技术。

风筝的造型十分繁复，可分为：龙类（含蜈蚣类）、板子类、立体类、软翅类、硬翅类、软翅串类、硬翅串类、板子串类、其他串类、软体类、复线或多线操纵类、广告类，共12类。所谓"硬翅"，就是风筝的翅膀坚硬，吃风大，飞得高；所谓"软翅"，则筝体柔软，飞不太高，但飞得远。

在形态上，除传统的龙、凤、禽、兽、虫、鱼外，近代还研发出人物风筝等新鲜模式。

根据风筝的大小，又可以分为微型、小型、中型、大型、超大型。传说，古代还有过载人的大风筝。《资治通鉴》里描述，北齐第一个皇帝高洋要杀害拓跋和元氏两个家族成员，就想出一个损招：让手下人把罪犯绑赴金凤台塔顶，再把罪犯绑在猫头鹰纸鸢上，从塔顶推下。许多人都摔死了，只有元黄头一人飞到远处的紫陌降下……至于这是否真实，待考。

义乌风筝的传承人朱小弟

朱小弟生于1949年，义乌廿三里街道人。他是位家喻户晓的风筝制作高手，曾被省委宣传部、省文化厅评为"首批浙江省优秀民间文艺人才"。他也是全国有名的风筝大王。

朱小弟制作的风筝品种多样，规格不一，而大多是巨型的，比如老虎风筝、立体猫头鹰风筝、立体老鹰风筝、活动大螃蟹风筝、蝴蝶风筝、大型工艺花球风筝、单线放飞三龙风筝、北京奥运风筝，都是庞然大物。他还成功制作出了一种更为巨型的风筝——龙形风筝。在义乌，目前很少有人会做这种大型工艺风筝了，只有他一直无怨无悔、孜孜不倦地做着，因为风筝已成了他人生中密不可分的一部分。

朱小弟的父亲在一家机械厂当修理工。什么车床啊、刨床啊、磨床啊出问题了，他父亲去敲敲打打，摆弄摆弄，很快就修好了。就是说，朱师傅是个动手能力很强、技术过硬的工人，在厂里颇受人尊重。

父亲很疼爱儿子。那年月大家都穷，没钱买好吃的、好玩的。为了儿子的快乐童年，父亲就琢磨着给做个风筝。没钱买竹篾，父亲就去野地里寻寻觅觅，找些废旧竹片带回家。那天他对儿子说，爸爸给你做一只大鸟！朱小弟又惊又喜，他蹲在一旁，看父亲把几根竹篾七拼八拼，又用细绳缠缠绕绕，然后糊上几张旧报纸，一只风筝大功告成，然后他带着儿子，把这只并不漂亮的"大鸟"放上天空。

可朱小弟简直高兴疯了。他觉得父亲就是世界上最伟大的人。可是这"伟大"的父亲还得到处去捡废竹片,到处向人讨要旧报纸。他继续做着风筝,他初期做的土风筝都很简单,十字风筝,菱形风筝,田字风筝,做好了也送些给朱小弟的小伙伴们。小伙伴们不嫌丑,有个能飞起来的东西,大家都心满意足得很了。

有的孩子心里痒痒的,也想自己做一个。别看风筝样子简单,但真要让它飞上天,可不是件容易的事。有的道理孩子们还不懂,比如扎架子的篾条得讲究粗细均匀,筝体要讲究前后平衡、左右对称。这需要有一定的飞行力学知识,里面学问大着呢。

那时市场上也有风筝出售,但十分粗陋。孩子们买了,好不容易让它飞起来,却跌跌撞撞地摔下来,纸破了,架散了,孩子哭了。

笔者在朱小弟家里看到他父亲从前做的风筝,朴实无华,却坚固得很。上面也有图案,是他父亲拿笔画上去的。

儿时的朱小弟带着崇敬的心情,一有空就蹲在做风筝的父亲身边,目不转睛地看着父亲的一举一动,默默地记在心里。

父亲做好了风筝,带着朱小弟去收割后的田里,或者去打谷场上试飞。风筝飞上天了,朱小弟的心也跟着飞上天了,这成为朱小弟最美好的回忆。

耳濡目染,朱小弟十三四岁就掌握了做风筝的技艺。记忆最深的、最有成就感的一次,就是他帮弟弟做了个风筝。当时弟弟所在的学校举办一次风筝比赛。为了让弟弟获得好名次,朱小弟四处寻找好的风筝材料。他特意找来了无纺布替代糊风筝的纸，无纺布牢固，分量又轻；他还选用那种晒干的、韧性十足的竹篾做风筝的骨架。记得风筝线还是人家给的，是缝纫机线，又牢又韧。比赛那天，他帮弟弟制作的风筝是全校中飞得最高、飞得最远的一只，当然也拿到了小学风筝比赛第一名。一种成就感深深地埋进他的心里，小小的他就坚定了走制作风筝这条道路的决心。

因为那时没什么玩具，所以风筝有很大的市场，制作风筝的技术也就很吃香。那时义乌的廿三里，房子少，地空旷，有足够的场地放风筝。有多少孩子在做着飞上天空的风筝梦啊，可是好梦难圆。廿三里有一棵大樟树，上面横七竖八地挂满了各式各样的风筝。那都是"折戟沉沙"的风筝残骸啊。

朱小弟本来就心灵手巧，再加上有位好父亲指点，所以他年纪轻轻就学会了各种风筝的制作方法。不仅如此，他还会做一种特殊的龙灯，一种工艺结构相当复杂的彩灯，外形是一个龙头，里面装上灯泡，龙的眼睛还会一开一合，活灵活现的，这种龙头灯，是元宵节用来配合灯舞的。

梦想成真

1984年，35岁的朱小弟在一本杂志上看到了首届潍坊国际风筝节的广告。杂志上有一条巨龙风筝，但那只是模型，不能飞的。他就想，我就做一只巨龙风筝，并且要让它飞起来。

当时朱小弟的职业是维修工，他没有太多的时间，只能靠业余时间来制作这只超大、超难的巨龙风筝。说干就干，经过缜密的构思、选料，他开始扎骨架，糊纸。用了将近一年的时间，经过无数次的调试，他的巨龙风筝终于出炉了。当风筝全部展开时，长度竟达到了100多米，整整一条百米跑道还铺不过来。

这么大的风筝能飞起来吗？说实话，朱小弟心里也没底。这条龙太大太长了，放这个巨无霸风筝要靠许多人来帮忙。朱小弟叫了一帮半大的孩子，龙头、龙颈、龙尾，每五六节龙身，都要一个人抱举着。朱小弟早就考虑好了，应该先让这条巨龙的龙尾先飞起来。那天的场面着实壮观，围观的人里三层外三层，挤得水泄不通。朱小弟拿着大话筒，跑过来跑过去地指挥着。

激动人心的一刻到了。他对最后面的那个孩子喊：放开龙尾！那孩子就将龙尾向上抛起，紧接着朱小弟又喊：逐个放开龙的每个肢节！放开龙颈！放开龙头！刹那间，那巨龙风筝竟然真的起飞了，颤颤巍巍地起飞了，一会儿就在天空翱翔了。

欢声雷动。孩子们欢呼着，雀跃着，尖叫着，蹦跳着。围观的大人也激动不已，掌声如潮。

朱小弟对笔者说：那场面壮观啊，你想，这么大的风筝，吃风很大，需要几个人同心协力拉着绳子才行，那风吹得风筝猎猎作响，非常刺激，连我自己都看呆了。

成功了，成功了！他沉浸在成功的狂欢中。可什么事都不是一蹴而就的。其实在这巨龙风筝飞上天之前，朱小弟已尝试着做过、放飞过多只十多米、几十米长的龙形风筝了。

朱小弟带着我走进他的工作室。那里摆放着各类风筝，样式繁多，千姿百态，令人眼花缭乱，叹为观止。其中最小的风筝仅有十多厘米长，完全迷你。比起上百米长的巨龙风筝，让人有进入童话世界的魔幻感觉。哑然失笑之余，我感叹他的思路广阔，制作技艺的炉火纯青。

朱小弟制作风筝的独到之处，在于他能够把各种民间工艺糅合在一起，这在其他地方都是极为罕见的，可谓匠心独运，独树一帜。

朱小弟搬出一只老虎风筝，这只风筝高达8.28米，宽为1.7米，形态是下山猛虎。这老虎的图纸是朱小弟亲手绘制的。他把原图拿给我看，虎头吊睛白额，十分威猛；虎须纤毫毕露，栩栩如生。朱小弟转过脸问我：你看我画得像不像？我说：太像了，活灵活现，像真的一般——想不到你的画工也这么扎实。朱小弟说：想做好一只风筝，除了要有一定的劈扎技能外，还要具备扎实的绘画功底。

所以，朱小弟制作的风筝不仅仅是放飞的玩具，更是精美的工艺品。

风筝相伴岁月

出于对风筝的强烈兴趣，朱小弟也热爱参加各种风筝比赛，这样既可以分享成功的喜悦，又可以博采众长，取长补短。

通过不懈的努力，他的风筝制作技艺突飞猛进，不管在观赏性，还在放飞性上，都取得了长足的进步。他每次参加比赛，都获得可喜的成绩。1988年金华市举行的龙年风筝比赛，朱小弟获得了特等奖。1991年，朱小弟带着他的巨龙风筝，参加了北京第四届国际风筝节，在中外72支代表队参赛的大型风筝比赛中，获得了龙头制作工艺第一名。他和他的风筝还上了中央电视台的《新闻联播》。1992年，在上海国际风筝邀请赛上，朱小弟的风筝又喜获龙头制作工艺第一名。同年6月1日，朱小弟参加了浙江省风筝比赛，单线放飞三龙风筝，共获得了六个总分第一名。

对朱小弟来说，印象最深刻的一次是1999年12月底应邀赴广州参加"迎澳门回归"风筝放飞活动。他那条长达106米、直径52厘米的巨龙风筝放飞成功，轰动了整个广州城。《羊城晚报》对朱小弟作了专题报道，其中一段文字是："飞起来了，飞起来了。随着围观者激动的欢呼声，一条长达106米的巨龙风筝一跃腾空，迎风飞舞。让羊城的人们在黄村赛马场见证和目睹了来自浙江的风筝艺人朱小弟的放飞绝活。"

这响彻云霄的欢呼声，是对朱小弟这么多年潜心钻研风筝制作技艺、努力探索风筝放飞技术极大的肯定，这让朱小弟热泪盈眶，心潮难平。这一幕，让我想起了美国作家卡勒德·胡赛尼的同名小说《追风筝的人》。小说中，风筝是象征性的，它既可以是世间的情感，也可以是人的精神。对朱小弟来说，风筝是他人生中不可或缺的一部分，只有追到了，他的人生才算圆满。

他的名声越来越大，找他帮忙的人也越来越多。2003年10月，电视剧《少年大钦差》中需要四只巨型载人鹰风筝和蝴蝶风筝，剧组登门请求朱小弟，为他们量身打造这些技术含量很高的道具。

也许，我们每个人心中都有一个风筝梦，无论它是什么，我想，勇敢地去追，永不放弃，总会有成功的一天。

让风筝制作走进学校

艺术的沿革离不开传承，朱小弟一直在寻找风筝文化传承的最佳方式。学校是一个绝佳的载体，风筝走进校园，是这门技艺得以传承与延续的重要途径。在校园里，学生们将科学文化知识与传统文化技艺相结合,为非遗文化的传承贡献力量。

2010年,朱小弟家乡廿三里第一小学建立风筝传承基地,朱小弟感到由衷开心,因为风筝制作技艺后继有人了。

义乌市廿三里第一小学是金华市级非遗传承教学基地,"风筝制作"是该学校的非遗传承项目,朱小弟义不容辞地担任指导老师。学校开设了非遗项目风筝制作课程,每年都举行"拨浪鼓风筝节"。本着"传承经典、弘扬文化"的理念,传承风筝制作技艺,开发了一系列的特色风筝。有六边形、圆形、三边串式等诸多种类的拨浪鼓风筝,其中最大的拨浪鼓风筝长近五米,曾在义乌市文博会中展出;最小的仅20厘米。学校还建有风筝社团,建有风筝文化长廊及制作教室,编有《拨浪鼓风筝节》特刊。风筝项目与学校拨浪鼓文化创新相结合,成为廿三里第一小学的一大特色。

该校设置了校本课程,名《风筝制作》。《风筝制作》于2014年5月完成,内容分"走进风筝""风筝种类""风筝制作与放飞""拨浪鼓风筝节"四个部分,内容丰富,特色突出,可操作性强。2014年12月,《风筝制作》校本课程被评为第三届"浙江省义务教育精品课程",是这次评选中义乌市唯一的精品课程。

廿三里第一小学全校有1300多名师生,不仅人人会放风筝,而且人人都会做好几种风筝。制作风筝和放飞风筝成了该校师生最为开心的一件事。该校举办的风筝节系列活动主要包括布置环境、绘画比赛、制作比赛、放飞比赛、摄影比赛和征文比赛六大环节。动手制作风筝前,各班纷纷利用黑板报、手抄报等形式介绍各种风筝的起源与发展、风筝的作用、风筝扎制的设计与结构等方面的知识。学校还安排学生熟读关于风的文章及诗词，为风筝节营造浓厚的文化氛围。让学生亲手制作风筝，可以开发孩子的创新思维，增强他们的动手能力。另外放风筝可以让孩子们走出房间，亲近大自然，更有利于孩子的身心健康和全面发展。

学校师生在朱小弟的指导下，年年做风筝，教师与学生的风筝制作水平有了质的飞升。尤其是近年来有了剪纸艺术的加入，师生们制作的风筝更漂亮了，大家对风筝制作的热情空然高涨，学校制作风筝已经蔚然成风，这对普及、推广和传承民间艺术——风筝制作，起到了很大的作用。

2019年，廿三里第一小学举办了第十届"拨浪鼓风筝节"。本届风筝节以"祖国在我心中"为主题，在上千只风筝上抒写浓郁的爱国情怀。这届风筝节是该校全体师生在老校区度过的最后一届风筝节，众多家长及退休老师都相约来到现场。百岁老教师、抗战老兵金允芝受邀回校出席风筝节活动。他动情地说："廿三里第一小学是百年老校了，在这里看见孩子们快乐地做风筝、放风筝，我觉得很高兴，很激动！"

廿三里第一小学的"拨浪鼓风筝节"从第六届开始，就给风筝制作注入了新的元素，画面设计上增添了亮点，融入了剪纸艺术。剪纸艺术和风筝制作两项"非遗"融为一体，特色鲜明，使风筝更为美丽，艺术水平更高，大大地提升了风筝制作的民族文化传承效应。

2020年1月10日，"义乌市非遗项目展"在义乌火车站隆重开幕。廿三里第一小学亮丽的微型风筝格外吸引眼球。这些作品工艺复杂，造型精美，让国内外客人为之惊艳，也让大家欣喜地看到，义乌的"非遗"文化后继有人。

"非遗"风筝开发商业新机

每年的春季,义乌风筝市场都会迎来销售旺季。走进义乌国际商贸城,造型各异、五彩缤纷的风筝都会出现在各家商铺里,各种"等级"的风筝玩家和商家源源不断地涌入。

相比全国各类非遗文化的发展状况,义乌人把古老的文化技艺与现代人的生活联系起来,义乌风筝技艺在"飞"入市场的过程中新辟了一条传承路径。近年来,义乌不少商户在这"小风筝"中发现了潜藏着的"大市场"。在义乌国际商贸城经营20余年的风筝店主张女士说,这个市场每年都要接待来自全国各地的采购商。义乌的风筝款式漂亮,质量上乘,每年都会爆出几款"网红"产品。

在风筝行业里,每年厂家都会对风筝的造型、图案和材质进行改变,样式层出不穷。这样一来,销售途径更多、客源更广。

近年来,义乌风筝在"非遗"宣传、保护、传承和发展的一系列工作的带动下,行业势头红红火火,风生水起。市场的兴盛为"风筝技艺"带来了发展动力,"非遗"文化又为风筝市场注入了新活力,传统技艺和现代商业相互呼应,相辅相成。现在,义乌的风筝已经纷纷"飞"出国门,飞到马来西亚、新加坡等国家。这些年,海边放风筝成为一种时尚。国外商人对中国风筝的喜爱,让义乌风筝商家又看到了新的商机。一位几代以风筝为生的义乌风筝生产商陈小姐说,以前风筝市场季节性很强,但随着非遗项目"义乌风筝"文化的推广,来自国外客户的订单纷至沓来。目前,她的外贸订单已经占了全年销量的80%,生意遍布东南亚、欧美和中东国家。陈小姐表示,风筝市场从内销扩大到外销，不仅拓宽了销售渠道，而且还将产品的销售时间从单一的春季，扩展到全年全天候。

引进市场机制来保护非遗文化，是最有效、最直接的保护。对传统风筝技艺来说，实操和应用才是最好的传承。它的落脚点，就是让"非遗"找到市场，让"非遗"与百姓生活和消费对接起来。

传承匠心，放飞梦想。在朱小弟和全社会各界人士的共同努力下，相信在不久的将来，那些美丽的风筝，会飞得更高、更远。

有个村子叫缸窑

走进缸窑村

"十里红山出状元,不爱状元要缸窑。"这是流传在义乌市义亭镇一带的顺口溜。缸窑是一个村名,它有着悠久的造窑、烧缸历史。

步入缸窑村,首先映入眼帘的就是那些坛坛罐罐,连大墙都是用缸和坛子砌的。缸窑村的人用这些废陶制品作为建材,一是节约资源——不用买砖石了;二是节约空间——释放堆放废缸废坛的场地;三是用这种废缸废坛砌的墙造型独特,雅致美观,不失为一道靓丽的风景。

缸窑村原本是一片荒野。乾隆年间,杭畴村村民陈维恒来到这里。他发现,周边方圆十里全是红壤丘陵,人称"十里红山"。且山上松林茂密,有取之不尽的松枝当燃料。陈维恒断定:这里是开窑制陶的绝佳之地。不久,他便在这荒山野地里开办了第一家窑厂。

随后,他又在窑厂附近盖了座房子,把家人都接了过来,在此安居乐业。之后,又有人陆续从外地迁居过来开窑制陶,经过数代的繁衍生息,逐渐形成了这个制陶大村落——缸窑村。

缸窑,本是对烧窑制缸生产方式的称谓。该村以缸窑聚人,也以缸窑而得名。又因为这里的土壤红赤,类似宜兴紫砂,因而缸窑村又有"小宜兴"之美称。

在金华一带,叫"缸窑"的村子并不止这一个,如金东澧浦、多湖等地都有以"缸窑"命名的,而义乌市义亭镇的缸窑村,算得上是最名副其实、最当之无愧的。这里不仅有丰富的红金泥资源,而且至今还保留着烧窑的全套设备。村里十分重视传承烧窑文化,建有陶艺博物馆和陶艺体验馆等,供人观摩,也供游客亲手体验制陶的乐趣。

尽管时代在发展,但由制陶衍生出来的文化,并没有因为时代的变迁而湮没,依然散发着其悠远而独特的魅力。缸容百物,窑纳千品,缸窑内涵丰富,是多种文化的合成,涵盖了陶艺文化、古代建筑文化、古道文化、酒文化、婺剧文化等众多项目。2016年11月,义乌市义亭镇的缸窑村被列入第四批中国传统村落名录。

义乌陶史

义乌有悠久的制陶历史。早年出土的文物中有瓿、壶、鼎、盒、罐、碗、瓶等产品上千件,多系汉代的陶器。廿三里镇葛塘窑山系宋代窑址,周围方圆数里的破碎陶片堆积成山,可见宋代制陶业之兴盛。

考古队员曾在义乌城西街道桥头村，发现一处新石器时代的遗址。这个发现，证明了至少在9000年前，已有人类在义乌这块土地上定居。这个遗址比余姚河姆渡遗址还早了2000年。

这遗址共分六层，出土的器物包括石磨盘、石磨棒和石锤，还有陶制器皿等。其中陶器以夹炭陶居多，部分陶器内外壁均施有一层米黄色的、类似"化妆土"的物质，使得器物看上去亮泽，摸起来光滑，这证明了义乌先民有较高的制陶技艺和朴素的审美意识。

1949年前后义乌的制陶业主要分布在义亭镇的缸窑、何店、杭畴三个村，主要产品为缸和钵。制陶业曾经一度成为义亭镇工业经济的支柱产业。

缸窑村地势东高西低，非常适合建"龙窑"。龙窑依山坡而建，由下自上，如龙似蛇一路蜿蜒。这一片方圆十里全是红壤丘陵，这种红壤不适宜栽种农作物，但却是极好的陶土资源。加上山上土地肥沃，松杉茂密。松树但凡长到碗口粗细，就需要砍去些枝丫；而砍下的枝丫恰好是烧制陶器的上等燃料。倍磊、平望一带的松枝特别多，山民除了烧火做饭别无他用，因此价格非常便宜。每年冬春两季，窑厂的东家只要哼声收购松枝，山民们就会成群结队地挑货上门，用不了几天，缸窑四周的松枝便会起垛成山。有着如此得天独厚的条件，制陶业就因此蓬勃发展起来了。

缸窑出品的陶器实用性很强。泥胚经过高温烧炼，已经钢化，用石片叩击，会发出"当当"的脆响，十分悦耳。这样的陶器拿来装任何东西都不会腐蚀氧化。在浙江，很多酒厂用陶土酒缸、酒坛灌装成品酒，或窖藏，或外运，只要封得严实，多少年也不变质，且越陈越香。这是其他任何质地的器皿都望尘莫及的。

陶艺流程

古代陶瓷的生产流程有十道工序：

1. 淘泥。就是把挖来的土，淘成可用的陶泥。

2. 摞泥。淘好的泥并不能立即使用，要将其分割开，摞成柱状，以便于储存和拉坯用。

3. 拉坯。将摞好的泥放入大转盘内，通过旋转，用手及拉坯工具，将泥拉成陶坯。

4. 印坯。拉好的坯只是一个雏形，还需要按器皿的形状选取不同的印模，将泥坯印成各种不同的形状。

5. 修坯。刚印好的泥坯厚薄不均，需要通过修坯这一工序，将它们修刮整齐和匀称。

6. 捺水。捺水是一道必不可少的工序，即用清水洗去坯上的浮土，为接下来的画坯、上釉等工序做好准备。

7. 画坯。在坯上作画，画些简单的图案或线条。

8. 上釉。画好的陶坯，表面粗糙，上好釉后则全然不同，光滑而又明亮。

9. 烧窑。将坯摆放在窑内，经受千度高温的烧炼。

10. 成形。经过几天的烧炼，窑内的陶坯固定成形，变成了精美的陶器。

从前最受人们欢迎的陶瓷成品有：泥水壶、药罐、火熜钵、花钵、蒸鸡钵等。直到今天,家家户户和大小饭店,都还离不开这些传统实用、安全无副作用的陶瓷器皿。

轮制是古代较为先进的一种制陶工艺。它是将原料放在转动的陶轮上,利用其快速旋转的力量,用提拉的方式使之成形。它的特点是器形规整,厚薄均匀,表里陶壁普遍有平行密集的轮纹,底部往往有线割的偏心纹。这种工艺大体出现于大汶口文化晚期,兴盛于山东龙山文化时期。

现代陶器生产的五道流程

1. 采泥:就是开采陶泥。陶泥分为上下两大片,上片称上畈泥,是山坡上的红土,这种陶泥比较深厚,泥性较老;下片叫下畈泥,这种陶泥较薄,泥性较嫩。

挖出来的陶泥用草木灰垫底,经过一段时间的日晒雨淋,流失了部分泥浆后就可以用了。配料时,上畈泥和下畈泥要按一定的百分比掺和,还要人为地加进羼和料,即砂粒、草末、蚌壳碎末、谷壳和碎陶末等,目的是使坯体疏松,水分易于逸出,防止半成品在干燥或烧制过程中开裂或变形。配制好的陶原料还要经过粉碎,这样有利于坯体在受热过程中各种物理、化学反应的进行,以便获得致密的结构,减少坯体的气孔率,增强胎体烧成后的强度、硬度。

2. 踏泥。经过晒、浆、翻、踩、打等几道工序后的陶泥,再用人工足踩、手搓,或者用牛踩踏、石滚碾压,为增加其黏性,提高可塑性;还要对陶泥进行"陈腐",陈腐的时间越长越好;然后再加进黄沙,踩踏均匀后方可使用。黄沙一般分粗、中、细三种，制作大缸用粗沙，中等器具用中沙，小件器皿用细沙或油毛沙。制缸口的泥，要掺更多的沙以防破裂。仰韶文化的彩陶和龙山文化的黑陶，胎质细腻，就是经过长时间的陈腐处理的。

3. 制坯成型。制陶原料选定配制后，就进入制陶工艺最关键的环节——成型。成型方法包括人工成型、轮制成型等。人工成型可分为三种：一种是捏塑法，一般适用于小件陶器；另一种是模制法，就是将泥料放入模子里，待半干时取出。还有一种是泥条盘筑法，也叫泥条圈注法，先将陶泥拉长成条状，按器型大小将泥条圈起来，一层一层地叠上去，然后用拍子拍打，使之成形。用这种方法制成的器物，内部往往留有泥条盘筑的痕迹，给人一种古拙感。

陶器坯体成形以后，还要进行修饰：首先，用湿手抹平抹光。从坯体下部开始，双手蘸水往上抹，使坯面不至于过早干燥而裂开，同时可以弥合缝隙，填补空隙。但不宜蘸水太多，否则会使泥坯软塌；其次是拍印，用拍子打，使高低不平的坯体表面填平补齐，并使泥料中的片状矿物平行于坯体表面，增加光线的平行反射，出现光泽。

4. 上釉。以前的釉水都是自己土制的，叫红朱釉。就是从山上采来红颜色、质地较松软的紫灰岩（俗称红粉塔），用大石锤敲碎，用筛子过滤到大缸里，然后灌水进去搅拌成糯糊状，用染布用的下脚料（靛青）调和到红朱浆里，再加上炉灰浆等就是釉水了。上釉的方法有浇釉、淋釉、蘸釉、吹釉等。上好釉的陶坯，纵横均匀地放到晒场上，定时旋转，待晒到八九成干就可收回，阴晾干后就可以进行装窑烧制了。

5. 装窑、烧窑。将陶坯进行焙烧。龙窑里面像个隧道，下半条窑背上建有简易房,叫窑头铺。把干燥的泥坯装满整条龙窑后,再把窑背上的左、中、右三个眼孔用红泥封闭好,再密封上、中、下门口,然后在窑尾的炉门口点火燃烧。冷窑要烧三天四夜,暖窑只需两天三夜。窑内温度最高可达上千度。熄火后再闷窑,让温度逐渐下降。从进窑、烧窑到出窑,前后需七天时间。

现代陶器的生产流程和古代的大致相同,少了几道工序而已。工艺先进性比以前有了大幅度的提高,在合理性和科学性上也有了明显的进步。

龙 窑

龙窑,是我国窑炉的一种形式。长约50到100米,高度约12米,倾斜角8到20度之间,分窑头、窑床、窑尾三部分。在穹状窑背的两旁,每距50厘米开一投放燃料的小孔,俗称"鳞眼洞"。

龙窑内壁用砖砌成,成拱形。龙窑依山体自然坡度而建,符合火焰自然上升的原理。龙窑具有造价低,升温快,又能充分利用余热的优点。建窑最难的部分为"拱顶",其原理同建石拱桥一样。龙窑的砖,全部为泥坯砖。泥是用牛踏得极透、极细的泥,然后做成四种不同形状的砖,一为标准砖,长方形,每块十几斤;二为大头砖,也就是形为梯形的砖;三为刀片砖,一边厚一边薄。刀片砖就是用来砌拱顶的。整座龙窑从下而上环环相扣,一气呵成。

龙窑最大的优点是升温快,降温也快;可以快烧,也可以维持原焰。

　　缸窑村最早的龙窑叫"鹤窑"，北宋后期建的。这是一座货真价实的千年老窑。其北边有两座分别叫"老窑"和"新老窑"的龙窑，颇像一对孪生兄弟。后来鹤窑的南面又建了一座"中窑"，在村南面亦建了座"新窑"。这五座窑在不同时期都发挥了重要作用。经过数百年的风风雨雨，到现在硕果仅存的只有那座"老窑"了。

　　这座老龙窑位于义乌市义亭镇缸窑村北，平时以烧制日用陶为主，品种有罐、钵、盆等130余种。

　　1969年，村里人合伙在村北郊又建了一座长达70米的大龙窑，生产缸、坛、罐、瓶、壶等各类陶品。窑室里一次便可容纳上千件坯品。这些产品除了小部分留在本地，大部分借水路销往外地。由于缸窑村生产的各类陶器能满足装水、储粮、酿酒、存酱等多方面的需求，又具有环保、实用、耐用等特点，所以备受人们欢迎。这些陶器除了销往省内府县外，还远销到全国各地及海外。制陶成为当时缸窑村主要的经济收入。到了20世纪70年代，缸窑村的制陶业达到鼎盛时期，那个年代里，年轻的制陶师傅备受青睐。远近村子的姑娘，都以嫁到缸窑村来为荣。

　　时代的车轮滚滚向前，轻便美观的塑料制品、钢化制品及铝制品大量进入市场，因为价格低廉和轻便耐用，为广大老百姓所欣赏和接受，陶瓷制品被取而代之，制陶业渐渐衰落。到2005年，昔日的热闹已不复存在，龙窑的烟囱不再冒烟，缸窑村陶器厂宣布停办。只剩下"老窑"匍匐在山坡上，在寂寞中，静静地回忆着曾经的成就和辉煌。

建窑高手何东阳

民国时期，义乌义亭镇何店村出了个建窑高手何东阳。他出身贫寒，家有兄弟六人。少小时的他很顽皮，也很机灵，渐长后，因为家里兄弟多，总要抓他家的壮丁。不管抓的是老几，父母都让何东阳去顶替，因为他总能成功地逃回来。

在逃壮丁途中，他靠帮人建龙窑为生。由于他见多识广，领悟能力强，很快便掌握了建窑的手艺而且干得特别好。没过几年，他的声名在十里八乡传开了。20世纪40年代至90年代间，他是众多建窑师傅中的佼佼者。

在窑厂最兴盛的时期，何东阳的儿子长大了。何东阳就带着儿子一起建窑，事业做得风生水起。20世纪70年代，义乌各地的龙窑达40多座，大多出自何东阳父子之手。他们建的窑美观、结实、坡度比好，烧出的陶器光泽度高，所以声名远扬，连江西上饶、南昌、高安，本省的衢州都有人请他们建窑。父子俩建的窑，分布在全国各地。

陶瓷制作代表性传承人陈有范

陈有范出生于1944年，是个地道的农民，他的家就在义亭镇缸窑村。他这辈子最喜欢做的就两件事，一是做陶瓷，二是搞书画。制陶手艺是祖传的，书画是从小就痴迷的，两者在他心里都有着举足轻重的地位，寄托了他一生的追求和梦想。

2009年4月，他的工笔人物画入编《义乌遗韵》。2011年9月，此作品又入选《庆祝建党90周年全国书画展作品集》。

2011年11月，此画作又入编《百年书画雅集》。

这年的11月真是个好月份，陈有范被义乌市文化广电新闻出版局评定为义乌市非物质文化遗产陶瓷制作代表性传承人！接着，他那幅工笔人物画又获得义乌市书画大赛金奖。这接连的喜事本该让陈有范心花怒放，但是他却一脸愁容，因为他年近古稀，一身的制陶手艺却没人传承！

陈有范的陶艺是父亲陈泽法传授给他的，陈泽法早年在义乌陶瓷厂上班，因为手艺好，在当地小有名气。陈有范读小学时，父亲被派往缸窑村，从事陶器制作的指导工作。陈有范初中毕业后，随家人一起到缸窑村，开始跟父亲学习陶器制作。

刚当学徒的时候，父亲总让他挑土，搬重物，以考验他有没有毅力和耐心。他总是埋头苦干，任劳任怨。父亲观察了一段时间以后，才同意让他先学和泥和做土坯。

接下来，陈有范才有机会做最简单的茶杯盖。当时做陶瓷既没有模具也没有机器，只能拿着陶土照着成品杯盖的样子捏。十多天过去了，陈有范才做成了第一个茶杯盖子，让他深深地体会到制陶的艰辛和不易，但他并没有气馁，继续孜孜不倦地学。有时候父亲的一个眼神，就给了他莫大的力量和自信。

此后的三年时间里，陈有范跟着父亲一起钻研制陶工艺，从初窥门径到登堂入室，渐渐学会了上百种日用陶器的制作。这些陶器大到盛水用的大缸，小到各种瓶瓶罐罐。后来，不管什么东西，他只要瞄一眼，转身就能捏出来。

他的绘画也有了长足的进步。后来，他就把画搬到陶坯上，有喜鹊登梅、双龙戏珠和八仙人物等。看着陶坯成了漂亮的艺术品，而上面的图像出于自己之手，陈有范的自豪感便油然而生，

-224-

更加一发不可收地热爱制陶工艺，渐渐地就有了青出于蓝而胜于蓝之势。就这样，他踏上了制陶之路，这一走就是一辈子。

陈有范有着很深的制陶情结，在他心里，制陶的过程就是一种享受，是一种趣味横生的活动，是他全部的精神寄托。

因为陈有范精于绘画，厂里总是安排他做花瓶等精美的产品。陈有范还试着在水缸上画上老虎和花鸟，结果效果出奇的好，这种水缸很受消费者欢迎。陈有范还擅长做贴花工艺，即便是一只普通的陶瓷瓶子，在他手里也能变成精美的装饰品。他还设计了动物系列和花卉系列的各种陶艺产品，很受顾客欢迎，大大地开拓了销售市场。

但随着时代的前进，塑料制品和钢化产品大量涌入市场，传统的陶瓷制品渐渐被冷落，制陶业陷入了困境。在经济大潮的冲击下，陶瓷艺人收入不能保证，这门手艺也只能渐行渐远。陈有范的三个徒弟跟他学了好些年，觉得制陶已没有前途，纷纷改行去做其他营生了，连他的儿子也打起了退堂鼓。传统的制陶手艺走到瓶颈期，面对这一切，陈有范心里满是困惑与无奈。

为了让这门独特的手艺不至于失传，义乌市和义亭镇两级政府做了大量的工作。2006年8月，为抢救日益萧条的红泥文化，义亭镇政府决定让陶艺制作进入杭畴小学，把制陶手艺作为一门课程传授给学生们。

他们请来了全国陶艺专家裴伯俊教授，当场给孩子们作技法培训；陈有范作为老艺人，给学生们进行现场指导；学校成立了陶艺制作室、陈列室等。2007年，中国美术家协会侯令教授来杭畴小学调研时，即兴挥毫题写了八个字："红泥文化，传承文明"。

辛勤的汗水终于浇灌出丰硕的成果。在第四届全国中小学陶艺夏令营现场作品评比大赛、第三届全国陶艺教育成果展、第七届全国中小学劳动技术教育创新作品展等多个赛事中，杭畴小学师生选手频频获得各项大奖。

杭畴小学还以"红金泥"为依托，边实践，边探索，边总结，分层分册开发适合学校的"红金泥"特色校本课程。据校长陈立新介绍，今后他们要开创"漫步缸窑"和"龙窑追梦"等以制陶为主线的德育基地，并深度开发"古道遥想""铿锵婺剧"和"龙眼琼浆"等与缸窑陶艺紧密相关的历史文化。

随着学校陶艺教育的不断深入，近年来，杭畴小学的影响力已经扩展至海外，荷兰、马来西亚等国家的学生先后来到这里学习陶艺。2016年10月20日，杭畴小学一年一度的陶艺节开幕。其间，三位年轻的教师正式拜陈云龙为师。"古村老窑觉梦乡，红泥传承陶艺长。"缸窑村的陶艺传承呈现出一派欣欣向荣的景况。相信在不久的将来，必将会涌现出大量的制陶人才，将陶瓷制作进一步发扬光大。

缸窑陶艺展望

缸窑村，因窑而起，由缸而生，制陶手艺世代相传，古韵新风正吸引着越来越多的中外游客前来一睹风采。2015年，缸窑村先后被评为浙江省美丽宜居示范村、金华市森林村庄、义乌市美丽乡村精品村。2016年评选的义乌市农村环境卫生"十佳村"名单中，缸窑村也名列其中。

目前，缸窑村作为义乌古村试点，以"陶艺文化"为中心主题的旅游项目已正式立项并启动建设。这里设立了古时陶艺产品陈列室和农耕文化陈列室，打造别具特色的经典建筑和缸瓦之屋，对古窑址进行保护和修缮，重现当年火热的制陶场景，展开制陶体验活动。一个悠久的古陶文化村落重新焕发出了青春，古老又年轻的缸窑村，正以崭新的面貌吸引着八方来客；不少外籍学子都跑来学习制陶，他们会把我国悠久的陶艺文化带到天涯海角。

缸窑村风物

龙眼古井

靠近义亭镇的铜山岩，是义西的名胜古迹。铜山岩的西面有一座拔地而起的山峰，远远望去，很像一只宝葫芦，故名唤"古芦尖"。金黄色的山坡在古芦尖下方，远远看去，像条大黄龙向南起伏蜿蜒，直达缸窑村村北。此山被人们称为"黄龙山"，因年代久远，被传为"黄东山"，这是块得天独厚的风水宝地。

相传很久以前，江南乌伤（今义乌）山清水秀，风光旖旎，到处是红土丘陵。孝子颜乌的孝德美名传到八仙那里，感动了吕洞宾与张果老。他们俩相约从东海瀛洲驾着祥云前来乌伤云游，沿途看到人们勤劳耕作，呈现敬老爱幼的一派祥和气象，心中非常高兴。二仙云游到义西，看到一座山峰很像宝葫芦，便将此峰取名"古芦尖"。他们俩踏着金红色山脊向南而行，足足行了十里，到了缸窑村地带，蓦然回首，发现了伏爪而卧的"大黄龙"。缸窑村所处之地正是翘望的龙首。村东有一口大水塘，名叫"湾塘"，犹如龙口迎天。在其南北两侧不远处各有一口水井，酷似龙眼，故名"龙眼井"。放眼南面，一脉青山倒映在乌伤溪中，八宝山巍然而立，犹如案上笔架；前右侧葛仙峰尖，酷似一支巨笔直插云霄；临江左侧有上、下池塘连在一起，如同一只巨大的宝砚；宝砚前面是一溜平川，像一张铺开的大纸。张果老不禁叹道："如此天造地设的文房四宝，真是好风水！"

龙眼井的水清澈明亮，终年不涸，所以龙眼井又名"甘泉"。靠北侧的龙眼井面积不大，泉眼较小。而位于缸窑村西南面最低处的那口"龙眼井"面积约九平方米，水深达两米，井水冬暖夏凉，水量充沛。据说，因为与村东侧的大水塘"命脉相通"，龙眼井水质优良，清冽甘甜，是村民饮用水的主要来源，也是缸窑村酿酒的水资源。如今，这两只"龙眼"依然透亮，炯炯有神，日复一日地凝视着缸窑村的沧海桑田。

东金古道

一条狭长的古道，自东向西穿缸窑村而过。这是一条用鹅卵石铺成的石子路。几百年来，曾是东阳、义乌及周边村镇的人前往金华方向的交通要道，也是一条捷径。每逢义乌的佛堂，金华的孝顺、低田等地举行集市、庙会等活动，这条古驿道上的行人就会成群结队，络绎不绝，起到"迎八方宾客，聚一方人气"的作用。东金古道的西端还建有一个凉亭，供行人歇脚、闲聊、喝茶。

这是一条名副其实的古驿道，它给人们的商业活动、物资交流、日常生活带来了极大的便利，与当时缸窑村的制陶业的繁荣有很大的关系。

20世纪90年代，绕道杭畴、叶前的义杭公路、佛低公路建成后，这条古驿道渐渐被人们淡忘，昔日熙熙攘攘的热闹场面也成了历史。

谦受堂

在缸窑村，古建筑众多，保存相对完整、具有较高的历史研究价值和文化保护价值的古民居就有20余幢。

"谦受堂"就是极具代表性的建筑。谦受堂由陈恭安、陈恭浚、陈恭渊三兄弟合建，在清光绪三十一年（1905年）动工，于民国四年（1915年）竣工，历时整整十年。该房坐北朝南，门楣上阳刻"南极呈祥"四字。屋建二层，计十余米高。二进三大开间，两边厢房各六间，全通走廊，共计18间，全部为砖木结构。

谦受堂有着典型的徽派建筑风格的马头墙，飞檐翘角。墙面绘有精细的水墨壁画。墙壁上伸出个浮雕龙头，下雨天，瓦檐水汇集后从龙口喷吐而出，生动有趣。屋内处处雕梁画栋，更有许多人物雕像，有古装人物骑狮子、骑鹿、骑麒麟，有刘海戏金蟾，有秦琼持双锏，还有尉迟恭举双锤等图样，皆雕琢精细，栩栩如生。

木料以樟木和杉木为主，辅以红木。正厅两柱上方各雕有三层镂空的大型马腿，气势雄伟。天井两旁和上厅隔堂门共28扇，由寸木拼合而成，每扇耗时百工。门的半扇中间，雕有晋代陶渊明的《桃花源记》全本故事，展现了人们对美好生活的向往。

谦受堂的天井两旁，有16扇隔堂门的花窗，无论是人物、山水还是花鸟，都雕刻得惟妙惟肖，精致而灵动。在上半部木雕花窗当中，刻有意大利罗马字体的自鸣钟。梁上还挂着许多古意盎然的宫灯，现保存的古老宫灯有缕丝、竹丝、明阁、羊皮、玻璃丝、红纱等，精美典雅，古色古香。

除了谦受堂18间外，相邻有一幢砖木结构二层14间的房屋，雕梁画栋，金碧辉煌。牛腿和雀替全都精雕细琢，一丝不苟。西侧紧连二层杂用房九间，东侧有若干幢"六间""三间"木结构楼房，南面还有一幢二层坐东朝西的16间，北侧有伙房平屋三间，南侧杂用平房五间。西南面还有木结构平房25间。这房子曾兴办过"陈记"黄酒作坊，西南侧还有碾米厂、碾粉房等旧址。

这102间房屋组成了"谦受堂"建筑群。这些房子大小相间，错落有致。整个建筑群占地面积8000多平方米。东、南、北三扇大门可供出入。内有上、下两个小广场，南侧有一"双月塘"，此塘北墈筑一花坛，植有奇花异草和柏树。

谦受堂的建筑豪迈大气，匠心独运，木雕、石雕、砖雕工艺精湛，有"义西南之一绝"的美誉，是义乌市弥足珍贵的历史文化遗产之一。2011年，该建筑群被列入义乌市文物保护单位。

陈氏宗祠

陈氏宗祠位于缸窑村南面，建成于1930年。该建筑坐东朝西，二进五开间，砖木结构。

正门呈八字开，左右厢房对称。祠堂中间有穿堂相连，成"日"字形制。祠堂除了山墙外，内部承载全部采用方形石柱，拱形大香樟木做的大梁。正门柱子上方有一对木雕狮子，一雌一雄。骑门大梁上雕有双龙戏珠的吉祥图案。前后两个天井的廊檐上方，分别有四个马腿，刻着八仙人物，形象逼真，活灵活现。

宗庙祠堂是节庆聚会，或商议族中大事的最佳地点，是属于该姓族人的，一般情况下，外姓不得进入。到了20世纪50年代，陈氏宗祠成了村里放电影、开大会和剧团排练的场所；60年代陈氏祠堂成了一个小学的校舍。直到杭畴中心小学建成，才搬了出去。

陈氏家训

家训，是指对子孙立身处世、持家治业的教诲信条，是中国家族文化的重要组成部分，也是延续氏族兴旺、维持社会良好秩序的精神力量。

缸窑村作为闻名一方的文化古村，不仅有历史的积淀，更有深厚的文化底蕴，陈氏家训就淋漓尽致地体现了这种底蕴。陈氏家规里写着："勤俭持家，安分守己。尊老爱幼，以和为贵。恭谦纳谏，诚信谋业。"在严格家训中成长起来的陈氏后人，具有很高的德行和品性。

陈家的文蔚先生生于清道光十九年（1839年），卒于光绪十三年（1887年），是一位博闻多识、才华横溢的太学生，在当时颇有名气。他生有三个儿子：恭安、恭浚和恭渊。文蔚先生早早立下家训。在自己儿子的取名上，都用上一个"恭"字。

有规矩，才有方圆。长子恭安从小就得到了很好的家训教育，长大后也成为一名太学生。在恭安出生后的第12年，文蔚先生才有了第二个儿子，起名恭浚；三年后再生下小儿子恭渊。恭渊四岁那年，文蔚先生不幸因病去世。作为大哥的恭安，责无旁贷地成了这个家庭顶梁柱，不仅要带好两个弟弟，赡养好母亲，还要将家业好好延续下去。三兄弟时刻谨记父亲的家训，家业上不吝啬投入，生意上不斤斤计较，对工人从不亏欠。自己生活却必须克勤克俭，精打细算。

　　制作陶器是陈家的主业。恭安始终本着诚信待人的原则，做到"宁愿自己吃亏，也不占客人便宜"，所以就成了深受邻里和客商敬爱的企业主；耕作也是家业的一部分，生产的粮食除了维持自家吃口，还要做到有所储备。在别家粮食紧缺的情况下，三兄弟都会主动伸出援助之手，雪中送炭。这些事情都被传为缸窑村的佳话。

　　恭安三兄弟在制作缸坛的同时，想到缸可以装酒，为什么不用自家的缸装自家酿的酒呢？这让恭安三兄弟捕捉到了商机，并成功创办了"丰记"黄酒作坊。酒坊因地制宜，选用当地优质糯米，取龙眼井水精心酿制，生产出了质量上乘的黄酒，用自家生产的酒坛封装、窖藏，然后远销到金华、兰溪、桐庐、富阳等地。"丰记"酒业一直保持着很好的声誉和销量。

　　"丰记"黄酒之所以醇香口感好，除了选料讲究、酿酒工艺精湛之外，还和他们的酒坛有关。用自家的酒坛装酒，窖藏时间越久，酒香就越浓郁。有朋自远方来，好客的陈氏兄弟便会慷慨地献上美酒。一拍开泥封，酒香四溢，沁人心脾，不喝自醉。

　　恭安三兄弟秉承严谨的家风，通过不懈的努力，不仅打出了"丰记"黄酒的品牌，还赢得了良好的口碑。

　　有了一定的经济基础后，1905年，恭安三兄弟开始兴建18间，后来扩建成16间、14间一起的建筑群。三兄弟和睦相处，年龄相差虽然较大，但能做到相互尊重，各司其职。恭安负责整个建造的统筹事项，恭浚负责财务进出，恭渊负责采购等。三兄弟不怕辛劳，从建德等很远的地方挑选优质木料，通过水陆运回缸窑村，并亲自监督整个房子的建造。历时十年，终于完成了这座工艺精湛、用料考究、金碧辉煌、气势磅礴的徽派建筑——谦受堂。

因为恭安三兄弟不辞辛苦亲自监工，房子的每个细小之处都堪称完美，既符合美学之视觉美，又有力学的张力美。每道梁，每根椽，每个牛腿，无不精雕细琢，美观大方。

这个"谦"字正是文蔚先生家训的一部分。三兄弟用实际行动验证了这个字的含义。如今，谦受堂成了缸窑村非常珍贵的历史文化遗迹。

陈氏从恭安三兄弟开始，距今已有五代，但是这个家训依然继续影响着陈氏子孙后代的言行举止。他们多数都居住在缸窑村，陈氏成了村里的最大家族。后代成员都能做到深明大义，尊祖重根，遵规守纪，诚实做人。

婺剧文化

1949年前，缸窑村就有个锣鼓班。到20世纪50年代初，又成立了"农乐剧团"，这个剧团经常去周边地方巡回演出。70年代，义乌县所有的文艺宣传队都进驻缸窑村，移植的正本戏有《红灯记》《沙家浜》《龙江颂》《洪湖赤卫队》《智取威虎山》等；编排的剧目有《红巧曲》《半篮花生》《追报表》《一袋麦种》等。其中缸窑村自编自导自演的折子戏《风雨中》，在义乌县戏剧比赛中荣获"优秀剧目奖"和"优秀演员奖"。

80年代初，缸窑村老艺人牵头成立了"杭畴婺剧团"。1985年，剧团更名为"义亭区婺剧团"，实际上就是缸窑村婺剧团。为纪念吴晗诞辰76周年，应全国政协、民盟中央、中国文联、文化部、北京市人民政府、清华大学等八个单位邀请，义亭区婺剧团进京演出了吴晗先生创作的新编历史剧《海瑞罢官》，一个小小的村级婺剧团，竟然在北京引起了很大的轰动。剧组还得到时任全国人大常委会副委员长严济慈等中央领导的接见并题词，这对缸窑村文化是一种高度的肯定和褒奖，也是缸窑文化发展史上的一件大事。

从20世纪50年代到80年代，缸窑村婺剧团先后培养出县级以上的职业剧团演员十名之多，他们进了金华、义乌、武义、缙云等地方剧团，发挥了骨干作用。

20世纪90年代，缸窑村成立了文艺队，这个村文艺队曾多次代表义亭镇参加义乌市各届"农村文化艺术节"与"红糖节"活动。2009年为庆祝建国60周年，缸窑村文艺队参加在杭州举办的"浙江省第四届排舞大赛"，荣获银奖。

古老的缸窑村，现代的缸窑村，承载着悠久历史和丰厚文化内涵的缸窑村，仿佛窖藏的美酒，经久弥香。

绚丽多姿赏木雕

中国木雕史

木雕是雕塑的一种,是从木工中分离出来的一个工种,俗称"精细木工",也是一种以雕刻材料命名的民间工艺美术品种。

木雕分为立体圆雕、根雕、浮雕三大类。立体圆雕是指多方位、多角度欣赏的三维立体雕塑,又称立体雕;根雕是利用树根包括树身、树瘤、竹根等自然形态及畸变形态,雕刻而成的雕艺品;浮雕是指在平面上雕刻出凹凸起伏的图像作品。

木雕一般选用质地细密、坚韧、不易变形的树种,如楠木、黄杨、紫檀、樟木、柏木、银杏、沉香、红木、龙眼木等。

中国的木雕艺术,可分为三个时期:

第一个时期是新石器时期至汉朝。20世纪70年代,考古人员在辽宁沈阳新乐文化遗址发掘时,出土了一件形似鹏鸟的木雕。经测定,这件木雕距今已有7200多年,是目前为止我国考古发现最早的木雕作品。另外,浙江余姚河姆渡文化遗址中也出土了一件木雕鱼,据推算,它距今也有7000多年的历史了。新乐文化和河姆渡文化都属于新石器时代,可见木雕艺术最早可以追溯到上古时期。

但木雕容易霉烂,很难保存。现存的古代木雕大多是从防水防腐特别好的古墓中挖掘出来的,如1956年甘肃武威雷台汉墓,出土了大量木俑,这些木俑种类多样,造型独特;同时出土的还有木牍。它们相互印证,真实地再现了东汉晚期的社会、生活情况以及墓葬文化;1973年湖南长沙马王堆出土的木俑,是西汉时期长沙国丞相轪侯利苍一家的陪葬。这些木俑等级森严,司职分明,装束各异,形似宫人。马王堆出土的还有竹简和木牍,这些2000多年前雕刻的字迹依然清晰可辨,专家研究发现,上面记载的是陪葬品的清单,古人称作"遣策";2002年~2003年,江苏泗阳县境内大青墩汉墓群也出土了一批西汉木雕,让学术界对汉朝的木雕艺术有了更多的认识。

第二个时期为魏晋南北朝至元朝。由于佛教的传入,南北朝大兴土木,建筑寺院,这时期的雕刻艺术主要体现于石窟、石质佛像上。石雕艺术的兴盛,带动了木雕的发展,这时期的雕刻风格庄严宏伟、和谐优美。唐宋时期的木雕更是日趋完美,许多保存至今的佛像,具有造型凝练、刀法熟练流畅、线条清晰明快的工艺特点,是中国古代艺术品中的杰作。这个时期的木雕,还发明了"切金"和"眼入"工艺。因为佛教活动的频繁,许多雕刻技艺也传到了日本。

第三个时期是明清至今。此时,石窟雕刻已基本停止,大寺院建筑皆以木雕为主。木雕艺术伴随着木结构建筑、家具、工艺品的发展更趋完美,并出现了多层次的镂雕技法。作品多为群众喜闻乐见的吉祥文化、生活风俗、神话传说,诸如《吉庆有余》《五谷丰登》《龙凤呈祥》《平安如意》《松鹤延年》《嫦娥奔月》《大禹治水》等,同时还出现了戏曲人物的组雕和群雕,如《白蛇传》中的《断桥》,《天仙配》中的《槐阴结合》,尤其是《红楼梦》组雕,人物众多,神态百变,有大观园、怡红院、潇湘馆等建筑雕刻,还有屋内各种精致的家具和摆设作品,惟妙惟肖,美不胜收。

我国的建筑多以木结构为主,木雕成了建筑中不可或缺的重要部分,从宏伟的宫殿到各式各样的民宅民居,从门楣、梁柱、撑栱、窗牖,到挂落、挂匾、字牌、雀替和房内的家具,全由浮雕和镂雕完成,显得精美华贵,富丽堂皇,体现了丰富的文化内涵和高端雅致的装饰效果。现在很多仿古建筑模仿从前的古典装饰,同时又根据现在建筑的格局、审美,通过现代技术制作木雕,在建筑行业中大放异彩。

东阳木雕(义乌木雕)的起源

义乌木雕和东阳木雕一脉相承,同宗同源,或者说,义乌木雕是东阳木雕的一条支脉。因为东阳木雕名气大,所以人们大多只提东阳木雕而忽视了义乌木雕,但义乌从事木雕、成就卓著的艺人也不在少数。

东阳木雕和广东金漆木雕、温州黄杨木雕和福建龙眼木雕被并称为中国"四大名雕"。浙江省内,"东阳木雕"又与"青田石雕""乐清黄杨木雕"和"瓯塑"并称"浙江三雕一塑"。

北京故宫，苏、杭、皖等地的各种建筑，都有精美的东阳木雕作品留世。东阳木雕技艺之精湛，作品之经典，驰名中外。它的特点是保留木质原有的色泽和纹理，精雕细琢，精细打磨，使其更显得圆滑细腻、精美光润。

东阳木雕工艺大约始于唐代，发展于宋代，盛于明、清两代。据康熙《东阳新志》载，唐太和年间，东阳冯高楼村的冯宿、冯定两兄弟，曾分别任吏部尚书和工部尚书，其宅院"高楼画栏耀人目，其下步廊几半里"。他们家的门楣、梁柱、窗棂、走廊，处处是精美华丽的木雕，足以体现主人的审美高度和房屋的豪奢。

有一传说：冯宿、冯定兄弟俩决定建造豪宅，就请来东阳最有名的巧匠华师傅，此人当年有"活鲁班"之称。华师傅接此重任，不敢怠慢，就紧锣密鼓地开始筹备。他招来了很多能工巧匠，买齐了建材，一切都在按部就班地进行着。

到了接檩上梁的关键时刻，华师傅却发现所购的 180 根楠木大梁都短了一尺二寸！他顿时如同五雷轰顶。面对这尴尬的错误，他痛苦得一筹莫展。这时，有一位白发老翁闯了进来，要鱼要肉要酒喝。华师傅无心接待，便让手下人好鱼好肉地款待他。这白发老翁也怪，他的心思似乎不在吃喝上，却把两条鱼分别摆到两只碗的碗口上，让两个鱼头相对，再把一根筷子的两头分别插进两个鱼嘴，然后就一声不响地扬长而去。华师傅回头发现这个情景，脑洞大开，立刻命工匠做了 360 个木质鱼头，各自固定在柱头上，刚好弥补了楠木大梁的一尺二寸短缺。柱上头安个木雕鱼头，既新颖又美观，"鱼头"与"余头"谐音，象征着年年有余，大吉大利。后人又在"鱼头"下方加上雀替（撑栱），以加固大梁的承载能力，并在雀替上雕刻图案，这便是传说中最早的东阳木雕。

人们还从唐元和年间进士、宰相舒元舆的古墓，和上海陆家嘴明代的陆氏墓的陪葬品里，发现很多东阳木雕制品——木俑，可见在唐代太和年间的东阳木雕工艺已经达到相当高的水平。现存的北宋建隆二年（961年）的善财童子和观音菩萨木雕像，就是从东阳南寺塔室内发掘出来的。这两尊木雕作品，距今已有1059年的历史了。

明代东阳一带，已盛行木板雕刻印刷，同时也制作罗汉、佛像，以及宫殿、寺庙、园林、住宅等建筑装饰。至清代乾隆年间，东阳木雕闻名全国，当时约有400余名能工巧匠被招进京修缮宫殿，最优秀的艺人被选进宫内雕制龙床、龙椅、几榻等御用家具。

东阳木雕在建筑和家具装饰上形成了整套的技艺和完善的风格，东阳本地保存下来的就有卢宅"肃雍堂"和白坦的"务本堂"、马上桥的"一经堂"等明清古建筑，以及民间婚嫁的"千工床"和"十里红妆"等，都是十分华美和具有研究价值的。

东阳木雕，以平面浮雕为主，多层次浮雕、散点透视构图，形成了鲜明的特色。平面浮雕保留了木材的坚韧度，又因其原木的天然纹理和色泽，清淡高雅，所以又称"白木雕"。

东阳木雕艺人主要分布在东阳各乡镇，遍及周边义乌等县市，并流入江苏、上海、江西、安徽、福建、广东、湖北、河南、吉林、四川、重庆、香港、澳门等省、直辖市和特区以及中国台湾地区。随着一些木雕艺人移居国外，东阳木雕技艺被带往异国他乡。现在的新加坡、泰国、蒙古、阿尔巴尼亚、加拿大等国家的侨民中，就有许多来自东阳的木雕艺人，他们在当地生息繁衍，传授技艺，东阳木雕艺术也就随之在世界各地生根开花。

东阳木雕（义乌木雕）的工艺类型

东阳木雕的工艺类型，有无画雕刻与图稿雕刻两类。两者均注重创意和"绘画性"，具有很高的艺术观赏价值。东阳木雕的技法丰富式样多变，比如"满花"（相当于浮雕）的中间，还穿插着人物、山水、花鸟、走兽等雕饰。在艺术手法上，东阳木雕以层次高、远、平面分散来处理透视关系，并以中国传统绘画的散点透视或鸟瞰透视为构图特点，它所表现出来的内容比西洋浮雕更为丰富，可以不受"近大远小""近景清，远景虚"等规律的束缚，从而尽情展示画面内容，可谓"画中有画，景中有景"。东阳木雕的传统风格主要有"雕花体"和"古老体"，以后又产生了戏剧文化的"徽体""京体"和画谱化的"画工体"。"画工体"讲究安排人物之间的疏密关系，人物的动态和姿势变化十分生动，景物层次丰富，脉络清晰，重叠而不含糊。

东阳木雕的雕刻技法有薄浮雕、浅浮雕、深浮雕、高浮雕、多层叠雕、透空双面雕、锯空雕、满地雕、彩木镶嵌雕、圆木浮雕、深镂空雕、半圆雕、三面雕、拼斗雕、阴雕、树根雕、镂空贴花雕等，雕工精致洗练，玲珑剔透而不伤整体强度。例如"透空双面雕"，这是一种穿花锯空以后，再进行正反两面雕刻的技法，结构严密、透空透风、坚固耐用，常用于房屋挂廊、门窗、屏风、柜架和菜橱门上。

历史上，由东阳帮承建的古建筑不胜枚举。明嘉靖年间，东阳帮曾参与建造紫禁城的三大殿，即今北京故宫博物院的皇极殿、中极殿、建极殿，其工艺水平在当时堪称登峰造极，无出其右。还有莫干山建筑群、义乌黄山八面厅、杭州胡庆余堂胡雪岩故居、诸暨边氏宗祠等，都出自东阳帮之手。

东阳木雕属于广义的大木雕体系，它涵盖了包括义乌、武义、龙游在内的许多县市的艺人和技艺，到了清嘉庆年间才各自分离开来，形成了狭义的东阳木雕、义乌木雕等地方性称谓。东阳木雕由一代代的木雕艺人将技艺传承下来。2008年6月，经国务院批准，东阳木雕被列入第二批国家级非物质文化遗产名录。

义乌的木雕艺人，大多师从东阳的木雕艺人。义乌木雕的代表性人物万少君，就是在东阳学的浮雕技法。

现今的义乌虽然是一座国际化的商贸城市，但是人们并没有放弃底蕴深厚的历史文化和传统工艺美术。

义乌有一支数量可观的手工艺术制作队伍，工匠们技艺精湛。义乌历史上曾出过许多能工巧匠，并有不少作品留世。至今保存相对完好的省级非遗项目"黄山八面厅"，就是以木雕、石雕和砖雕完美融合而冠绝浙中，其中大部分的工艺都是义乌本地工匠所为。

黄山八面厅

说到义乌木雕，就必然要提及黄山八面厅，该建筑除了石雕、砖雕外，其中木雕的艺术非常精美。

黄山八面厅位于浙江省义乌市上溪镇黄山五村，前临凰溪，后枕纱帽尖山，是一座徽派的"四水归一"式建筑群。该建筑坐西南朝东北，占地面积2908平方米。

黄山八面厅又称"振声堂"，由当时富甲义乌的著名火腿商人陈子寀与其孙子陈正道出资建造，于清嘉庆元年（1796年）始建，历时18年，于嘉庆十八年（1813年）建成。

黄山八面厅的整体布局像长方形的"回"字。分为三路六院，共64间，建筑面积达2500平方米，以一条中轴线和两条横轴线相交定位。中轴线上依次有花厅、门厅、大厅、堂楼四座厅堂，中轴线两侧分别有四个三合院四座厅堂，故称"八面厅"。

遗憾的是，黄山八面厅的花厅于清咸丰十一年（1861年）在太平天国的战火中遭到焚毁，门厅正立面部分石雕被砸坏。1942年，南拱门被毁。现存的门厅、大厅、堂楼和两侧的三合院则保存完好。这门厅、大厅、堂楼和两侧的三合院为宗祠建筑，是整座建筑的核心，也是陈氏宗族举行祭祀、聚会、议事和各种典礼的场所，规模极其宏伟，处处是繁复精美的石雕、砖雕和木雕。连门厅的柱子下的柱础，也都雕刻有精美的花纹图案。

黄山八面厅是浙中地区传统建筑的典型代表，以其宏大的格局和精美的雕艺闻名于世。那些以梁托、牛腿、琴枋、雀替等小木构件所组成的承托系统，不仅是一种建筑构件，也是建筑装饰的重要对象。通过那些雕琢的故事和图像，反映了人们对美好生活的向往和情感的寄托，是特定地域思想和社会文化背景下的产物。

黄山八面厅除其宏大的规模与形制外，最精华的部分当属其精妙绝伦的木雕艺术。这里汇集了义乌（或东阳）木雕的高超、精湛的表现手法，清晰地展现了木雕艺术的精髓与特色：浮雕、圆雕、线雕、透雕、透空双面雕、镂空多层雕等，一组构件常常是众多雕刻技法的完美组合。雕件内容大都为一些积极的、喜庆的、广泛流传和具有教化意义的神话题材和民俗故事，如三娘教子、文王访贤、八仙过海、和合二仙，还有象征祥和兴旺的双鱼吉庆、瓶生富贵、岁寒三友、事事如意、金玉满堂、连年有余、五福捧寿等，涵盖了传统思想中趋吉避凶、积德行善的普世价值观。

置身在黄山八面厅，最先感受到的是强烈的视觉冲击，一种令人眼花缭乱的华丽和炫美，令人有点喘不过气来。这里近乎无材不刻，无处不雕，但这些装饰都遵循着严格的"纪律"——主次分明、上下有序，体现在构件的体量大小、组合的纷杂程度和纹样自身的繁简之上。院落檐廊一圈最引人注目，装饰也最为讲究，结构自身的特性常常被这种纷繁的表面雕饰所遮盖。许多雕件既富于装饰功能，又兼具承载作用。

黄山八面厅的檐下承托系统中的每一处构件，都显得那样的精雕细琢，充满巧妙的构思和设计。如刘海戏金蟾等故事场景，福禄寿喜、狮子滚绣球等题材，几乎被反复运用于同一院落的檐下承托结构中。构件在尺寸大小、表现手法、雕琢技艺，甚至表述的内容都相当一致，而图像又彼此相异。

从刘海戏金蟾这组构件可以看出，当时的木雕艺人运用了一种几乎看不出来的巧妙的组合法，梁托与牛腿本是两个独立的个体，但他们通过和谐的组合，把两者连接得不露痕迹，观赏者都以为脚踩荷叶的刘海，是在一个完整的构件上雕琢出来的，但实际的情况是，道童刘海是牛腿，而荷叶是梁托，它们属于两个完全独立的构件，最后汇合成完整的、符合人们视觉经验的图像，达到欣赏与实用的完美结合。同样，斗垫与坐斗间的交接，也极好地运用了如是法则。一系列别出心裁的构建细节，凝聚成一种充满诗意的视觉语言。

黄山八面厅是一座艺术殿堂，也是义乌古雕刻艺术博物馆。2001年6月25日，黄山八面厅作为清代古建筑，经国务院批准，已经被列入第五批全国重点文物保护单位名单。

义乌木雕传承人万少君

万少君长相儒雅，风度翩翩，浑身洋溢着一种朴素的艺术气质。他性格豪爽，说话直率，做事干脆利落。

万少君出生于1972年，是义乌北苑街道青溪村人。他幼年丧父，家境贫寒，少年时代的他就感受到了生活的沉重压力。1987年，未满15岁的他辍学离开老家，只身一人远赴广东德庆学习木雕技艺。他之所以选择广东，主要是感觉广东处于改革前沿，可以更好地帮助自己开阔视野，接受更多的艺术熏陶和各类信息。

德庆是樟木资源丰富的山区县，有许多木雕工厂和木雕师傅。但万少君学了一段时间，发现很多师傅都喜欢留一手，不可能把压箱底的功夫全传授给你。万少君明白了一个道理，万事还得靠自己，眼要明，手要快，多揣摩，多练习。他从最基础的活儿——做樟木箱的老虎脚开始，踏踏实实地学起来。

德庆县地处广东偏远山区，靠近广西，生活条件异常艰苦。万少君住的宿舍，连一张最简陋的床都没有，他只能铺上马粪纸睡地上。山里潮湿，又没有蚊帐，猖狂的毒蚊叮得他整宿难眠，全身上下都是红疙瘩，奇痒无比，一挠就溃烂，且经久难愈。至今，他的脚踝处还有当年被毒蚊叮咬溃烂的疤痕。与万少君同时学木雕的人有很多，由于条件太差，许多人都跑了。万少君对木雕艺术情有独钟，加上从小就养成吃苦耐劳的习惯，他硬是咬牙坚持住了，这一学就是整整三年。

为了更系统地学习四大木雕技艺，1990年，万少君离开了德庆，去绍兴嵊州学习圆雕，并很快地掌握了圆雕技术。1993年，万少君又到了温州瓯北，温州的黄杨木雕在中国久负盛名，以小型立体雕见长，且人物刻画形神兼备，这与万少君原先所学的平面雕大不相同。温州的黄杨木雕已进入产业化操作，打坯的、修光的、刻身体的、雕脸部的，分工明确。万少君如饥似渴地埋头学习各种技法，生性聪慧的他很快就从众多学徒中脱颖而出，不久还成为厂里的设计师。

为了让自己的黄杨木雕技艺更上一层楼，万少君还拜大名鼎鼎的高公博为师。高公博，1949年出生于乐清柳市，1965年开始学习乐清黄杨木雕艺术，1988年被授予"高级工艺美术师"职称，1992年被国务院批准成为享受政府特殊津贴专家，1993年被国家授予"中国工艺美术大师"称号，2012年获得"亚太地区手工艺大师"称号。现为文化部中国艺术研究院硕士生导师、同济大学等高校兼职教授、中国根艺美术学会副主席、国家级非物质文化遗产黄杨木雕传承人。

万少君得此良师悉心教诲，欣喜激动之情溢于言表，更加发奋学习，技艺突飞猛进。接着，他又拜清华大学美院博士生导师王建中教授为师，学习学院派的工艺美术知识。

此后，他又先后几次去东阳找最好的师傅学习浮雕技法，到福建龙岩学习大型圆雕技法，到广东潮州学习木雕镂空技法。万少君博采众长，将风格迥异的各种木雕艺术汇集于一身。他还远赴日本的大阪府、京都府，学习唐代传入日本的"切金"和"眼入"雕镂技艺。这两种技艺，在我国早已失传了。

从日本学成回来之后，万少君在义乌办起了"稠城万恒木雕厂"，做起了亚洲各国的佛具贸易生意。因为他作品格调高，为人信誉又好，他是义乌市第一个拿到了行业内个体企业进出口备案登记证的，稠城万恒木雕厂的生意做得红红火火。

2009年初，受国际大环境的冲击，义乌木雕产业出现低迷状态，许多木雕技师没有坚持下来。即使一部分人依然靠木器为生，但大多转为樟木箱、脸盆架等日用品的制作。万少君经营的佛具木雕，出口市场也不景气，有人劝他改行。深爱木雕事业的万少君说："自从我干上木雕的那天起，这辈子就认准了这一行，亏了钱也无怨无悔，也绝不放弃。"

木雕对他来说不仅是养家糊口的手艺，更是一份执着，一份挚爱，是生命不可割舍的一部分。正因为他对木雕艺术的苦苦追求，有付出就有收获，就在这一年，万少君的黄杨木小组件佛头木雕《喜怒哀乐》，在义乌国际森林产品博览会上展出并获得铜奖。万少君又惊又喜，这可是他从事木雕生涯以来获得的第一个奖项啊。

万少君擅长清刀木雕的古老的民间手艺，他的佛像作品纹理清晰、刀痕细腻、色彩淡雅、形象生动，在日本备受推崇。这更坚定了他对木雕创作的信念。2010年，他成立了个人工作室，组建了以他为领头人的创意设计制作团队。

专职从事工艺雕刻后，万少君潜心钻研义乌本地的风土人情及民俗文化。他发现，义乌有许多宝贵的非物质文化遗产即将面临失传的危险，心情十分沉重。万少君与同行牵头成立了"义乌市手工艺者联合会"，在更好地保护、传承、创新和发展富有地方特色工艺美术传统技艺的同时，将创作题材转向于本土人物风情，并进行深度挖掘，先后打造出傅大士、朱丹溪、骆宾王、宗泽等脍炙人口的义乌历史文化名人系列木雕作品。

万少君的愿望就是通过木雕，让义乌的乡土文化、城市记忆得到再现和重生。他早已不拘囿于一家一派了。高公博先生认为："万少君在义乌平面浮雕的工序上，大胆吸取各地镂空透雕的艺术技巧，并施以圆雕艺术的审美观，不断地予以研究探索，创造了充满地方特色并与众不同的雕刻技法。"

万少君的作品以传统东阳木雕为基础，糅合了多种木雕技艺的手法进行创作。他作品中的人物是丰满的，鲜活的，把喜怒哀乐表现得淋漓尽致；他雕刻建筑物，用的是东阳木雕技艺中的浅浮雕、深浮雕、半圆雕；雕刻风景和花鸟时，他又会娴熟地运用透雕、薄艺雕及立体雕，还融合了福建龙岩木雕、广东潮州的漆金木雕和镂空技法、甚至还用上玉石雕的技法。常言道：技多不压身，万少君把各种技法融会贯通、挥洒自如，他的作品风格独特，精美绝伦，具有极强的观赏价值和收藏价值。

万少君在木雕艺术上取得了辉煌的成就，也获得了不少的头衔。他是义乌市手工艺者联合会秘书长、中国传统工艺美术大师、浙江省首席技师、金华市非遗义乌木雕技艺代表性传承人。自实施职称制度改革以来，义乌市获得"省级工艺美术大师"称号的，只有万少君一人。2012 年，他获得"中国青年木雕艺术家"的荣誉称号。2017 年，在义乌市首届"八婺工匠"命名大会上，万少君荣获首届"八婺工匠"的光荣称号，并被评为2017年金华市拔尖人才。2018年，入选浙江第一批"万人计划"工程。

这一切，都得益于万少君木雕作品的影响。历年来，万少君共获省、市级以上大赛金奖40余项。2014年，他创作的《拨浪鼓·咏鹅》被义乌市作为礼品赠送给李克强总理，后被国家博物馆收藏。2016年，根雕作品《骆宾王·边塞诗魂》被中国木雕博物馆有偿收藏。2018年，由国务院新闻办监制、五洲传播中心出品"记录中华优秀文化发展的视听百科全书"的《中国符号》，拍摄了万少君精美绝伦的《黄山八面厅·24农耕图》。

万少君主要作品

《黑檀双林塔》

《黑檀双林塔》以义乌佛堂双林寺的文物铁塔为原型，选材印尼黑檀木，历时一年雕刻而成。作品中的佛像、盘龙、花卉、祥兽、楼阁布局得体，疏密有致，精美绝伦。局部还运用了切金工艺，增加了作品的华丽感。该作品雕工精细，瑰丽凝重，曾获2010年第二届中国浙江工艺美术精品博览会"天工艺苑杯"金奖。2011年，该作品又参加"浙江省非物质文化遗产保护名录传统技艺、传统美术雕镌塑作类青年作品评选"活动，荣获金奖。

《骆宾王咏鹅》

《骆宾王咏鹅》是万少君的樟木雕作品，又名《落地屏风·宾王咏鹅图》。义乌流传的"初唐四杰"之一的骆宾王幼年创作《咏鹅》诗的传说,触动了万少君的创作冲动。这件作品长 2.1 米,宽 0.9 米,厚 0.15 米。选用整块樟木精雕而成。作品中,七龄童骆宾王位置居中,他黄发垂髫,天真地仰着头,吟咏生平第一首诗——《咏鹅》,一旁依次坐着他的祖父及祖父好友。其中一人若有所思,似在细细品味;一人抬须莞尔。人物下方,一群白鹅或拍翅追逐,或引颈高歌。对于人物及白鹅的处理,万少君采用立体雕和镂空雕结合的方法,人物立于画面之中,多角度观察均栩栩如生。在人物身后,高耸的牌坊、远方的拱桥,则忠实地秉承了唐朝的建筑风格。整件作品布局合理,构思巧妙,展示了义乌悠久深厚的历史文化。该作品获得了 2012 年"中国木(竹)雕展优秀作品金奖",万少君本人被授予"年度金雕手奖"。该作品又获第七届"中国文化产品博览会金奖"。

《骆宾王·边塞诗魂》

《骆宾王·边塞诗魂》是万少君受骆宾王边塞诗感悟而作。作品以根雕形式表现了边塞从军的诗人骆宾王的形象。根雕中的骆宾王双目炯炯,气宇轩昂,有着一种睥睨天下的英雄气概。该作品获 2013 年第八届"中国木雕竹编工艺美术博览会金奖",后被中国木雕博物馆有偿收藏。

《骆宾王·帝京长歌》

《骆宾王·帝京长歌》以骆宾王为原型,表现了骆宾王在长安创作《帝京篇》时,心怀天下、忧国忧民的家国情怀。该作品曾获 2013 年第三届"中国木(竹)雕展优秀作品铜奖",又获 2014 年第四届"中国浙江工艺美术精品博览会铜奖"。

《转轮藏》

　　五代梁时，义乌人傅大士所创的转轮藏法门，影响了整个佛教界。转轮藏是佛寺中可以回转的佛经书架。清代雍和宫、颐和园都建有转轮藏，且至今尚存。现在还有许多寺院都还有转轮藏之设施。万少君创作的转轮藏内有八龛，四面藏佛，四面藏经书。人物分别为傅大士、达摩、弥勒菩萨、维摩诘居士。此《转轮藏》纯手工雕琢，工艺精细且有创新意识。转轮藏旋转的速度可调节，转动时佛光普照，梵音动听。该作品曾获2013年"第三届中国木（竹）雕优秀作品奖"，万少君因此被授予"年度金雕手奖"。

《太平春市图》

　　《太平春市图》取材于清乾隆年间一幅著名的商贸图画。万少君创作的木雕作品思维缜密，构思严谨，刀法精致流畅。作品里人物众多，有煮酒、煮茶、卖梨、卖陶瓷、挑货郎担、唱戏者，活灵活现，可视可读，将清代义乌商贸文化的繁华春市表现得淋漓尽致。图面布局得体，人物造型生动，表情轻松愉快。这件雕品由万少君带领团队经过三个多月时间精心创作完成。作品获2013年第五届"中国国际旅游商品博览会特别荣誉奖"，同年又获第八届"中国文化产品博览会工艺美术金奖"。

《傅大士》

　　傅大士（497～569），姓傅名翕，字玄风，号善慧，东阳郡乌伤县(今浙江义乌)人。《续高僧传》称傅弘，又称善慧大士、鱼行大士、双林大士、东阳大士、乌伤居士。傅大士一生未曾出家，而以居士身份修行佛道。万少君雕刻的傅大士佛像，慈眉善目，宝相庄严。他采用了立体圆雕工艺，还用上了"切金"和"眼入"手法。"切金"和"眼入"，原创于我国唐朝，后传入日本。金元时受到外族侵袭而断层，如今在日本有些地区还可见到。万少君为了学到核心技艺，曾远渡东瀛，把古老技艺给学了回来，如今用到《傅大士》作品上，收到了意外的效果。

注："切金""眼入"皆是我国唐代的雕刻技法。"切金"是在木雕的基础上切上金线加以点缀，让原本的木雕显得更加大气精致。和此工艺相似的还有喷漆、包金和淡彩，这手法大多用于佛像雕刻；"眼入"是指木雕作品中，人或其他动物的眼睛不是雕出来的，而是将其头部切开，掏空，再从内部嵌入水晶片。从外观上看，整座雕像浑然一体，完全看不出劈开的痕迹。

雀替

该作品仿照黄山八面厅里的老雀替雕刻而成，由"刘海戏金蟾"和"刘海撒钱"一对大雀替组成。《刘海戏金蟾》典故出自道教，由传说中辟谷轻身的人物附会而成。金蟾是一只三足蟾蜍，寓意财源兴旺，幸福美好；"刘海撒钱"寓意放弃功名利禄，淡泊修行，赞扬视金钱为粪土的仗义疏财品格。

雀替是中国古建筑特色构件之一，通常安装于立柱与横梁的交角处，起加固、装饰作用。雀替形如双翼，附于柱头两侧，极富装饰趣味。雀替的造型有龙、凤、仙鹤、花鸟、花篮、金蟾等各种形式，雕法包括圆雕、浮雕、透雕等技法。

《牛力绞榨糖》

牛力绞榨糖车，是义乌红糖制作必需的工具。

该组作品由香榧和楠木制作而成，古朴生动，特别有义乌特色。它还原了国家级非物质文化遗产——传统义乌红糖制作过程中最具代表性的场景。为了解古老的义乌制糖方式，留下真实而生动的场面。

《十二生肖》

该作品采用名贵木材——印度老山檀香木精雕而成。作品构思巧妙，造型生动别致，十二生肖形象惟妙惟肖，寓意吉祥如意。该作品获2013年第三届"中国木（竹）雕奖优秀作品铜奖"。

《补鞋匠》

这个木雕作品，塑造了一位普通补鞋匠的形象，简约、传神、接地气，刻画出义乌人民勤劳朴实的生活方式和义乌小商品发展的艰辛历程，富有现代气息。

《清明上河图》

在万少君之前，福建莆田的工艺美术大师郑春辉已成功创作了大型木雕作品《清明上河图》。它是由整棵大樟树雕刻而成。这棵大樟树来自江西，长13米，最大直径达3.5米，重约30吨，被称为"千年樟木王"。郑春辉历时四年，雕就了长12.286米、高3.075米、宽2.401米的《清明上河图》。作品正面雕刻的是北宋张择端《清明上河图》的全图，采用镂空雕、透雕、浮雕和莆田精微透雕，更多的是用立体雕技法。整个作品立体感极强，繁而不杂，层次分明。画面栩栩如生，让人仿佛听到小贩的争吵声、船桨的咿呀声、潺潺的流水声……这幅木雕作品于2013年11月被载入吉尼斯世界纪录，理由是"世界上最长的木雕"。

在义乌，《清明上河图》有剪纸版的，有十字绣版的，也有义乌木雕版的。由于内容庞杂，人物众多，要达到形象逼真、神态各异的雕刻效果，难度可想而知。用材方面，不能选硬脆易碎的木材。万少君选取的是一块越南大红酸枝老料。雕就的作品长3米，宽74厘米，所雕刻的是最繁华、最妙趣横生的局部，贩夫走卒、歌女酒徒、奋力摇橹的船夫、行人如蚁的拱桥。数百个人物栩栩如生，整个雕品点线流畅，神韵盎然，恢宏大气，浑然一体。雕刻难度最大的要数人物的脸部表情、发式服饰等细节。万少君凭着一身的硬功夫，用雕刀再现了北宋鼎盛时期京城汴梁以及汴河两岸的繁荣景象。这幅雕品，将原来的千古名画立体地呈现在人们面前。

万少君创作的木雕三大件，即《傅大士》《太平春市图》《清明上河图》，在2012年的佛堂"十月十"民俗文化节上，获得了大家的一致好评。

《抗倭史诗》和《老龙头的诉说》

万少君雕刻的《抗倭史诗》，描写了义乌兵跟追随戚继光勇敢抗倭的故事；《老龙头的诉说》反映了义乌籍明代将领吴惟忠带领义乌子弟兵北上，修建山海关老龙头长城的故事。义乌从来出义士，出骁兵勇将。万少君强烈的爱乡情结，满腔的爱国情怀，从这两件作品里可见一斑。

《拨浪鼓·咏鹅》

《拨浪鼓·咏鹅》是万少君最具影响力的代表作。他雕刻的这只拨浪鼓直径 10 厘米、厚度 4.8 厘米，由大红酸枝的框架配羊皮制作而成。作品以"咏鹅"两字作为主图案，朱熹鼓身上雕着四只形态各异的鹅，寓意"四季吉祥"。《咏鹅》诗由七岁的骆宾王所作，而骆宾王的家乡正是义乌拨浪鼓发源地之一的廿三里街道。2014 年，义乌市将这件作品赠给了李克强总理，后被国家博物馆收藏。

万少君用木雕讲述义乌的故事，宣传义乌的风物。他坚信，越是民族的就越是世界的。他热爱家乡义乌，义乌的确也让他引以为傲。

义乌木雕技艺的现状和传承

随着经济大潮的渐涌渐高，木匠这个大家族却开始衰落，木雕艺人的数量也在快速递减。虽然，义乌出现了像万少君这样著名的木雕才俊，但总体来说，义乌市工艺美术专业人才却相对缺乏。义乌木雕技艺在提高的同时，也存着势头减缓甚至衰退的现象。这引起了万少君的焦虑和不安。

好在近几年来，义乌市有关部门连续推出了一系列保护和发展措施，政府牵头制定了《全市传统工艺美术保护规定》。这个规定以保护传统工艺美术为指导思想，涵盖了专项资金扶持、工艺美术人才补助、鼓励开展传统工艺美术理论研究和学术交流、建立收藏、展示场馆等二十余项内容。在不久的将来，富有地方特色的义乌工艺美术和其中的传统木雕技艺，可望得到更好的保护、传承、创新和发展。义乌木雕的"浴火重生"，任重而道远。

木活字印刷术

印刷术是我国一项古老的发明,它和指南针、火药、造纸术一起被称为中国古代四大发明。印刷术发源于我国独有的印章文化,经历了长期的经验积累和发展,是我国古代劳动人民智慧的结晶。它对我国古代的政治、经济和文化发展产生了巨大的推动作用,也对世界文明发展史产生了深远的影响。

古代印刷术概述

我国古代印刷术可分为雕版印刷和活字印刷两种。

雕版印刷是我国古代最早出现的印刷术,它的前身是先秦及东、西汉时期的印章捺印和拓印复制技术。古人为了防止官府公文、重要信件在送达过程中被私拆而泄露机密,就把一种火漆印章骑印在信封的封口之上,起到了很好的保密作用。

印章创造了反刻的文字,就是说,它的左右笔画全是反过来的。这就是最早的文字复制技术,但一般都是寥寥几字,面积很小。这种反刻笔画的印章，一直沿用到今天。

东晋时代道教兴盛，一些道士为了提高书写符咒的效率，把印章技术用于印制符咒上，并扩大了印章的面积，做成了内容较长、文字较多的符咒印章。目前发现古代最大的制符印章有120个汉字，相当于一篇短文的篇幅了。这就是雕版印刷术最早的雏形。后来，人们又将刻在石碑上的书法拓印下来，刻在木板上，再进行传拓。年复一年，这种印制符咒的大印章和传拓用的碑文拓板，在实践应用中，就演变成将图文用反写阳文雕刻在木板上，再用水墨印刷的方法，后世统称为"雕版印刷术"。

雕版印刷术在隋唐时期已经非常盛行，据史料记载：唐太宗曾用雕版印刷术印制长孙皇后的遗著《女则》；唐僧玄奘曾用雕版印刷《普贤菩萨像》，广赠四方；高僧法藏也大量印刷了《无垢净光大陀罗尼经》。

雕版印刷的技术大致如下：先取若干张平整光滑、规格一致的木板，将需要印刷的文稿、图案正面粘贴在木板上；再用刻刀把版面上没有字迹的部分和笔画的空隙处凿空，这样，版面上就成了字体凸出的阳文。印刷的时候，在凸起的字体上涂上墨汁，然后把纸覆在它的上面，轻轻拂拭纸背，字迹、图案就清清楚楚、牢牢地印在纸上了。今天的"木版水印画"依然用的是此法。

雕版印刷的出现，改变了古代手工抄书的历史，使当时的信息和文化传播的速度和质量成倍地提升。但是雕版印刷也存在一些不足之处：一是，刻版费时费工费材料，雕刻一本大部头的书往往要花费数年的时间，几百页就是几百块雕板，而且只能是一书一版，不能改动。印过那些量少而不需要重印的书，千辛万苦雕制而成的版片就成了废木板，造成了极大的资源浪费；二是，存放保管那么多的版片十分占地方，尤其是版片面积大，容易因变形、腐蚀、虫蛀而损坏；三是，一旦发现雕板有错别字或有局部损坏，极难修复，往往需整版重新雕刻。雕版印刷的这些特性，在一定程度上限制了印刷术的普遍推广和应用，使雕版印刷的应用往往局限于经典文章书籍和一些官方文书、宗教经文等小范围。

11世纪，随着社会生产力的大发展，我国印刷术出现了许多重大的改革和发明。北宋庆历年间（1041年），杭州印书铺一名叫毕昇的工匠，十分精通雕版技术。他在印刷实践工作中，通过不断的研究、总结和创新，发明了胶泥活字印刷术。他是世界上第一个发明活字印刷的人，比德国人约翰内斯·古腾堡活字印刷术早了约400年。但是毕昇在发明胶泥活字印刷术之后，还没来得及推广就不幸去世了。毕昇死后，他的胶泥活字印刷工艺技术保留在同时代的沈括家族里。沈括在《梦溪笔谈》中对毕昇的胶泥活字印刷术作了详细的记载："其法用胶泥刻字，薄如钱唇，每字为一印，火烧令坚。先设一铁板，其上以松脂、腊和纸灰之类冒之。欲印则以一铁范置铁板上，乃密布字印。满铁范为一板，持就火炀之，药稍镕，则以一平板按其面，则字平如砥。若止印三、二本，未为简易；若印数十百千本，则极为神速。"

胶泥活字印刷术的发明是我国印刷史上一项重大的革命。现代的凸版铅字印刷与毕昇的胶泥活字印刷术是同样的设计思路。

毕昇的胶泥活字印刷方法是这样的：用胶泥做成一个个规格一致的毛坯，在一端刻上反写阳文单字，笔画突起的高度相当于铜钱边缘的厚度，然后用火像烧陶一样烧硬，成为可以灵活拼组的单个胶泥活字。印刷时，先用一块带框的铁板作底托，板底敷上一层松脂、蜡和纸灰混合的药剂，然后根据文稿内容把需要的胶泥活字拣出来，逐个排进框内，排满一框为一版。再用小火烘烤使铁板底层的药剂微熔，取一块平板把字面压平，待药剂冷却，胶泥活字凝固成版。这时候，再刷上墨汁，覆上纸张，稍施轻压，一版的文字就印在了纸上。如果想加快印刷速度，可以用多块铁板，一版印刷，另一版排字，两版或多版交替使用就可以实现连续印刷。一版印刷完成后，用火烤化药剂，轻轻一抖，活字就从铁板脱落，再按韵放回木格，以备下次再用。

活字印刷最大的优势就是字可以灵活排布，做到重复利用。整个流程中，最大的工作量就是备制活字。而且，常用字的备制数量还要稍多，以备同一版内重复用字的时候使用。如果字不够用或者遇到没有备制的冷僻字，也可以随制随用。一家活字印刷作坊，视规模大小不一，活字备存的数量也不等，一般都有数以万计的活字数量。一家印刷作坊，如果字库被毁或者活字大量损坏遗失，印刷作坊也就瘫痪了。所以，活字库是印刷作坊的核心生产工具，也是整个活字印刷系统的灵魂部分。

毕昇在发明胶泥活字的时候，也曾尝试过木活字印刷，由于当时的技术水平的限制，木活字刻制比较困难，木料纹理疏密不匀，而且木活字沾水后容易变形，所以毕昇最后选择了胶泥活字。活字印刷用于少量印制时优势不明显，如果印制成百上千份时，优势就十分明显，不仅能够大大提高印刷的速度和质量，还可以节约大量的人力物力。相比雕版印刷术，活字印刷术具备多种优势，但是由于古代统治阶级对印刷和文化交流控制严格，一般只允许大量印制四书五经等少数经典书籍，所以，雕版印刷在古代一直占主导地位。

木活字印刷术的出现及应用

活字印刷术的发展过程中，除了胶泥活字之外，还出现过很多由其他材质制作的活字，如陶活字、瓷活字、铜活字、铅活字、锡活字、木活字等。最终，多数材质的活字都因为易损坏、制作难或者成本高等问题，没有得到广泛使用。但是随着人们对木制品加工技术水平的发展，以及人们对木料材质的研究深入，木活字的选材、刻制水平得到空前的提升，所以木活字印刷被保存和流传了下来。

木活字通常是用梨木、枣木或者杨柳木雕成的。使用这些材质雕制的木活字不仅不容易变形，而且比金属活字成本更低、重量更轻，还容易着墨；又比泥、陶活字有韧性，不容易磕碰损坏，使用寿命更长，更主要的是制造起来比较简单迅速。所以，木活字成为我国活字印刷史上一种最常用、使用范围最大、使用率最高的活字，成为古代利用率仅次于雕版印刷的一种活字印刷技术。

我国现存最早的木活字印本，是1991年考古学家在宁夏贺兰山腹地发现的一本西夏文佛经《吉祥遍至口和本续》，共220页，十万字；印本为九册蝴蝶装本，四周双边，白口，有页码，纸张为当地白麻纸。经考古学家研究确认，这本《吉祥遍至口和本续》是西夏王朝时期的木活字印刷作品。专家认为西夏的木活字印品可能是使用宋代的木活字印刷术印刷的，木活字印刷术可能在宋代已经存在了，只是没有确凿的历史记载或考古证据证明而已。

根据史料记载，可以确认，首次制作木活字并成功应用于大批量印刷的是元朝的王祯。王祯是我国科学史上有突出影响力的科学家，他曾对农业生产技术和机械制造做出过巨大贡献。元贞元年（1295年），王祯到安徽旌德县做县官。他在任六年，务农息民，励精图治，积累了丰富的农业知识。在此基础上，他整理前人文献资料，结合各地的农务经验，进行深入研究，著写了我国农业科学史上一部极有价值的巨著——《农书》。他想把这本《农书》印制出来，更好地指导百姓进行农耕，但是这部著作内容丰富、字数很多，用雕板来印刷要耗时数年，成本巨大。他便自行设计，请工匠花了两年的时间刻制了三万多个木活字。王祯刻制木活字的方法是这样的：先把字样写在纸上，字面朝内，贴在一块木板上，然后把字刻出来。再用细锯把一个个单字锯开，用小刀整修至木字大小一样、高低一致。

大德四年（1300年），王祯又调到江西永丰县做县官，他就把这副木活字带到江西，准备在江西印刷《农书》。不想安徽已经有人把他的《农书》雕成了雕板问世。所以，王祯只能把这套原计划印刷《农书》的木活字用来印刷自己纂修的《旌德县志》。当时有人记录了他印制《旌德县志》的流程：令人先把字一行行排好，用薄竹片隔开，排满一板，再用小竹片垫平，用木楔塞紧，使活字固定成版。然后在排好的字版上涂上水墨，铺上宣纸，用干净的棕刷刷纸背。数版同步排字、同时印刷；前版印成，松开竹片、木楔，取出活字又排新版，如此循环往复，效率惊人。另外，为了提高排字效率，王祯还发明了按序排列的"转轮排字盘"，排字工人只要转动排字盘，便可以取到所需要的活字，达到了"以字就人"的便捷。《旌德县志》有六万多字，印刷数量一百部，不到一个月就出版问世了。可见王祯当时的木活字印刷效率已经很高了。

《旌德县志》是我国历史上最早使用木活字印刷出版的地方志。王祯用木活字印书成功后，体验到了木活字印刷的便捷实惠。为了推广木活字印刷，他还写了一篇记录操作方法和经验的《造活字印书法》，附在《农书》后面。这篇文章后来被翻译成多国文字传到国外，成为活字印刷史上不可多得的重要文献。

王祯使用木活字印刷后20多年，浙江奉化知州马称德也雕刻了十万个木活字，在至治二年（1322年）印刷出版了《大学衍义》等书。后来的考古工作发现，甘肃敦煌千佛洞中也曾存有过几百个元朝时期用硬木制成的维吾尔文木活字。由此可见，元朝初年不但在安徽南部和浙江东部已经开始流行用木活字印刷，而且，这项技术已经传到少数民族地区。到了明朝，随着社会经济、文化的发展和民间印刷事业的兴起，木活字印刷术开始在民间广泛普及，先是在苏州、杭州、南京、福州等城市，后来一直发展到四川、云南等僻远地区都开始广泛使用活字印刷术。各种印量大、变化多、内容复杂的书籍印刷需求，使木活字印刷受到了追捧，其中以民间文人的诗文集和宗族家谱的印刷居多。到崇祯十一年（1638年），官府注意到木活字印刷的便捷性，便开始使用木活字排印政府公报——《邸报》。这种政府公报每期字数不多、内容变化快、印量又大，而操作灵活、排印便捷的木活字印刷正好具备这方面的优势。于是，在官方力量的推动下，木活字印刷走上了正规化和全面化的发展之路。

到了清朝，木活字印刷大行朝野上下，从皇家书局到地方的衙门、书院大都备有几套木活字印刷工具。民间有的书坊已经开始专用木活字印书,称为"活字印书局"。木活字技术由于得到政府的支持,获得空前的发展。清顺治年间的《义门郑氏道山集》、康熙年间施琅的《靖海记》、雍正三年的《后山居士诗集》《后山先生逸诗》等,都采用了木活字印刷。木活字在当时被看作是一种作价抵押、买卖或用来传家的财产,又可以作为赠送至亲好友的大礼。但是,木活字印刷自从在民间遍地开花后,就逐渐出现印刷质量不高,错字、漏字、歪字频出的情况,以及行字不正、墨色浓淡不均等粗制滥造现象。这其实与木活字印刷本身无关,而是民间从业者的技术水平参差不齐的原因。我们可以从《武英殿聚珍版丛书》的印制上看出当时木活字印刷的真实水平。

《武英殿聚珍版丛书》的印刷发行是一次超高规格、超大规模使用木活字的印刷事件。乾隆三十八年(1773年),乾隆皇帝修《四库全书》,打算把明朝《永乐大典》中的大批古书印刷出版。当时负责印刷出版的官员金简向乾隆皇帝建议刻木活字排印。他以印刷《史记》举例说:雕版刻一部《史记》需用板材2675块、刻字118万多个,合计费用要1450多两银子,投入这一大笔人力、物力、财力,只能印《史记》一部书;如果用木活字来排印,只要做10万个枣木活字,连工带料也只需要1400多两银子。而且有了这一副木活字,就可以一劳永逸,什么书都可以印了。乾隆马上批准照办,第二年就刻成大小枣木字25万个,同时还制作了排字用的楠木槽板、拣字归类用的木盘、套板格子和字柜,共印成《武英殿聚珍版丛书》134种,2300多卷。乾隆还为该书作序和赋诗,对木活字印刷给予很高的评价。这次木活字印刷《武英殿聚珍版丛书》和王祯当时用木活字印刷《旌德县志》已经有所不同，王祯是先在一块整板上刻字，再用锯子将字锯开，而聚珍板则是先做好独立的木子，然后在木子上刻字；王祯用薄竹片做行线，而聚珍板是先做好18行格子为套板，再用套板印好格子，再把文字印在格子里面。因此，《武英殿聚珍版丛书》每页四周边阑接口的地方严丝合缝，不像王祯的《旌德县志》有较大缺口。金简把印造《武英殿聚珍版丛书》的经验写成了《钦定武英殿聚珍版程式》，并一一用图纸说明。从程式中列出的"十日作业进度表"，我们可以发现当时武英殿的印刷生产能力：当时有拣字、摆版、校对、刻字、印刷等人员共约52人，平均每日排版12块，印刷12块，十日可印刷120版。他还推行一种交叉作业法，使存储一定数量的活字能不间断地循环生产，更有利于活字的周转。在当时的社会生产力环境中，这个生产效率已经是非常惊人了。

  金简写的这篇《钦定武英殿聚珍版程式》是一本较为全面的木活字印刷技术指南，介绍了简单易行的印书方法，比王祯的《造活字印书法》更详细，操作技术更先进。他把武英殿的木活字印刷作为一种规范推广到各地，全国各地纷纷仿效，木活字印刷技术应用更加普遍。

  清朝的木活字印本，内容已经非常丰富，涵盖了政府公报、经史子集，还有年谱、族谱、奏议、目录、方志、游记、兵书、医书、农书、类书、工具书等，其中历代诗文集就约有200种，丛书约20余种；小说、戏曲、鼓词、弹词、唱本、宝卷等民间文学作品也不少。《红楼梦》就用木活字印刷前后排印过三次。

义乌木活字印刷术的历史传承与现状

木活字印刷术在金华地区有着悠久的历史。清光绪三十年（1904年），著名民主革命人士张恭创办的现代报刊《萃新报》就是用木活字印刷的。这是一份在当时具有相当影响力的报刊，面向处州府、金华府、衢州府、严州府等地的广大民众，得到金华众多社会名流的支持。当年，还有一份16开线装本的月刊《东浙杂志》，颇具影响力，也是用木活字印刷的。

在清代木活字印刷中，印刷最频繁，印刷最活跃、数量最多的是族谱（也称家谱）。古人讲究"十五志于学，三十而立"，为了同宗族人不至于因年代遥远而世系混乱、族人陌路，一般宗族都规定族谱十年一小修，三十年一大修。每个宗族隔几年就要把成家立业的宗亲氏系增添到族谱里。所以，族谱作为一种连续性出版物，盛行民间各地，浙江、江苏、安徽、江西、湖南等地尤为盛行。因此，江浙一带便有一种职业应运而生，他们专门以帮人排印族谱为生，人们尊称为"谱匠"或"谱师"。每当秋收以后，他们就挑起装有活字的担子，往来于各乡镇的祠堂为族人印制家谱。义乌木活字印刷就是源自于"谱师"的民间技艺传承。

据有关资料显示，目前浙江各地存世的家谱中，谱籍地为金华的家谱大约有3465种，其中木活字印本约有3163种，占总数的91%，以义乌、浦江等地居多。现在还保留完好的最早的木活字印刷的家谱，有1603年印制的《浦江郑氏旌义编》、1616年印制的《义乌洋川贾氏宗谱》等。但几百年过去，曾经红极一时的木活字印刷早已盛况不再，目前整个金华市保有完好木活字印刷工具的传承人只有义乌市佛堂镇光明村的"做谱先生"王进一家而已。

"做谱先生"是浙江义乌等地对谱匠、谱师的别称。对于"做谱先生"这四个字,王进既熟悉又陌生。熟悉是因为"做谱先生"曾经是他的父亲王一均安身立命的谋生职业,小时候他经常听到人家尊敬地喊他父亲"做谱先生";陌生是因为随着铅字印刷、电脑排版等现代印刷技术的出现,做谱已经早就不是他们家的主业,甚至当地已经没有多少人知道"做谱先生"这个称呼了。

王进的木活字印刷技术是祖上家传的文化遗产。大约在同治初年,王进的祖上义乌人王孚魁就开始学习并从事木活字印刷技艺,传到了他父亲王一均,这一脉相传已到了第五代,现在王进已经是第六代,共有200多年的历史了。

王进的父亲王一均,13岁时因家贫辍学,仅读了三年半书的他来到杭州,在以做谱为生的舅舅那里做徒弟。五年的学徒生涯中,他一边跟着舅舅学技术,一边扑在古书、古字堆里认字。在替人家做家谱时碰到不认识的字,他还虚心向一些老秀才、老举人请教。因此,他的文字水平大有长进,并很快熟练地掌握了刻字、排版、印刷等技术。舅舅手下那些比他早学三四年的徒弟最后都没学成,只有他一人掌握了整套木活字印刷技术。舅舅没有儿子,见王一均聪明勤奋,就把做谱的技艺和家当一并传给了他。于是,王一均便成为一个真正的"做谱先生"。为了生计,王一均带着这套家当行走在金华、兰溪等地,哪家有需要,他就在哪家的祠堂里摆开工具,开始做谱。在几十年做谱的生涯中,王一均对族谱产生了浓厚的兴趣,并了解了很多珍贵的史料。

那时候人们对谱匠很尊重，称之为"先生"，做谱时不仅管吃管住，给的工钱还比较可观。1949年后，由于种种原因，王一均不能再从事做谱了，他曾被下放到养猪场养猪，但是他始终心系家里的那些木活字。"文革"时，各家族谱都被当作封建糟粕尽被抄走烧毁，他寝食难安，暗暗痛心不已。

"文革"结束后，王一均立马重操旧业，他首先想到了重修自己家的王氏族谱。他先后跑遍义乌、东阳、兰溪等所有王姓的村子，了解各家王姓的来源、迁徙路线、分支脉落等信息。为了理清王姓各家的世系辈分、生卒年月、婚姻墓葬、功名职业等，他花了半年多的时间，最终用自己的老行当——木活字印出了《凤林王氏宗谱》。王进说："为了这本族谱，父亲把全部退休工资都贴进去了。在这本族谱里，父亲还详细记录了日本鬼子在义乌犯下的罪行，甚至哪里有一座炮台、碉堡都记载得清清楚楚。父亲常说，国有史，县有志，家有谱，家谱是历史根据，是几千年文明历史组成的一部分，是世界史上独一无二的辉煌创造。"

除了《凤林王氏宗谱》，王一均还用木活字印刷先后制作了《網山朱氏宗谱》《铜塘傅氏宗谱》等100多部宗谱。

在父亲的影响下，王进渐渐热爱上了木活字印刷，开始跟随着父亲学做谱，到现在也有20多年的"工龄"了。据王进介绍，木活字印刷是有讲究的，刻字的材料要选用坚硬细腻的上等梨木或枣木，这样刻出来的字收缩性少，耐磨经用；印刷用纸要洁白的带棉宣纸，这种纸几百年都不会变色、不遭虫蛀；印刷用的墨汁是上等水墨，调墨的技术也十分讲究。还需要有排片木框、棕刷以及针、线、手钻等装订工具。木活字印刷一共有20道工序，包括刻字、检字、排版、校对、印刷、打圈、划支、填字、分谱、草订、切谱、线装等。基本流程是：先根据稿件进行排版，把相应的字拣出来放在固定大小的硬木框里，码整齐固定好，然后用一把刷子蘸墨涂满刻版的字面，再将一张加棉宣纸覆上，用干净刷子轻刷纸背，字就印在纸上了。一般情况下，每天能印20页，如果字不够或者遇上生僻字，只能临时刻个活字，那耗时就会久一点。在整个过程中，刻字是最难、最体现水平的。这20年中，王进掌握了刻字、检字、排版、印刷、装订等一整套祖传木活字工艺，但是刻字的水平跟他父亲比起来，他自叹不如。他说："不知道怎么回事，父亲刻的字就是有韵味、传神，而我刻的字就是呆头呆脑的，始终没有那种古朴有力的历史韵味。"

王进爱字如命，他殚精竭虑，用尽一切方法保存着家传的木活字。目前，王进珍藏着两套刻制于清嘉庆三年（1798年）的家传木活字和印刷模板。木活字有六分（相当于铅字一号字）、四分（相当于铅字二号字）、三分（相当于铅字三号字）和二分（相当于铅字四号字）几种规格。每个字都是繁体字，都用梨木刻成。据《金华印刷史》中记载，当时王进的父亲王一均"有宋体单身木活字共85000余个，为排印宗谱所用"。但随着岁月的无情销蚀，现在保留的只有24000多个了。

木活字印刷术的传承困境

义乌木活字印刷术历史悠远、工艺独特，具有很高的文化价值和研究价值。它作为一种传统文化形态和技艺，深深扎根于义乌乃至整个江浙地方的历史之中，是我国目前为数不多、保留完好的文化遗产，在我国文化生态保护中有着巨大的意义，并影响深远。自从 2009 年，"义乌木活字印刷术"被评为省级非物质文化遗产以来，义乌市制定了一系列的保护政策，完善了普查成果，建立了资料档案，进一步加强传承人的培养。2010 年，义乌有关部门为了宣传和推广义乌木活字印刷，委托义乌木活字印刷术传承人王一均老人用木活字印制了 1000 本《骆宾王文集》。老宋体的字模印在宣纸上，既呈现着一股新的生命气息，又饱含着隽永的历史和丰富的文化底蕴，书香浓浓，雅致大气，实为珍品。"文博会"期间，这本精美的《骆宾王文集》活字印刷本被当成礼品赠送给嘉宾，深受与会人员的喜爱和好评。但为了赶印这 1000 本《骆宾王文集》，五个多月来，王一均夜以继日，加班加点，连儿子、儿媳、孙女和孙女婿都赶来帮忙。《骆宾王文集》一页也就百来字，可是这百来字排版却要花费大量的时间。看王一均排版，简直是欣赏一种艺术，他口念滚瓜烂熟的口诀，眼疾手快，饶是这样，一天也只能排两三个版，也就是两三页内容。可儿子、媳妇们因为不熟练，一天拣一个版的字已经很吃力了。

2011 年，金华市将包括义乌木活字印刷术在内的几项可能面临消失的珍贵"非遗"项目向全社会公示，招募技艺传承人。可王一均后来在接受媒体采访时遗憾地说："现代社会什么都讲究效率，讲究收益，没有人愿意来学这门技术了。"

1949 年前，整个义乌各地做谱的谱师有 20 来人，根据《金华印刷史》记载："金华城郊上浮桥下沿村的曹本富也曾有木活字印宗谱，后房子翻新时整套木活字放在露天里渐渐散失。金华朱基头的阿忠师傅也曾有木活字印宗谱，但也未能保存下来……"今天，整个金华市，保有木活字印刷工具并拥有技艺传承的只有王进一家了，而且经验最为丰富的老手艺人王一均，因年事已高，已两眼昏花，双手发抖，基本不能再拣字排版了。几十年前，义乌及周边县市甚至杭州、南京的人都来找王家做谱，王一均到底做过多少本族谱，他自己都记不清了。时过境迁，在科技高速发展的今天，印刷已经变得极其简单和快捷，木活字印刷术的命运就像王进手上的木活字一样，基本上已经变成了被束之高阁的古董。

王进一直强调木活字印刷有着无法替代的优点：用木活字印刷在宣纸上的文字不泛黄、不落色，即使放在水里洗也不会脱落掉色，这种活字印刷的书籍可保存几百年之久。近些年来，省内外还是有不少人慕名而来，请王家父子用木活字印刷家谱。但是诸多客观存在的问题仍是不可回避的：

首先，任何事物都有一定的寿命周期，在长期印刷的过程中，活字会出现磨损、失去棱角，字形模糊，导致珍贵的文物损毁报废。传统木活字是投入使用的价值高，还是收藏的价值更高？这是一个值得思考的问题。

其次，如果重新大批量刻字，不仅需要精湛的书法功底，还要会反写字体的技艺，更要有雕刻的刀工和心细如发的耐心；稍有不慎，就得重新来过。元代王祯利用地方政府的财政力量制木活字，"二年而工毕"，清代翟金生竭尽家财，费时30年才制造了一副活字。虽然，现代生产技术已经今非昔比，但要用传统方法重新刻一副活字，也绝非易事。

再次，拣字的熟练程度直接影响印刷流程操作效率，需要牢记拣字口诀，这要在长期的实践中养成。这在快节奏、追求经济效益的现代社会里，几乎很难实现。

又次，过去，印刷族谱作为农村传统的谋生手段被传承下来。一个学徒要掌握整套木活字印刷技术，要学习书法、雕刻、制墨等多项技艺，要经过漫长而艰辛的学习过程。在当前追求经济效益的时代，这个收入微薄的行业并不受主流年轻人的青睐，技艺传承面临后继无人的局面，在目前看来形势不太乐观。

最后，随着人们观念的改变，宗族意识的渐渐淡化，做谱的需求在逐渐减少。而且，很多地方已经摒弃传统手工印刷，转求更高效、更低成本的现代印刷技术。木活字印刷的市场需求在急剧萎缩。

随着时间的推移，木活字印刷的经济效益和收藏效益形成的反差将越来越突显。我们无法预料，木活字印刷在外部市场环境最后完全消解之后，它将以什么样的形式存留到未来？

2010年11月，我国的木活字印刷术已被列入联合国教科文组织《急需保护的非物质文化遗产名录》的名单。《急需保护的非物质文化遗产名录》收录的是那些在社区或群体的努力保护下，仍然受到消失威胁的文化遗产。义乌木活字印刷是我国木活字印刷传承文化的重要组成部分，当然弥足珍贵，不容轻易失传。但是，木活字印刷的现状和发展问题，依然堪忧。

为了让古老的木活字印刷技艺长久流传于世，不少专家建议传承人和政府部门要合心合力，双管齐下，为这项传统技艺的传承做出努力：一方面，政府及文化部门要采取一系列措施进行保护和传承，如：建立木活字印刷术展示馆，加大宣传力度，提高木活字印刷的社会知名度和社会地位；鼓励传承人带徒授艺，举办木活字印刷技艺学习班；提倡使用木活字印刷术，并用木活字印刷技艺出版一批特色古籍等。另一方面，传承人自身要加大钻研力度，提高自身的技艺水平，科学地进行市场定位，走出一条具有传统文化特色的印刷发展道路，积极拓展木活字印刷的市场，以提升该技术的市场适应能力和影响力。

总而言之，木活字印刷术这种传统手工技艺，只有在参与创造当代社会财富的发展进程中，才能找到适合的生存土壤，才能真正地得到保护、延续和传承。否则，也只能是以一种非遗文化的形式，保存在历史档案之中。

流光溢彩百子灯

义乌百子灯的起源

百子灯是花灯的一种。花灯，顾名思义，是一种造型美丽、绘有彩图的灯笼。它既有"傩戏"酬神的功能，又有审美、娱乐的价值，兼具生活功能与浓厚的艺术情味。

现代社会多于春节、元宵和婚庆等佳时悬挂花灯，起到了增光添彩的效果，更兼祈求平安幸福的愿望。受中华文化影响，在亚洲和其他国家的华人居住地区，在寺庙、祠堂之中，在一些小区花园和居民的阳台上，花灯都是常见的妆饰品。

一般的花灯是用竹篾、细木条或细铁丝做成骨架，蒙上绵纸或者细绢做成的灯罩。中下方置一小圆盘，小圆盘上竖一枚尖钉子，是用来插蜡烛的。

义乌百子灯的特色是非常鲜明的，这种花灯，只有义乌和仙居才有，外地基本是找不到的。它的独特之处，首先是上下、里外没有一根灯骨，完全靠灯罩纸的折叠强度和角度的张力，支撑灯体的重量；其次是灯上的图案，不是绘画而成的，更不是彩喷上去的，而是用绣花针一针一针、千千万万针刺出来的。这独特的造型和别具一格的针刺美图，使得它特别雅致，特别美丽，透光性也更好，整个灯笼也就格外飘逸而显得神秘了。

花灯上针刺的图案五花八门，有寓意吉祥的八仙过海，有翩翩起舞的龙凤呈祥，有延颈翘尾的喜鹊登梅，有双鲤戏水的连年有余（鱼），有祝福长寿的松鹤延年，有祝愿家族兴旺的麒麟送子……花灯里的蜡烛一点，或灯泡一开（现在多用电灯），那丝丝缕缕的光束，像涓涓细流，从针刺的细孔中泻出，如满天繁星般闪闪烁烁。而图案中的人物、虫鱼、鸟儿一下子活了起来，生动温馨，美艳动人，给人们带来美的享受和祝福。

义乌市佛堂镇田心村是义乌百子灯的发源地，已有600多年的制灯历史了。这里有着众多的百子灯手艺人，更有着深厚的花灯文化底蕴。

义乌的花灯为何叫百子灯？首先是因为图案的吉祥寓意，即"百业兴旺、子孙满堂"；其次，这不是孤灯，而是一棵"树灯"，高大的毛竹顶端，挂着一盏代表祖宗的大灯，散开的枝丫上，"结"满了五彩缤纷的子孙灯。

百子灯工艺异常复杂，需要缜密的构思，精心的设计。创作者要懂得立体构造，更需要有一定的美术基础。单单纹花、剪贴、针刺几道工序，就包含了好多种艺术。最后一道工序是竖灯，把没有一根骨头的灯片，一片片地黏合起来，要丝丝入扣，要一丝不苟；否则，失之毫厘，差之千里，那灯就根本竖不起来。

2007年，义乌的针刺无骨百子灯，被列入金华市首批非物质文化遗产名录。

田心村的传说和"培德堂"

田心村是块人杰地灵的风水宝地。田心村并不是一个村，包括田心一村、田心二村、田心三村、田心四村四个行政村。那么，这个村子为什么叫田心呢？这里面有个故事：南宋端平年间，王氏始祖王如建（1234～1321）的父亲殁了，葬于义乌明义乡凤凰山（今佛堂镇田心村西边的鹅毛山）。王如建在墓旁筑了庐舍，宣布要守墓行孝三年。他顺便养了一群鸭子，以谋生计。

有一夜，他梦见一人身着素衣驾鹤而来，指着庐东一里远的地方，那里有一个小浃山，环水绕堪，瑞气攸钟。那驾鹤人告诉王如建，若择居那地，氏族必兴旺，子孙必出人头地。王如建梦醒，已是黎明时分，便赶着鸭子到东边察看，他把赶鸭的竹竿插在水田中间，仔细观看那山那水那气象，果然与梦境十分相符。当他看毕准备回庐时，插在田中央的赶鸭竿，竟然已生根抽芽！原来这真是块不得了的风水宝地啊。于是，他就在这里造了屋，把全家老少安顿下来。

因为此地溪流环绕，王如建就把这地取名"环溪村"，他自称"环溪居士"。后因为竹竿插在田中心生根长芽的神奇故事，附近有人也过来聚居，人们又将此地改名为"田心村"。田心村迄今已有700余年的历史了。随着时代的变迁，这块风水宝地慢慢变成了人丁兴旺的江南村落。

2018年，田心村被列入"浙江省第六批历史文化村落保护利用重点村"名单。田心村之所以能被列入浙江省第六批历史文化村重点村落，除了山清水秀，除了百子灯，还有一个是闻名世界的火腿。

站在村边的蜀山上鸟瞰田心村，整个村庄赫然是一幅"火腿布局"。前腿爪子搭在村东头，后腿大股搁在村西头，颇像一头猪横趴在环溪上。著名的金华火腿就产自田心二村。

以前这里盛产"两头乌"（头部和臀部皆为黑色）的肉猪，两头乌就是制作火腿的最佳材料。可这两头乌肉猪，又是从何方"云游"到田心村的呢？

相传宋延佑年间，田心村有一王氏青年，娶了金华浦口村的俞氏女为妻。俞氏的陪嫁十分独特，不嫁钱财田地，不嫁橱柜箱笼，偏偏嫁了一对两头乌猪崽。原来，俞家有着良好的传统教育，嫁一对两头乌的猪崽，寓意女儿、女婿不能贪吃懒做，要勤劳苦干，清晨天未亮就得出门干活，夜晚天黑了才能收工，两头乌就是两头摸黑的意思。如此勤劳苦干，才能发家致富。这别出心裁的嫁妆和嘱咐可谓用心良苦。这对小夫妻不忘父辈的谆谆教导，起早贪黑地干活，两头乌肉猪越养越多，越养越壮，小两口也因而出了名，按现在的说法是名副其实的养猪状元了。这小两口还特别善良，他们没有光顾着自家致富，而是带领并帮助全村人都养起了两头乌。

金华两头乌是一种特殊的肉猪品种，肉质细嫩，味道鲜美，肥而不腻，是做火腿的不二之选。用两头乌制作的火腿形如竹叶，爪小骨细，皮色黄亮，肉红似火，史称"金黄火腿"，后易名为"金华火腿"。田心村也被人们称为"火腿村"，所以有

"金华火腿出义乌,义乌火腿出田心"之说。

北宋抗金名将宗泽就是浙江义乌人。据传说,他爱兵如子,经常把家乡的火腿带到前线去给战士们品尝,给伤员们补充营养。他这爱兵如子的举动大大地鼓励了士气,增强了军队的凝聚力和战斗力。宋高宗听说这个消息,很想品尝一下金华火腿的滋味。宗泽进京时就带了火腿献给宋高宗。宋高宗吃后龙颜大悦,竖起大拇指啧啧称赞。从此,田心火腿被选为贡品,名扬天下。

关于田心火腿,其背后还隐藏着一个励志的故事。田心四村有一座培德堂,"培德堂"三个字是清代政治家、思想家林则徐亲笔题写的。培德堂始建于清道光年间,相传在道光十五年(1835年),林则徐任江苏巡抚期间,苏州发生了痢疾瘟疫,并迅速蔓延,死人无数。林则徐心急如焚,遍寻良药。田心村的王恒玺、王恒传、王恒魁、王恒球四兄弟是苏州名闻遐迩的"慎可火腿行"慎可公(王氏第十七代世公王尔瞻)的后代,王氏兄弟平时急公好义,匡世济民。老三王恒魁粗懂药理,他从《本草纲目拾遗》中了解到火腿爪是治疗痢疾的良药,于是毅然决定将商行里所有的火腿爪全砍下来,用于抢救患者。王恒魁将爪边肉熬成汤,将爪骨焙研成粉,分送给患者服用。由于火腿爪的药效显著,瘟疫得到了很好的控制。王恒魁"慎可火腿行"不顾个人得失,治病救人的义举,在苏州传为美谈。

此事让林则徐大为感动,他得知王恒魁正在老家田心村建一座新宅,遂亲笔题了一块匾,上书"培德堂",赠予王恒魁,以表彰他急人所难、雪中送炭的善举。王恒魁把这块匾运回了老家,悬挂在自家新宅的中堂之上,用来教育和鞭策子孙们要时时记得行善积德,济世救民。

与"培德堂"匾额遥遥相望的，是前厅大额枋上悬挂的匾额，由田心先贤道光癸巳年进士、清代东阳籍翰林院侍讲、太子少傅王芳所书。匾的右半部写着苍劲有力的"惟勤"两字，左半部则撰写着一篇匾文："昔，成王垂戒，卿士功崇，惟志。继以业广，惟勤，盖云广其业者，存乎勤也。自人情好逸恶劳，苟且因循，万事坠败，欲其业之广也，得乎？族祖舜五，素勤家政，酋恐后世子孙或有即于怠荒者，爰以'惟勤'二字颜诸款，夫勤则习劳，劳则善心生，此不独病轻警懒之旨，抑亦保泰持盈之道也。观乎此者，早作夜思，日积月累，业之广，不益风功之崇欤，是为跋。"从这篇匾文中，可以看出王氏一脉的严格祖训和王家先辈的道德垂范。

所以，田心村一贯都是民风淳朴，人文深厚。如今，村口围墙的壁上还雕刻着"忠孝诚信、崇文好学、惟勤守法"12字的村训。

百子灯的由来

百子灯作为田心村的传统艺术，至今已有600多年的历史。百子灯是一棵"树大花茂"的组灯。先由一根三米长的粗壮竹竿，挑起一盏主大灯，竹竿的左边有五个分叉，右边也有五个分叉，每个分叉上又各挂一盏灯。这棵"树灯"富丽堂皇、五彩纷呈，它代表王氏太公名下的11房，也象征着各房的子子孙孙。这种灯在田心村代代相传，象征着"一树抽百丫，一祖繁百子"。一树灯的形状，和仙居针刺无骨花灯的组灯"长旗灯"颇有异曲同工之妙。

据王氏家谱记载，明洪武庚戌年（1370年），田心巽六公名下东房太婆（文珍公妻），虔诚敬拜关公。她将藏在箱底的一身特别讲究、特别珍贵的嫁衣典当掉，将所得的钱，请木匠师傅制作了一座关帝庙模型的灯，灯的正中端坐着威风凛凛的关云长。这灯漆画得富丽堂皇，大气庄严。到了正月的晚上，点上大蜡烛，让子子孙孙们抬着游玩。因为此灯是太婆典当的红嫁衣换金所置，所以又名"红衣灯"。从此王氏子孙每年都要举办迎拜"红衣灯"的活动。

随着王氏家族的欣欣向荣，一盏红衣灯已经不能满足更多人的赏玩要求了，王氏族人就用红纸替代了红衣，糊成各种灯笼。这些灯笼的形状有四角形、六角形、八角形，也有长圆形的，俗称"火炮筒"。再后来，由田心大祠堂太公出头，创作了一条凳板龙"庆云灯"（俗称"大灯头"）。闹花灯也就成为正月里一项重大的喜庆传统节目。太公名下有11房，由11房的子孙轮流值年，轮到值年的那一家叫"值大年"，这花灯一闹就是好多天。

庆云灯与百子灯有密切关系，应该是先有庆云灯，后有百子灯。百子灯乃经济繁荣后繁衍出来的工艺品，但当年的百子灯比较简单，仅仅在竹竿上多挂了几盏造型简朴的灯而已。到了田心第十九代世公王恒魁（1780～1837），他是苏州"慎可火腿行"的第三代传人，他与其他三个兄弟在田心村合造了一座培德堂，特意从苏州带回几盏用竹篾扎架、彩纸裱饰的小彩灯，挂在自己东二房的百子灯中，两种花灯相映生辉，意趣盎然。后来，东四房"义兴旺火腿行"（和"慎可火腿行"同出一脉）的传人，也从苏州引进一盏用苏绣做灯罩的小宫灯，挂在自家"百子灯"的前面,这盏苏绣彩灯,有独特的刺绣图案,这使田心的村民深受启发。从此,聪明的田心人,在"百子灯"制作过程中渐渐学会了用"针刺小孔作画"(俗称"刺孔绣")的独特工艺流程。做法就是先在纸或绢上描上线画,再用绣花针在线条上扎出鲜明的轮廓和各种花样。这些图案多是寓意吉祥、驱恶辟邪的,比如鸳鸯戏水、年年有余(鱼)、喜鹊报春、松鹤延年……灯一亮,所有的图案便折射出来,各色生灵栩栩如生,惊艳无比……

洪罗相公的"銮驾灯"

在田心村,有个脍炙人口的传说,就是洪罗相公的故事。相传明朝正德年间,皇太子朱厚熜带着贴身太监游历江南,途径义乌荷叶塘村,天热口渴,便在洪家田头的守瓜棚里歇足,瓜棚的主人小洪罗是洪公之子,年方十二。他人小心善,见他们风尘仆仆,口干舌燥,忙摘了几个西瓜热情地招待他们。太子吃了,觉得还不过瘾,加上天气又太热,索性脱了龙胞,自己跑到瓜田里去摘瓜吃。小洪罗看见衣袍上面绣着几条黄龙,觉得很好玩,拿起来就穿到了身上。谁也没想到,反朝廷的白莲教人马一路暗中追踪太子,见到瓜棚里站着穿着龙胞的"太子",不由大喜,遂张弓搭箭,一声呼啸,一箭就射中了这个"太子"。可怜的小洪罗当场死于非命,成了太子的替死鬼。后来太子称帝,是为明世宗,年号嘉靖。为了纪念为他殒命的小洪罗,便封谥他为"太子相公",赐銮驾半副。后人遂称小洪罗为"洪罗相公"。田心人心痛小洪罗,专门制作了一盏"洪罗相公銮驾灯"来祭奠。在洪罗的生日——每年农历十一月初八那天,举行隆重的迎銮驾盛典。活动时,按照惯例,于十一月初七摆驾,点大蜡烛,设猪羊祭品。十一月初八上午出圣,大锣、堂灯、旗伞开道,进香、托盘(女性带熏香)、铳队引路,紧随着銮驾出场:开门拳、开门刀、碧玉拳、单卸、双卸、宝花斧、连环枪、太阳枪、狼牙、暗八仙、琴棋书画队伍并排出阵;紧随其后,洪罗相公像出圣,浩浩荡荡,沿街走巷,每到一个家门,户主均设祭摆案,鸣炮迎送,轰轰烈烈,热闹非凡。

这期间,同时还举行各类民间文娱活动,诸如演大戏、斗牛、翻九楼、抬阁翘。每个村民都祭出了自己法宝,拿出了自己压箱底的功夫,上演了一幕幕精彩纷呈的好戏,诠释了"忠孝诚信、崇文好学、惟勤守法"的村训。远乡近村的群众纷至沓来,大家其乐融融,欢聚一堂。这一天,是田心村民们一年中最热闹的一天,对乡亲们来说,也是不可多得的一场视觉盛宴。

"洪罗相公"本属荷叶塘村,他的"銮驾"又是怎样来到田心村的呢?相传100多年前,田心村连续干旱,瘟疫流行。于是田心村派人到荷叶塘村求情,请来了"洪罗相公"。"洪罗相公"一到,田心村上空顿时雷电交加,下起了瓢泼大雨,这场及时雨救了田心村的庄稼,也救了田心村的百姓,那一天正好是农历十一月初八洪罗的生日。田心人深感其恩。从此,田心村的村民每逢农历十一月初八,都要举行盛大的迎銮驾庆丰收仪式活动,企盼来年风调雨顺,五谷丰登。

田心村"走马灯"的诞生

　　什么叫"走马灯"？这是民间一种供观赏的大型花灯，八角八面。先用彩纸剪成千姿百态的人物骑马形象，然后粘贴在八个灯面上。灯的中间有根转轴，下面装个大轮子。因点燃的蜡烛火焰造成了空气对流，轮子会悠悠地转个不停，"人和马"也一直转个不停。那模样，宛如战场上军士们策马扬鞭，万马奔腾；整盏灯动感十足，人物和马匹都活灵活现。

　　20世纪40年代，田心村"东二房"七份出了个王井梁，他聪慧好学，眼明手巧，什么新鲜玩意儿一看就记住了，一上手就会了。他花了整整三年时间，创研成功田心第一盏微型"走马灯"。令人啧啧称奇的是，这盏灯不是挂着的，也不是架着的，而是放在一头祭猪背上的！人们通过灯体的"透明窗"，可以清晰地看到灯内田心人恭迎洪罗相公的情景：前面鸣锣开道，后面旗伞助威，加上一队吹吹打打的民间乐队，人们抬着洪罗相公神龛走街串巷……原本壮观宏大的场面，被王井梁微缩在一盏灯笼里面，所有人马在小小的空间里轮转，人和马却栩栩如生，让围观者大饱眼福，大开眼界。

　　到了20世纪70年代末，同是田心"东二房"七份的退休老师王同茂，和其胞兄王同正，还有剪纸老艺人王风，一起制作成功了一盏"太平桥走马灯"，在1992年金华市首届新春工艺美术彩灯大赛上获得了一等奖。

　　王同茂虽然是一位退休老师，但他也是一位资深的百子灯艺人，他的祖上都是做百子灯的。他生性聪慧，悟性极强，记忆力惊人，有过目不忘的本领。他制作的百子灯以造型别致、晶莹剔透、小巧玲珑而著称，以做工考究、针刺均匀、图案精美而闻名，以无骨灯身、浑然一体而称奇。夜间观其灯，灯体通透，流光溢彩，是集针刺、无骨、小巧三位一体的灯彩典型，在田心村的花灯中独树一帜。

王同茂是田心村为数不多的制灯高手。他年事已高，但依然耳不聋、眼不花。他带出了一个高徒，就是现在的义乌百子灯传承人许科红。许科红是一名聋哑人，也是一名灯痴，他身残志坚，对百子灯有着一种无法言喻的喜爱。他从小拜王同茂为师，刻苦学习，至今已有20多年的制灯工龄了。王同茂喜欢这个聪慧的残疾人，对他关爱有加，更是将一身的技艺悉心相传。2014年4月1日，在义乌市佛堂镇老街上的许科红工作室里，许科红展示了他精心制作的几十款百子灯，吸引许多花灯爱好者前来观摩。这次展示的百子灯，在款型、工艺手法上都有了新的突破。

20世纪末，后阳村的王井泽，匠心独具地做了一盏"亭阁形走马灯"。这盏走马灯层层叠叠，飞檐翘角，恢宏大气，美轮美奂。每层廊台上的人物都惟妙惟肖，或举旗，或吹打，或策马，或抬轿，或水袖曳长，或荷枪举戟。王井泽自己也非常满意。但不知何故，这盏花了他大量心血的亭阁形走马灯，灯内的风轮就是无法转动起来，也就是说，里面的人马是静止的，活动不起来，这让他非常苦恼。

王同茂闻讯后赶来，经验老到的他一看便知端倪。他拿了一块纸板，剪成一个圆饼，往亭阁形走马灯的顶端一盖，一刹那，这盏亭阁花灯就转动起来，全盘皆活。王井泽问这是什么道理？王同茂说："我这块'圆饼'的作用就是盖住上顶端，迫使热空气向周边流动，这样就带动着风车转起来了。"能人就是能人，这让王井泽心悦诚服，佩服得五体投地。

百子灯代表性传承人王鸿生

走马灯的诞生，让田心人对制作彩灯产生了更加浓厚的兴趣。1997年，退休后的王鸿生重操旧业，和妻子冯彩芝双双做起了百子灯。

王鸿生头脑灵活，多才多艺，吹拉弹唱无所不能，做灯更是他的绝活。他平时拘于言笑，但一说起百子灯，他的话匣子就打开了，侃侃而谈，就像换了一个人。

他从小就会做百子灯，手艺是跟他父亲学的。他的父亲是位小学老师，心灵手巧，做的百子灯非常漂亮。耳濡目染，王鸿生十岁时，就开始学做花灯了。

他说，百子灯制作手续相当繁杂，工艺要求很高。但是他很喜欢，喜欢到痴迷的程度，常常做梦梦到五颜六色、造型各异的百子灯。学艺起始，他先做一些简单的活儿，常常一边做，一边琢磨，不懂就问父亲。父亲见儿子对花灯这么热爱，很是欣慰，总是不厌其烦地教他，并给他讲了许多窍门。当他终于单独完成一盏灯送到了父亲面前，被父亲狠狠地夸了一番，那心中的愉悦，是别人无法感受的。

可是，田心的百子灯也有过濒临失传的危机，这里面既有社会动荡的原因，也有制作流程复杂、效益低下的缘故。一盏灯通常要做半个月二十几天的时间，一树百子灯，需耗时半年才能完成。工价该怎么算？还有材料费呢？一般人买不起，所以百子灯成不了商品，只能作为艺术品来观赏。靠做灯不能养家糊口，许多艺人也只能心痛割舍另谋生路了。

退休后,王鸿生有大把时间了,总想找点事做做,这时,百子灯那美好的影子,总是在他脑子里萦绕,挥之不去。用他自己的话来说,就像有一把耙子在心头挠着一样,痒痒的不行。

他觉得,丢弃了这门技艺实在可惜。已故的父亲戴着老花镜、低着头、一门心思做百子灯的身影清晰地浮现在他的眼前,他好像听到父亲对他说:"百子灯技艺,本指望你来发扬光大的,可是到你这代却荒废了。"想到这里,他感觉十分愧疚,就有了重新创作的冲动。于是重拾记忆,重置工具,重新开张。花了两三年时间,他成功制作了五盏"八六四"大花灯和六支树灯,算来一共有66盏形状各异、五彩缤纷的花灯。

什么是"八六四"大花灯?这是一种特殊造型的百子灯,一盏灯罩的块片既有八只角,又有六只角,还有四只角,非常复杂,怎么才能把这些大小不一、角度不同的灯片拼装成一盏大花灯?想想都难。再说图案,是用绣花针一针一针刺扎出来的,做一盏小花灯,光是针刺就要刺几万个孔!

百子灯虽然美艳,但不是想做就能做成的。它的工艺太过复杂,需要缜密的构思、立体的构建,创作者还需要相当的美学基础,要懂纹花、懂剪纸。

随着时间的推移,传统百子灯的几种款式已经不能满足人们的审美需求。有心的艺人懂得,必须赋予她新的内涵,要不断地增加新的元素。

全新的百子灯已不拘泥于传统模式,而是将百子灯的传统文化和现代元素融于一体。每盏灯都被赋予新的生命。之后,田心人做的每盏百子灯里,都有一个典故,有浓缩的历史故事,可以劝世劝人，让人们在欣赏灯彩的同时，又增长了知识，开拓了眼界，接受了教育。

王鸿生制作百子灯，总结出六个步骤：

一、打版。以前都是春季打版，冬季刺图。拿两张大小一样的土红纸，用糯米糊加少量白矾，把纸背靠背粘在一起，裱成有一定厚度、强度，平整无褶皱的纸板。（现在，大多是选用手工纸，再用胶水打版，或者是更现成的机器打版。）

二、放样，每种灯都要事先设计好尺寸、图案，放出样板。

三、按样裁版，裁剪成需要的大小和模样。

四、针刺图案。这道工序是最费眼神、最费精力，也是技术要求最高的。选用0.8毫米（和人的头发一般粗细）的绣花针，把纸版放在羊油、松花粉合制的垫板上，对着设计好的图案，一针针垂直刺入。这针一定要扎深、扎透，更要把握好针孔之间的距离。太密，孔与孔之间连在一起，纸版容易断裂；太疏，图案就粗拉拉的不好看。拈针时，针和纸版面一定要保持垂直，如果角度偏了，针扎至下面，就完全走样了。一盏灯需要刺出上万个甚至十几、几十万个孔，眼神不好，体力不济，根本干不了这活。

五、拼版成灯，就是把加工完毕的灯片版样黏合，把灯竖起来。这个也来不得半点马虎。稍微有点闪失，做出来的灯就走样变形，没有美感了。

六、最后一道工序，就是用彩色的细绳把灯拴好，悬挂起来。

由于长期制作百子灯，王鸿生积累了不少的经验。他对百子灯的制造有独到的见解，他认为，制作技艺固然重要，但没有创新意识，没有新鲜独特的见解，你的灯只能模仿，只能步先辈的后尘。所以他在设计上绞尽脑汁，注入了多元的艺术因子，制作出的百子灯往往格外雅致，更有内涵，让人有眼前一亮的感觉。他做的百子灯难度最大的就是"八六四"灯，还有十二生肖灯、八仙过海灯、六角亭灯、荔枝灯、珠兰灯、花篮灯、花瓶灯、走马灯、清宫灯等十余种。最大的一盏灯有1.5米高、1.3米宽，最小的只有二三十厘米高。每盏灯都融入了他独特的创新构思，注入了他全部的心血。当电灯放进灯体中亮起，这些盏灯仿佛活了一般，通体透明，火树银花，瑞光普照，就像神话故事中的阿拉丁神灯一样，充满了神奇的魔力。

王鸿生曾多次参加义乌市农村文化艺术节和金华市灯彩展演，他的作品赢得了观众的认可，好评如潮。

百子灯的传承和发展

王鸿生做了这么多年的百子灯，对灯的感情不言而喻。百子灯已经成了他生活中不可分割的一部分，须臾都不想离开。

百子灯作为一门艺术，具有很高的观赏性。造型各异、色彩斑斓的百子灯聚在一堂，就是一场视觉盛宴，给广大的人民群众带来别开生面的美的享受。但百子灯制作烦琐，其中有太多的讲究，太大的难度。比如，为了灯片的纸张平整不起皱，就是在三伏天里，王鸿生也不敢开电风扇，生怕清风过来，吹皱了灯纸。因此他经常浑身燥热，汗流浃背，有时都有中暑的感觉。如果一不小心将一滴汗珠跌落在灯纸上，汗水洇开，这片灯纸就会被污染，就会褪色，那这张灯纸也就报废了，之前的劳动也就前功尽弃了。

为此种种，有时他也会心烦意乱。有一次他发誓再也不做这难伺候的花灯了，有一回还恨不得一手撕了它。但每当这个时候，他的妻子冯彩芝就会过来，和颜悦色地说："放一放，放一放，休息一下吧。"还善解人意地把他拉到一边，往他手里递了把二胡。于是乎，一人拉二胡，一人演唱，夫妻二人一唱一和，烦恼也就被抛到九霄云外去了。

这对相濡以沫的夫妻，互相懂得对方，也懂得生活。在做灯这项事业上，真正地做到夫唱妇随。他们俩一样地爱灯，也一样地惜灯，同心协力要把花灯文化发扬光大。

冯彩芝不但贤惠，还有一定的组织能力。她带出了一支灯舞队，自掏腰包两万余元，为每个队员置办了一副行头。节日里，这支灯舞队出演了，鼓乐喧天，舞姿婀娜。参加彩灯队的人越来越多，从去年的64人，增加到今年的100多名。大家对这种群体活动都热情高涨，兴致勃勃。这些活动，都凝聚了王鸿生夫妻的大量心血。

王鸿生说，现在村里的老人，对制作百子灯还是很感兴趣的，也有人愿意过来学。不过他们年纪大了，低着头学了一天，就头晕眼花脖子酸。年纪轻的，要赚钱养家，做百子灯费时费力，但赚不了什么钱。也有孩子们对此感兴趣的，比如他自己14岁的外孙。外公外婆在制灯时，他常来帮忙。但因为学习任务繁重，他没有太多的精力投入百子灯。孩子对王鸿生说："外公，等我到了像你这样的年纪，再来做百子灯。"孩子稚气的话语，让王鸿生心里打翻了五味瓶。所以，百子灯技艺的传承，已经成了义乌市非遗文化传承的重中之重。

非遗文化进校园，是一个很好的主意！感谢义乌市政府和教育部门的支持，2012年，田心小学成为金华市非遗项目"百子灯制作技艺"的传承教学基地，王鸿生义不容辞地担任了花灯艺术的指导老师。全校的师生都兴致勃勃地参加了百子灯培训班。王鸿生亲力亲为，毫无保留地把做灯的要领、秘诀进行详细的讲解，还手把手地教他们掌握百子灯的各个环节。学校的配合也十分到位，还专门编纂了一本《走近花灯艺术》的教程。学校还成立了"百子灯社团"，每周三下午开设百子灯制作综合实践活动。

　　2014年，学校的百子灯课程更具体了，一、二、三年级学生通过剪纸、展板的形式，了解百子灯的构造；四、五、六年级的学生参与百子灯的制作比赛。每年级段各评出巧手奖、创作奖、优秀团体奖等多个奖项。田心小学的全体师生与百子灯制作的老前辈们进行互动，一起感悟非遗、参与非遗、认识非遗，活动效果非常显著。

　　田心小学以"百年田心，心田百年"为办学宗旨，他们的艺术教育扎实，文化气息浓郁。一批又一批的孩子们都参与了继承、弘扬、和发展非遗文化。当然，非遗文化的概念更是渗透到每一位教师心中，让每一位老师都提高了教学理论和文化素养，让每一个孩子都树立了创新意识和实践意识。王鸿生培育出了一大批花灯爱好者，让百子灯非遗文化得到传承和发扬光大。

　　为进一步做好非物质文化遗产项目的保护和传承，进一步丰富校园文化活动，田心小学开展了以"我传承，我创造"为主题的系列活动。学校的百子灯教学已逐渐趋于系列化、主题化、课程化。功夫不负苦心人，田心小学的百子灯作品在省中小学艺术节比赛中荣获一等奖，在义乌市校园文化艺术节中荣获二等奖；关于百子灯的课题论文《基于民间艺术资源开发与校本课程应用的研究》荣获义乌市三等奖。这一系列的成绩，说明了百子灯文化已经在田心这块肥沃的土地上生根开花了。

2017年，田心小学师生合作，大胆尝试，成功制作出了一盏与众不同的百子灯，灯片的选料并没有采用以往的卡纸，而是用了光泽纸，纸色更明艳，光泽更温润，做出来的百子灯更亮、更透、更美。师生们匠心独运，赋予这盏灯以特殊的内涵，他们把24字的社会主义核心价值观，连同校训、校风一同做进了百子灯。这盏独特的八六四灯，高2米，宽1.5米，围绕着它的是众多华丽的宫灯，美轮美奂。这是田心小学百子灯教学传承基地全体师生的倾情奉献，也是田心小学花灯文化的一场盛宴。这盏灯不仅凝聚了浓厚的地方特色，也浓缩了校园文化所取得的成绩，具有很高的审美价值和精神价值。

王鸿生老骥伏枥，在晚年夙愿得偿。百子灯制作后继有人，王鸿生老怀甚慰。他还将继续发挥余热，为培养更多的百子灯传承人而努力。

2011年11月，王鸿生被评为义乌市非物质文化遗产百子灯制作技艺代表性传承人。2012年2月，他又被评为首批金华市非物质文化遗产百子灯制作技艺代表性传承人。同年9月份，又荣膺金华市"工艺美术大师"称号。有付出就会有收获，他这是实至名归啊。

我们祝愿义乌市田心村的百子灯艺术之路越走越宽广，让流传了几百年的传统文化得以弘扬；义乌田心的百子灯将薪火相传，生生不息，让世人都看到。这种绚丽多姿的灯彩，就是"八婺大地"上一道难得的靓丽风景。

后 记

在写《非遗文化说义乌》这本书之前,我曾听说这八婺大地是块文化沙漠,这里既没出现过像李白、苏轼这样的诗仙文豪,又缺乏鲁班、赵概那样的能工巧匠,仿佛一切都显得乏善可陈,这里到底有什么值得一书的呢?

随着采访的深入,这种认识被逐渐改观,直至颠覆。我拜识了佛学家乌伤居士傅大士,"初唐四杰"之一的骆宾王,抗金名将宗泽,一代医学家朱丹溪。我发现,义乌非但不是文化沙漠,而是人杰地灵、人文荟萃的一片绿洲。义乌的后人们秉承了祖先的优良血统,在很多事业上都有一种舍我其谁的豪情。

近代的义乌人,硬是挑着一副货郎担去"鸡毛换糖",他们挑出了一片崭新的天地,融入了改革大潮。然后,他们如鱼得水,左右逢源,能人辈出。他们的身上有着鲜明的时代气息和深刻的时代烙印,而且他们都因为自己是义乌人而倍感自豪。

义乌物产丰饶,有著名的三宝,那就是火腿、蜜枣和红糖。义乌红糖凭着"摆在桌上会爬,放入口中会烊(化)"的品质,入选第四批国家级非物质文化遗产代表性项目目录。义乌戏剧曲艺十分丰富，有婺剧、道情、花鼓、小锣书等，无一不历史悠久，各领风骚。国家级非物质文化金华道情传承人叶英盛，就是义乌戏曲界的领军人物，他唱的道情，带给人们太多的欢愉，成为当地百姓不可或缺的精神食粮。渔鼓一响，据说连在天上飞的小鸟都要停下来听一听，让人对义乌留下了极其深远的印象。又如朱小弟的巨型风筝，得几十个人拉着才能放飞，那百米"身躯"，和真正的飞机有得一比！它在天上飞着，何其壮观的一幅画面啊！这样的作品，可谓是前无古人，后无来者，那种技艺和造诣，那种境界，用登峰造极形容并不为过。凡此种种，都可反映出义乌人的勤劳和智慧。

在撰写此书的过程中，我的心时时被震撼着，为义乌人的顽强和执着，更为他们那种敢为天下先的英雄气概。

在这里，我要深深地感谢杭州市作协副主席赵福莲女士和义乌市志办的潘爱娟女士，感谢她们对我的采访工作鼎力相助！

徐家骏书于 2020 年 6 月 23 日